Houghton Mifflin Harcourt

STECK-VAUGHN

PREPARACIÓN PRELIMINAR PARA LA PRUEBA DE GED®

RAZONAMIENTO A TRAVÉS DE LAS ARTES DEL LENGUAJE

- Instrucción en niveles de lectura manejables y práctica de destrezas básicas que se ajustan a las áreas de contenido en la Prueba de GED® 2014
- Énfasis en destrezas de razonamiento crítico
- Una prueba preliminar y una prueba posterior identifican fortalezas y debilidades
- Respuestas y explicaciones completas

Houghton Mifflin Harcourt

Photo Credit: Cover ©Peter Mukherjee/Vetta/Getty Images; (bg) ©Chen Ping-hung/E+/Getty Images.

Printed in the U.S.A.

ISBN 978-0-544-51517-8

1 2 3 4 5 6 7 8 9 10 1689 23 22 21 20 19 18 17 16 15 14

4500513521 A B C D E F G

CONTENIDO

Cómo usar este libro

El propósito de este libro es ayudarte a desarrollar los conocimientos necesarios para aprobar la Prueba de GED® de Razonamiento a través de las Artes del lenguaje. En este libro, leerás selecciones de muchos tipos de textos. Leerás textos de ficción, como cuentos de aventura, suspenso y fantasía, y leerás textos informativos, como textos de ciencias y estudios sociales, biografías, folletos, manuales y documentos jurídicos. Aprenderás estrategias de lectura y destrezas de razonamiento crítico que necesitarás para responder preguntas de comprensión de la lectura. También aprenderás los cinco pasos del proceso de escritura y las destrezas del lenguaje que necesitarás para escribir una respuesta extendida y para editar y corregir pasajes.

Prueba preliminar y Prueba posterior

La Prueba preliminar está diseñada para comprobar qué destrezas ya sabes. Una vez que hayas completado todos los ejercicios de la Prueba preliminar, comprueba tu trabajo en la sección Respuestas y explicaciones ubicada al final del libro. Luego, completa la Tabla de evaluación de la Prueba preliminar. Esta tabla indica en qué parte del libro se enseña cada destreza. Una vez que hayas completado este libro, podrás realizar la Prueba posterior. Compara tu puntaje de la Prueba posterior con el de la Prueba preliminar para verificar que tus destrezas hayan mejorado.

Unidades y lecciones

Este libro está compuesto por cinco unidades. La primera unidad se enfoca en las destrezas de razonamiento crítico que te ayudarán a comprender y analizar diferentes tipos de textos. La segunda unidad se enfoca en leer textos de ficción y aplicar lo que aprendiste sobre los personajes, el entorno, la atmósfera y la secuencia de sucesos. La tercera unidad se enfoca en leer y comprender textos informativos, como textos de ciencias, estudios sociales y del lugar de trabajo. La cuarta unidad se enfoca en los cinco pasos del proceso de escritura que deben aplicarse al escribir la respuesta extendida. La quinta unidad se enfoca en las muchas destrezas del lenguaje que necesitas para editar y corregir pasajes en la Prueba de GED® y para escribir de manera clara y eficaz.

Cada unidad está organizada en lecciones. Cada lección de la Unidad 1 introduce una destreza de razonamiento crítico esencial y te ayuda a aplicar cada una de ellas a los textos que lees. Cada lección de las Unidades 2 y 3 introduce un tipo diferente de texto y te ayuda a evaluarlo. Cada lección de la Unidad 4 introduce los cinco pasos del proceso de escritura y te ayuda a aplicarlos. Cada lección de la Unidad 5 se enfoca en una destreza del lenguaje, como la estructura de las oraciones, la puntuación y las mayúsculas.

Lectura

Cada lección de las Unidades 1 a 3 te presenta un pasaje para leer activamente. *Lectura activa* significa hacer algo antes, durante y después de la lectura. Al leer activamente, mejorarás tus destrezas de comprensión de la lectura y razonamiento crítico. Muchas lecciones tienen una lista de palabras de **vocabulario** en el lado izquierdo de la primera página. Debes dar un vistazo al significado de estas palabras. Mientras lees el pasaje, verás algunas palabras en negrita. Estas son las palabras de vocabulario que estaban en la lista de la primera página. Cuando veas una de estas palabras, trata de averiguar su significado a partir de cómo se usa en el pasaje. Si sigues sin estar seguro del significado, busca la palabra en un diccionario. Tal vez quieras tener un cuaderno de vocabulario con las páginas tituladas *A, B, C, etc.* Puedes anotar palabras nuevas y sus significados en el cuaderno. Aumentar tu vocabulario te ayudará a tener éxito en la Prueba de GED® de Razonamiento a través de las Artes del lenguaje.

Cada lección también señala destrezas que se aplican al pasaje durante la lectura. Después de leer, tendrás la oportunidad de realizar diversas actividades que se aplican a lo que leíste. Deberás completar preguntas del tipo completar los espacios, respuestas breves y opciones múltiples. Responder las preguntas te ayudará a decidir cuál fue tu comprensión de lo leído y te brindará otra manera de conectar con el pasaje.

El proceso de escritura y las destrezas del lenguaje

La escritura es un proceso, una serie de pasos. En la Unidad 4, se presenta un proceso de escritura de cinco pasos. El primer paso de este proceso te ayudará a generar ideas y organizarlas antes de comenzar a escribir. Luego, seguirás otros pasos para escribir, corregir, editar y publicar (o compartir) tu trabajo. En la Unidad 5, aprenderás muchas de las destrezas del lenguaje que te ayudarán a corregir y editar tu escritura para mejorarla. La escritura clara y sin errores es importante no sólo en la Prueba de GED®, sino también en el lugar de trabajo.

Repasos de las unidades y Minipruebas

Los Repasos de las unidades te indicarán qué tanto aprendiste las destrezas de lectura y escritura que se tratan en cada unidad. Las Minipruebas están después de cada Repaso de la Unidad. Estas pruebas de práctica cronometradas te permiten practicar tus destrezas con el tipo de preguntas que aparecen en la Prueba de GED®.

Respuestas y explicaciones

Las respuestas y explicaciones de los ejercicios se muestran al final de este libro, en las páginas 231–267. Algunos ejercicios tienen más de una respuesta correcta posible. En esos casos, se da una respuesta de ejemplo.

PRUEBA PRELIMINAR

Instrucciones

Usa esta Prueba preliminar de Razonamiento a través de las Artes del lenguaje antes de comenzar la Unidad 1. No te preocupes si no puedes responder con facilidad todas las preguntas. La Prueba preliminar te ayudará a identificar qué áreas dominas y cuáles debes estudiar más.

Para la sección Comprensión de la lectura, lee cada selección y responde las preguntas que siguen. Para la sección Respuesta extendida, lee las selecciones con atención y, luego, responde al tema de escritura. Para la sección Destrezas del lenguaje, lee cada conjunto de instrucciones y elige o escribe la mejor respuesta.

Comprueba tus respuestas en las páginas 231–233. Luego, ingresa tus puntajes en la Tabla de evaluación de la página 13. Usa la tabla para determinar en qué áreas de contenido debes trabajar y en qué parte del libro puedes encontrarlas.

Cuando estés listo para comenzar, pasa a la página siguiente y lee la primera selección de la Prueba preliminar.

Comprensión de la lectura: Selección de ficción

▶ **Lee la siguiente selección y, luego, responde las preguntas.**

Fragmento traducido de *Historias de dioses y héroes*

de Thomas Bulfinch

En cierta ocasión, Baco encontró que su viejo maestro y padre adoptivo, Sileno, estaba desaparecido. El anciano había estado bebiendo y, en ese estado, se marchó y lo encontraron unos campesinos, que lo llevaron ante el rey Midas. Midas lo reconoció y lo trató de manera hospitalaria, agasajándolo durante diez días y diez noches con una incesante ronda de regocijo. Al undécimo día, llevó a Sileno de vuelta, y se lo devolvió sin problemas a su discípulo. Entonces, Baco le ofreció a Midas elegir una recompensa, cualquier cosa que deseara. Midas pidió que todo lo que tocara se transformara en oro. Baco se lo concedió, aunque lamentó que Midas no hubiera elegido mejor. Midas regresó, alegre por su nuevo poder, que no tardó en poner a prueba. Apenas pudo creer lo que vio cuando arrancó una ramita de un roble y esta se convirtió en oro en su mano. Tomó una piedra; también se convirtió en oro. Tocó un pedazo de tierra; ocurrió lo mismo. Tomó una manzana del árbol; parecía que había robado el jardín de las Hespérides. Su alegría no tenía límites, y en cuanto llegó a su hogar, les ordenó a los criados que sirvieran un espléndido banquete sobre la mesa. Entonces descubrió, para su desgracia, que al tocar el pan, este se endurecía en sus manos; al tocar un bocado con los labios, sus dientes no podían morderlo. Bebió una copa de vino, pero este se deslizó por su garganta como oro fundido.

Lleno de consternación por su desgracia sin precedentes, luchó por deshacerse de su poder; odiaba el regalo que poco tiempo atrás había codiciado. Pero todo fue en vano; parecía que moriría de inanición. Levantó sus brazos, que brillaban de oro, rezando a Baco, rogándole que lo liberara de su resplandeciente destrucción. Baco, que era un dios misericordioso, lo escuchó y concedió su deseo. Le dijo:

—Ve al río Pactolo, sigue el arroyo hasta el manantial, allí sumerge tu cabeza y tu cuerpo, y limpia así tu culpa y tu castigo.

Midas lo hizo y, apenas tocó las aguas, el poder de crear oro pasó a ellas, y las arenas del río se transformaron en *oro,* como siguen hasta el día de hoy.

▶ **Escribe la respuesta a cada pregunta.**

1. ¿Quién es Sileno? ______________________________

2. Según este mito, ¿por qué las arenas del río Pactolo tienen oro?

____

3. ¿Qué significa la expresión "Tiene el poder de Midas"?

____

▶ **Encierra en un círculo la letra de la mejor respuesta para cada pregunta.**

4. ¿Qué inferencia puedes hacer a partir de la reacción de Baco a la recompensa que eligió Midas?

A. Baco cree que Midas no debería haber pedido nada.

B. Baco sabe que le costará concederle el deseo.

C. Baco cree que el deseo de Midas muestra su sabiduría.

D. Baco se da cuenta de que el deseo le traerá problemas a Midas.

5. ¿Qué palabras podrías usar para describir a Midas en este mito?

A. amable pero frívolo

B. sabio y bondadoso

C. codicioso e insensible

D. perezoso pero encantador

6. Usando claves de contexto, ¿qué significa la palabra *consternación* en el pasaje?

A. sufrimiento constante

B. aflicción

C. conflicto

D. caos

7. De los sucesos que se enumeran a continuación, ¿cuál ocurre primero?

A. Midas le lleva a Sileno de vuelta a Baco.

B. Midas les ordena a sus criados que sirvan un espléndido banquete sobre la mesa.

C. Midas convierte una ramita de roble en oro.

D. Midas reconoce a Sileno.

8. ¿Qué enunciado expresa una idea principal del mito?

A. Cuanto más dinero tiene una persona, más quiere tener.

B. El dinero en verdad proporciona felicidad.

C. Las personas deben ser amables con los demás con la esperanza de recibir una recompensa.

D. Algo que puede parecer un regalo puede convertirse en una maldición.

Comprensión de la lectura: Selección informativa: Estudios sociales

Lee el siguiente fragmento de una carta escrita por la Primera Dama Dolley Madison a su hermana el 23 de agosto de 1814, durante la Guerra de 1812. Luego, responde las preguntas.

James Madison fue el cuarto presidente de los Estados Unidos. Cuando James y Dolley Madison se mudaron a la Casa Blanca, el edificio estaba casi terminado y comenzaba a considerarse un símbolo del liderazgo estadounidense. Dolley Madison se concentró en decorar y amoblar el interior de la Casa Blanca, y solía agasajar a políticos, diplomáticos y residentes de la zona en cenas de gala celebradas allí.

Martes, 23 de agosto de 1814

Querida hermana:

Mi esposo se fue ayer por la mañana para unirse al general Winder. Me preguntó con ansiedad si tenía el coraje o la firmeza para quedarme en la casa presidencial hasta su regreso al día siguiente, o el posterior, y cuando le aseguré que sólo temía por él y el éxito de nuestro ejército, se fue, implorándome que me cuidara y que cuidara los documentos, públicos y privados, del gabinete. Desde entonces, he recibido dos mensajes de su parte, escritos con lápiz. El último es alarmante, porque desea que yo esté lista ante una advertencia repentina para subirme a mi carruaje y abandonar la ciudad; que el enemigo parecía más fuerte de lo que se había informado en un principio, y era posible que alcanzara la ciudad con la intención de destruirla. Como corresponde, me preparé; guardé los documentos del gabinete en maletas suficientes para llenar un carruaje; nuestra propiedad privada debe ser sacrificada, ya que es imposible conseguir carretas para transportarla. Estoy empeñada en no irme hasta que vea que el Sr. Madison está a salvo para que pueda acompañarme, ya que escucho muchos comentarios hostiles contra él. Nos acecha la deslealtad. Mis amigos y conocidos ya se han ido, incluso el coronel C. con sus cientos, quienes estaban custodiando estos documentos. El francés John (un fiel criado), con el movimiento y la resolución que lo caracterizan, se ofrece a montar el cañón en la puerta y colocarle pólvora, lo que haría volar por los aires a los británicos, si se atrevieran a entrar a la casa. Estoy decididamente en desacuerdo con la última proposición, sin poder hacerle comprender por qué no se pueden aprovechar todas las ventajas en la guerra.

Escribe la respuesta a cada pregunta.

9. ¿Por qué el presidente Madison no estaba en la Casa Blanca cuando Dolley Madison escribió la carta?

____

10. ¿Por qué crees que Dolley Madison no quería hacer volar por los aires a los británicos si entraban a la Casa Blanca?

____

11. Usando claves de contexto, ¿qué significa la palabra *implorándome* en este pasaje?

____

Encierra en un círculo la letra de la mejor respuesta para cada pregunta.

12. Cuando Dolley Madison escribió "Nos acecha la deslealtad", *probablemente* se refería a

A. la proximidad del enemigo a medida que se acercaba a Washington.

B. el temor por su propia seguridad.

C. la falta de apoyo que sentía de parte de las personas que la rodeaban.

D. la falta de lealtad que había en su matrimonio.

13. ¿Cuál es la razón *más probable* por la que el presidente Madison escribió los mensajes a su esposa en lápiz?

A. Debido a su nerviosismo, cometía muchos errores que debía borrar.

B. Escribía los mensajes con prisa, sin detenerse para tomar su tintero y su pluma.

C. Estaba lastimado y no podía sostener la pluma.

D. No quería que sus palabras tuvieran la permanencia de la tinta.

14. ¿Qué conclusión puedes sacar a partir de la carta de Dolley Madison?

A. Estaba enfadada con su esposo por abandonarla en un momento tan peligroso.

B. Tenía coraje y estaba dispuesta a sacrificarse por el bien del país.

C. La inteligencia estadounidense sobreestimaba a las fuerzas británicas durante la Guerra de 1812.

D. El presidente Madison era un líder poco comprometido que se basaba en lo que le contaban otros para informarse sobre la guerra.

Comprensión de la lectura: Selección informativa: Lugar de trabajo

▶ **Lee la siguiente selección de una guía del empleado y, luego, responde las preguntas.**

¿Cuáles son los beneficios del empleo compartido y de medio tiempo?

Políticas de personal de Fulton Lumber

Esta sección brinda información para empleados que están considerando trabajar en empleos compartidos y de medio tiempo. Creemos que ofrecerles a los empleados diversas opciones de contratación contribuye a lograr un lugar de trabajo adaptado a las necesidades familiares. Los empleados deben tener en cuenta la siguiente información al considerar la reducción de su horario laboral.

Trabajo de medio tiempo

Un empleado de medio tiempo permanente trabaja entre 16 y 32 horas semanales en un horario preestablecido. Los empleados de medio tiempo permanentes tienen derecho a beneficios en asistencia médica y de seguro, así como licencia por asuntos familiares y retiro, una vez que hayan acumulado suficientes horas.

Empleo compartido

El empleo compartido es una forma de empleo de medio tiempo. La mayoría de los equipos de empleo compartido están dentro de la misma clasificación laboral. Los horarios de dos o más empleados de medio tiempo se establecen para cubrir las responsabilidades de un cargo de tiempo completo (40 horas semanales). Sin embargo, el trabajo compartido no implica necesariamente que cada empleado deba trabajar media jornada, o 20 horas semanales.

¿Quién se beneficia?

Tanto los empleados como los gerentes se benefician con los horarios de trabajo de medio tiempo. Los empleados pueden pasar más tiempo con sus hijos, aprovechar oportunidades académicas, cuidar de un familiar anciano o enfermo, o continuar trabajando cuando las enfermedades o limitaciones físicas les impiden trabajar a tiempo completo. Los gerentes pueden conservar a los empleados altamente calificados, mejorar el reclutamiento, aumentar la productividad y reducir el ausentismo.

▶ **Encierra en un círculo la letra de la mejor respuesta para cada pregunta.**

15. ¿Qué sucedería si un empleado que tiene un trabajo compartido sólo pudiera trabajar 18 horas?

A. El empleado no recibiría beneficios.

B. Despedirían al empleado y a quien comparte el trabajo con él.

C. Bajarían de categoría al empleado.

D. El empleado con quien comparte el trabajo trabajaría 22 horas.

16. ¿Qué enunciado apoya la opinión de Fulton Lumber de que el trabajo compartido y de medio tiempo equivalen a un lugar de trabajo adaptado a las necesidades familiares?

A. Los empleados que tienen trabajos compartidos y de medio tiempo tienen beneficios y horarios flexibles.

B. El trabajo compartido y de medio tiempo mejoran el reclutamiento y la productividad.

C. Los empleados deben trabajar 20 horas.

D. Los empleados que tienen trabajos compartidos y de medio tiempo tienen horarios preestablecidos.

17. ¿Qué opción describe *mejor* el tono de la guía?

A. humorístico

B. intimidante

C. sarcástico

D. serio

▶ **Escribe la respuesta a cada pregunta.**

18. ¿Cuándo tiene derecho al retiro un empleado de medio tiempo?

____

____

19. Menciona dos beneficios de los horarios de trabajo de medio tiempo para los empleados.

____

____

20. Menciona dos beneficios de los horarios de trabajo de medio tiempo para los gerentes.

____

____

Respuesta extendida: Perspectivas opuestas

▶ **Lee las siguientes selecciones y, luego, responde las preguntas.**

El derecho de la mujer al sufragio

Antes del 18 de agosto de 1920, las mujeres estadounidenses no tenían el derecho al voto en las elecciones presidenciales. Susan B. Anthony, quien luchó por el derecho de las mujeres al voto, fue multada por emitir un voto ilegal en las elecciones presidenciales de 1872. Muy enfadada, comenzó una gira para dar discursos en su lucha por el derecho de las mujeres al voto. Este es el discurso que dio durante esa gira:

Amigos y conciudadanos: Estoy aquí ante ustedes esta noche bajo acusación por el presunto delito de haber votado en las últimas elecciones presidenciales, sin tener derecho legítimo al voto. Esta noche me propongo demostrarles que, al emitir dicho voto, no sólo no cometí ningún delito, sino que simplemente ejercí mis derechos como ciudadana, garantizados a mí y a todos los ciudadanos de los Estados Unidos por la Constitución Nacional, y ningún estado tiene el poder de negármelo... El preámbulo de la Constitución Federal establece:

"Nosotros, el pueblo de Estados Unidos, con el objeto de formar una unión más perfecta, establecer la justicia, asegurar la tranquilidad nacional, proveer la defensa común, promover el bienestar general y asegurar los beneficios de la libertad para nosotros y nuestra posteridad, decretamos y establecemos esta Constitución para Estados Unidos de América".

Fuimos nosotros, el pueblo; no nosotros, los ciudadanos hombres blancos; no nosotros, los ciudadanos hombres; sino nosotros, todo el pueblo, quienes formamos la Unión. Y la formamos, no con el fin de proporcionar los beneficios de la libertad, sino de asegurarlos; no a la mitad de nosotros y a la mitad de nuestra posteridad, sino a todo el pueblo: mujeres y hombres. Y es una burla absoluta hablar a las mujeres de su goce de los beneficios de la libertad mientras se les niega el uso del único medio para asegurarlos que nos brinda este gobierno demócrata-republicano: el voto...

La única pregunta que queda por responder ahora es: ¿Las mujeres son personas? Me cuesta creer que alguno de nuestros oponentes tenga la audacia de decir que no lo son. Al ser personas, por lo tanto, las mujeres son ciudadanas; y ningún Estado tiene el derecho de hacer leyes ni hacer cumplir leyes antiguas que limiten sus privilegios o inmunidades. Por lo tanto, hoy en día, toda discriminación contra las mujeres en las constituciones y las leyes de los muchos Estados es nula e ineficaz, así como lo son todas las leyes contra los negros.

Elihu Root fue delegado de la Convención Constitucional del Estado de Nueva York de 1894. Se oponía al sufragio de las mujeres, porque creía que sería un perjuicio para ellas. Dio el siguiente discurso ante la Convención Constitucional de Nueva York en 1894.

No se trata de que la mujer sea inferior al hombre, sino de que la mujer es diferente del hombre; que al distribuir facultades, capacidades o cualidades, nuestro Creador hizo al hombre adaptado al cumplimiento de ciertas funciones en la economía de la naturaleza y la sociedad, y a las mujeres adaptadas al cumplimiento de otras funciones. Una cuestión que debe determinarse en la discusión de este asunto es si la naturaleza de la mujer es tal que, al asumir la responsabilidad de cumplir las funciones implícitas en el sufragio, tendrá la posesión y el ejercicio de sus facultades supremas o abandonará dichas facultades y entrará en un terreno en el que, debido a sus diferencias con respecto del hombre, es claramente inferior. Sr. Presidente, he dicho que creía que el sufragio sería una pérdida para las mujeres. Creo eso porque el sufragio no implica meramente la emisión del voto, la suave y pacífica caída del copo de nieve, sino que implica ingresar en el terreno de la vida política, y la política es una guerra modificada. En política, hay lucha, conflictos, amargura, violencia, emoción, agitación, todo lo que es adverso al verdadero carácter de la mujer. La mujer gobierna hoy en día por la dulce y noble influencia de su carácter. Pongan a la mujer en el ámbito del conflicto y abandonará estas grandiosas armas que controlan el mundo y tomará en sus manos, débiles e ineficaces para el conflicto, armas que desconoce y no puede blandir. Una mujer en conflicto se vuelve insensible, cruel, antipática, repulsiva; tan lejos está de esa dulce criatura a la que todos debemos lealtad y ante la que confesamos sumisión, como lejos está el cielo de la tierra.

Respuesta extendida: Perspectivas opuestas

Los discursos de Susan B. Anthony y Elihu Root de las páginas anteriores tomaron partido por uno u otro lado del debate sobre el derecho de las mujeres al voto. Susan B. Anthony estaba a favor del derecho de las mujeres al voto, mientras que Elihu Root estaba en contra.

21. En tu propia hoja, escribe una respuesta a estos dos discursos. En tu respuesta, analiza ambos discursos para determinar qué postura está mejor apoyada. Intenta usar evidencia relevante y específica de ambos discursos para apoyar tu respuesta. Ten en cuenta que la postura mejor apoyada no es necesariamente la postura con la que coincides o, dado que son discursos históricos, la postura que finalmente ganó. Tómate 45 minutos para escribir tu respuesta.

Destrezas del lenguaje

Escribe *C* si la oración es correcta. Escribe *E* si hay un error de mayúsculas o puntuación y corrígelo.

_______ **22.** Quién consideras que es un héroe en la actualidad.

_______ **23.** Muchas personas consideran héroes a los actores atletas o cantantes.

_______ **24.** Algunas personas piensan que los jugadores de fútbol americano son héroes pero yo creo que mi Tía Ann es una heroína.

_______ **25.** Va a la escuela de día, y trabaja como auxiliar de enfermería de noche.

_______ **26.** Para mí, mí tía es una heroína porque ayuda a la gente incansablemente.

Encierra en un círculo el participio correcto para completar cada oración.

27. Los padres de Juan han **(escrito, escribido, escripto)** una carta a expertos en psicología juvenil.

28. No están **(satisfactos, satisfacidos, satisfechos)** con el comportamiento de su hijo.

29. Los expertos lo han pensado y han **(resolvido, resoluto, resuelto)** que lo mejor es darle a Juan un ejemplo de buen comportamiento.

Encierra en un círculo el homófono o parónimo correcto para completar cada oración.

El perro vivía con su dueña cerca de un ____________ (arrollo, arroyo).
(30.) arroyo

Era un ____________ (vello, bello) lugar. Aquella tarde, el perro corría por
(31.) bello

un ____________ (vasto, basto) campo. Al mismo tiempo, la mujer se
(32.) vasto

deleitaba en el jardín. Con los ____________ (caballos, cabellos) al viento,
(33.) cabellos

leía un libro mientras tomaba un ____________ (te, té). Cada tanto, el perro
(34.) té

se acercaba y así ella disfrutaba de su ____________ (afecto, efecto).
(35.) afecto

Encierra en un círculo el adjetivo o adverbio correcto para completar cada oración.

36. Es cierto que las personas viudas no viven tan **(bien, bueno, mejor)** como las personas casadas.

37. Sus enfermedades son **(peores, mal, malas)** que las de las personas casadas.

38. Suelen recuperarse de las enfermedades más **(lento, lentamente, lentísimo)**.

39. También tienen más probabilidades de morir más **(prontísimo, pronto, antes)**.

▶ **Encierra en un círculo el tiempo verbal correcto para completar cada oración.**

40. Los invitados llegaron mientras nos **(preparamos, preparábamos)**.

41. Antes de ganar la copa nacional, el equipo (**había ganado, ha ganado)** la copa estatal.

42. Mi tío (**festeja, festejó**) su cumpleaños la semana pasada.

▶ **Escribe *O* al lado de cada oración escrita correctamente (pensamiento completo), *F* al lado de cada fragmento (pensamiento incompleto) y *OS* al lado de cada oración seguida (dos o más pensamientos completos que están juntos sin la puntuación correcta y/o palabras conectoras).**

_______ **43.** Una buena manera de ahorrar dinero.

_______ **44.** Debes tomarte tiempo para aprender lo básico sobre la reparación de carros.

_______ **45.** Una manera ahorrativa es arreglar tu propia rueda pinchada cualquier persona en buen estado físico puede hacerlo.

_______ **46.** Si estás dispuesto a invertir tiempo por adelantado.

▶ **Combina cada par de oraciones con la palabra conectora dada entre paréntesis. Usa la puntuación correcta.**

47. **(y)** El sol seca nuestra piel. Afecta el crecimiento de las células de la piel.

____

48. **(pero)** El sol se siente bien. No es bueno para ti.

____

49. **(si)** Deberías ver a un médico. Un lunar cambia de forma o color.

____

▶ **Encierra en un círculo la palabra o frase que completa *mejor* cada oración.**

50. El estrés se controla disminuyendo las obligaciones, teniendo prioridades claras y **(comprender, comprendiendo)** qué es lo que te genera ansiedad.

51. Conociendo **(sus, tus)** factores estresantes, es más fácil controlar tu entorno para evitar la ansiedad.

52. En **(la actualidad, el mundo actual del presente)**, reducir el estrés es difícil.

Tabla de evaluación de la Prueba preliminar de Razonamiento a través de las Artes del lenguaje

La siguiente tabla te ayudará a determinar tus fortalezas y debilidades en la comprensión de la lectura, la redacción de una respuesta extendida y las destrezas del lenguaje.

Instrucciones

Comprueba tus respuestas en las páginas 231–233. En la siguiente tabla, encierra en un círculo el número de cada pregunta que hayas respondido correctamente en la Prueba preliminar. Cuenta el número de preguntas que hayas respondido correctamente en cada hilera. Escribe el número en el espacio Total de respuestas correctas de cada hilera. Completa este proceso para las hileras restantes. Luego, suma los cuatro totales para obtener el total de respuestas correctas de la Prueba preliminar.

Área de destreza	Preguntas	Total de respuestas correctas	Páginas
Comprensión de la lectura: Ficción	1, 2, 3, 4, 5, 6, 7, 8	_______ de 8	44–69
Comprensión de la lectura: Informativa	9, 10, 11, 12, 13, 14, 15, 16, 17, 18, 19, 20	_______ de 12	70–125
Respuesta extendida	21	_______ de 1	126–149
Destrezas del lenguaje	22, 23, 24, 25, 26, 27, 28, 29, 30, 31, 32, 33, 34, 35, 36, 37, 38, 39, 40, 41, 42, 43, 44, 45, 46, 47, 48, 49, 50, 51, 52	_______ de 31	150–203

Total de respuestas correctas para la Prueba preliminar: _______ de 52

Si has respondido menos de 47 preguntas correctamente, mira la destreza en las áreas de destreza que se muestran arriba. ¿En qué áreas debes practicar más? Los números de página de referencia para practicar se muestran en la columna derecha de la tabla.

UNIDAD 1 DESTREZAS DE LECTURA

Ya usas destrezas básicas de razonamiento para comprender todo lo que lees. Sin embargo, es probable que también uses otras destrezas de razonamiento. ¿Alguna vez has leído algo y luego has aplicado la información a tu propia vida, o has sacado una conclusión, o hecho una comparación o una elección en base a un hecho u opinión? Cuando hiciste eso, usaste destrezas de razonamiento más avanzadas, que a menudo se llaman destrezas de razonamiento *crítico* o de *nivel más alto*.

Escribe el tema de algo que hayas leído para hacer algo o para resolver un problema.

____

Escribe acerca de algún momento en que hayas tenido que comparar información de distintas fuentes para tomar una decisión.

____

Pensar en la lectura

Quizá no sepas con qué frecuencia usas destrezas de razonamiento mientras lees en tu vida cotidiana. Piensa en tus actividades recientes.

Tilda la casilla para cada actividad que hayas realizado.

☐ ¿Has comparado artículos de avisos o catálogos para hallar las mejores ofertas?

☐ ¿Has dado un vistazo a un artículo del periódico para hallar la idea principal?

☐ ¿Has usado algo que aprendiste en una situación nueva?

☐ ¿Has reunido información de distintas fuentes para planear un viaje?

☐ ¿Has seguido una secuencia de instrucciones escritas?

Escribe otras actividades en las que hayas usado destrezas de razonamiento con materiales que hayas leído.

____

____

____

Un vistazo a la unidad

En esta unidad, aprenderás:

- cómo hallar la idea principal y los detalles de apoyo
- cómo inferir y ordenar sucesos
- cómo comparar y contrastar y hallar relaciones de causa y efecto
- cómo sacar conclusiones y evaluar la evidencia y el propósito del autor
- cómo analizar el entorno y el personaje
- cómo aplicar y sintetizar información de varias fuentes

IDEA PRINCIPAL

En la Prueba de Razonamiento a través de las Artes del lenguaje de GED®, encontrarás preguntas acerca de la idea principal de un párrafo o pasaje de lectura. La **idea principal** es la idea más importante de la lectura. Expresa el tema general de la lectura. A menudo, la idea principal está expresada en una oración del pasaje. Halla la idea principal del pasaje que se muestra a continuación.

CONSEJO

Para hallar la idea principal de un pasaje, imagina que un amigo te pregunta: "¿Qué estás leyendo?". ¿Cómo le responderías a tu amigo en una oración? Tu respuesta sería la idea principal.

Lara terminó de reparar la grieta que recorría la pared de la cocina de su vecina. El terremoto había despertado a la líder en la normalmente tímida Lara. Minutos después del terremoto, se aseguró de que su casa no tuviera fugas de gas y luego ayudó a sus vecinos a hacer lo mismo en sus casas. Convenció a sus vecinos para que juntaran y compartieran su comida y agua. Incluso hizo funcionar una antigua radio a galena para escuchar los anuncios de las autoridades de la ciudad. Después del terremoto, siguió ayudando a sus vecinos. Hizo amistad con sus vecinos debido a las experiencias que compartieron.

1. ¿Qué oración da la información más importante acerca de Lara?

____

2. Expresa la idea principal del párrafo con tus propias palabras.

____

1. El terremoto había despertado a la líder en la normalmente tímida Lara. 2. Tu respuesta debe contener la idea de que Lara se convirtió en una líder el día del terremoto.

Para hallar la idea principal, organiza la idea principal y los detalles de apoyo en una tabla. La idea principal es la idea central. Los detalles se refieren a la idea principal.

Idea principal

Lara se convirtió en líder el día del terremoto.

- Lara ayudó con los arreglos.
- Ayudó a sus vecinos a buscar fugas de gas en sus casas.
- Armó un banco de comida y agua.
- Hizo funcionar una radio para escuchar anuncios.

Para hallar la idea principal de un pasaje, pregúntate:

- ¿Cuál es la información más importante del pasaje?
- ¿Qué oración es la que más ayuda a comprender el pasaje?

Piensa en una ocasión en la que escuchaste a un amigo relatar una experiencia. ¿Cuál fue la idea más importante acerca de esa experiencia?

▶ PRÁCTICA DE LA DESTREZA **Lee el pasaje y completa la tabla con un detalle y la idea principal. Luego, responde las preguntas.**

La preservación de fotografías antiguas es un desafío para los curadores de museos. Deben controlar la humedad, la luz y la temperatura para preservar estas frágiles obras de arte. Para proteger las colecciones de los museos, los curadores también deben tener una idea de cómo se hicieron las fotografías. La mayoría de los museos no cuentan con dinero suficiente para evaluar cada fotografía. En lugar de eso, los curadores deben hacer suposiciones razonables y esperar que sus esfuerzos no perjudiquen las obras de arte que buscan preservar.

Se deben controlar la humedad, la luz y la temperatura.

Los curadores deben saber cómo se hicieron las fotos.

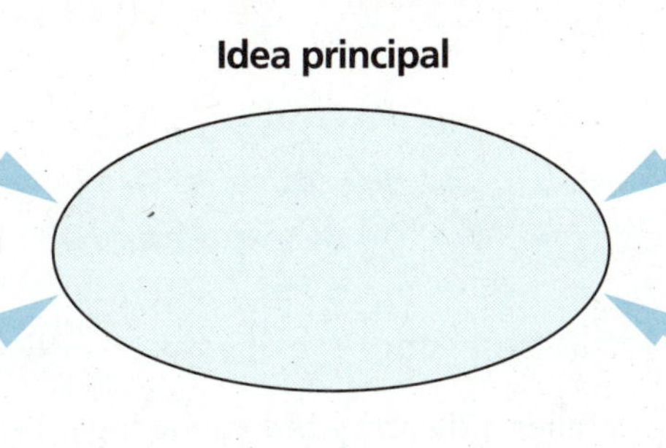

Los curadores deben suponer cómo cuidar las fotos.

1. Imagina que estás hablando con un amigo. En una oración, ¿cómo le explicarías de qué trata este párrafo?

____

____

2. ¿Cuál de las siguientes ideas apoya la idea principal del pasaje?
   A. Los curadores deben hallar la mejor manera de exhibir fotografías al público.
   B. Algunas fotografías deben ser protegidas de la exposición al aire.

▶ PRÁCTICA DE GED® **Elige la mejor respuesta para la pregunta.**

Al final de la temporada, yo ya sabía un montón acerca de Max. Él era el mejor parador en corto que yo hubiera visto jamás. Siempre convencía a algún amigo, normalmente a mí, para que le lanzara pelotas hasta tarde en la noche. En una ocasión, pasó cinco horas en la jaula de bateo trabajando en su swing. Max solo tenía 16 años, y de seguro se perfilaba para las ligas mayores.

Todos quedamos sorprendidos por el accidente automovilístico que sufrió en su último año de secundaria. Max se rompió el brazo derecho, el brazo con el que lanzaba. Algunos decían que su carrera estaba terminada, pero yo sabía que él volvería. Max nunca fue de los que se dan por vencidos.

3. ¿Cuál de las siguientes es la idea principal del primer párrafo?
   A. Max convencía a sus amigos para que practicaran con él.
   B. Max trabajó arduamente para ser un buen jugador de béisbol.
   C. Max pasó cinco horas practicando su swing.
   D. Max se perfilaba para las ligas mayores.

Comprueba tus respuestas en la página 233.

DETALLES

Algunas preguntas de la Prueba de Razonamiento a través de las Artes del lenguaje de GED® se basan en la comprensión de los detalles de un párrafo o pasaje. Como viste en la Lección 1, los **detalles** de un párrafo apoyan la idea principal. Proporcionan datos acerca de personas, lugares, cosas, momentos y sucesos. Los detalles dan vida a un pasaje y lo hacen más interesante para el lector. Lee el pasaje y busca detalles interesantes.

CONSEJO

Los detalles a veces apelan a nuestros cinco sentidos. Para hallar detalles, busca palabras o frases que digan cómo algo se ve, se oye, se siente, huele o sabe.

Marcus se sentía exhausto y entumecido después de realizar el segundo turno de trabajo. Había estado cargando cajas de cartón idénticas en camiones de reparto durante doce horas seguidas. Recordó flexionar sus rodillas cada vez que levantaba peso para proteger su espalda, pero de todos modos sus fuertes hombros y muslos le ardían y le dolían por el excesivo esfuerzo. Durante los descansos de quince minutos en el muelle de carga, sus músculos se volvían rígidos y fríos. Alrededor de la medianoche, se adormeció de pie. "Vete a casa", le ofreció su jefe, pero él no podía parar. Necesitaba solo un pago más para trasladar a su familia a otra ciudad.

1. ¿Qué detalles indican *cuándo* tiene lugar la acción del pasaje?

____

2. ¿Qué oración explica *por qué* Marcus está dispuesto a trabajar tanto?

____

1. Los detalles *doce horas seguidas* y *alrededor de la medianoche* nos dicen que Marcus ha trabajado todo el día y que ya pasó la medianoche. 2. La última oración explica que Marcus necesita dinero para trasladar a su familia a otra ciudad.

Los detalles responden las preguntas *quién, qué, cuándo, dónde, por qué* y *cómo*. Usa una tabla para organizar los detalles.

¿Quién? Marcus es un hombre fuerte y trabajador.	**Detalles de apoyo**	**¿Qué?** Está trabajando un turno extra cargando cajas.
¿Cuándo? Ha trabajado todo el día, hasta después de la medianoche.	**¿Dónde?** Está trabajando en un muelle de carga.	**¿Por qué o cómo?** Marcus quiere mudarse con su familia a otra ciudad.

Para hallar los detalles de un pasaje, pregúntate:

- ¿Qué información me ayuda a comprender la idea principal?
- ¿Qué información hace que el pasaje sea más interesante?

Piensa en un programa de televisión que te guste. ¿Qué detalles sobre los personajes lo hacen interesante?

▶ PRÁCTICA DE LA DESTREZA **Lee el pasaje y completa la tabla con los cuatro detalles que faltan. Luego, responde las preguntas.**

El amanecer halló al detective Leo Stuart listo con una pala y un pico. Comenzó a cavar diez pies al este del antiguo indicador de bronce. No pasó mucho tiempo antes de que la pala de Stuart chocara contra algo hueco. En quince minutos había extraído el antiguo baúl de madera de su escondite en la ladera de la colina. El baúl estaba cerrado con bandas de hierro resistentes. Tras mucho esfuerzo, pudo romper la última banda. El baúl se abrió de golpe y mostró nada más que un billete de un dólar. Había un mensaje garabateado en el billete: "¡Demasiado tarde!". Stuart arrojó su pala con frustración.

¿Quién?	Detalles de apoyo	¿Qué?
¿Cuándo?	¿Dónde?	¿Por qué o cómo? Está buscando algo.

1. ¿Qué detalles describen el lugar exacto en el que el detective Stuart comienza a cavar?

2. Antes de que el baúl se abriera, ¿qué detalle sugiere que el baúl estaría vacío?

▶ PRÁCTICA DE GED® **Elige la mejor respuesta para la pregunta.**

Una de las grandes proezas de ingeniería fue inspirada por un molusco. En 1825, un ingeniero llamado Marc Brunei observó que los teredos, o termitas del mar, hacían agujeros en la madera del casco de los barcos. Estos animales de cuerpo blando usaban sus caparazones como un escudo resistente para meterse en la madera. Brunei propuso construir un enorme escudo para excavar un túnel debajo del río Támesis de Londres. A medida que los trabajadores cavaban, introducían el escudo en la abertura del túnel de la misma manera en que los teredos se metían en la madera. Después de muchas demoras, el plan de Brunei finalmente funcionó. Actualmente, los ingenieros usan variaciones de escudos que excavan túneles para construir pasos subterráneos en todo el mundo.

3. Un teredo es un tipo de molusco. Según los detalles del pasaje, ¿cuál de las siguientes es la mejor descripción de un molusco?

A. un animal que come madera

B. un animal destructivo que cava agujeros

C. un animal de cuerpo blando que vive en un caparazón

D. un animal que usan los ingenieros para cavar agujeros

Comprueba tus respuestas en la página 233.

INFERENCIAS

Algunas preguntas de la Prueba de Razonamiento a través de las Artes del lenguaje de GED® te pedirán **inferir** ideas que no están expresadas en un pasaje. Cuando infieres, aplicas el conocimiento que ya tienes a la situación del pasaje para hallar el significado.

CONSEJO

En algunas preguntas debes elegir qué opción de respuesta puede inferirse a partir del pasaje. Primero, descarta las opciones que no puedan apoyarse por lo menos con un detalle del pasaje.

Gané mi primer concurso cuando tenía 21 años. Trabajé durante un mes para fortalecer mi brazo y poder lanzar ese trozo de papel doblado lo más alto posible. Mi primer lanzamiento fue un desastre, pero mi segundo lanzamiento tuvo buena velocidad ascendente. En la cima del arco, las alas se abrieron hermosamente y mi pequeño gorrión comenzó a planear, a medida que hacía espirales lentamente hasta llegar al suelo. Para ganar, necesitaba superar la marca de quince segundos, un tiempo imposible, pero lo logré.

1. ¿Qué detalles te ayudan a inferir que el objeto arrojado es un avión de papel?

____

2. ¿Crees que el autor esperaba ganar el concurso?

____

1. Un objeto de papel doblado con alas que planea en el aire es un avión de papel.
2. No, el escritor no esperaba ganar. En la última oración, el escritor describe quince segundos como un tiempo imposible.

En la siguiente tabla, a los enunciados del pasaje les siguen inferencias. Puedes organizar tu razonamiento de la misma manera.

Enunciado	Inferencia
• Gané el primer concurso a los 21.	• Desde entonces, el autor ha ganado más concursos.
• Trabajé durante un mes.	• Este acontecimiento requería fuerza.
• El primer lanzamiento fue un desastre, pero el segundo tuvo buena velocidad ascendente.	• El primer lanzamiento no tuvo velocidad.
• Las alas se abrieron; comenzó a planear.	• El avión funcionó.
• Necesitaba superar la marca de quince segundos.	• El objetivo era mantener el avión en el aire el mayor tiempo posible.

Para hacer inferencias, pregúntate:

- ¿Qué sugiere el autor sin expresarlo directamente?
- ¿Qué claves indican cómo se siente el autor acerca del tema?

Cuando un amigo te cuenta algo que ocurrió, ¿cómo usas tus experiencias para comprenderlo?

▶ PRÁCTICA DE LA DESTREZA **Lee el pasaje y escribe dos nuevas inferencias para completar la tabla. Luego, responde las preguntas.**

La familia Owens piensa que su perro Riley es problemático porque pide comida. Al comienzo de cada comida, le dan a Riley una porción de sus platos. Esperan que su perro los deje comer en paz, pero él sigue pidiendo más. Solo se detiene si le gritan: "¡Échate!". Entonces, Riley se echa en el piso inmediatamente. Desde luego, los Owens le dan más comida de sus platos como recompensa. No sorprende, entonces, que se levante y comience a pedir de nuevo. Los dueños de Riley han intentado razonar con él, pero nada funciona. Está claro que Riley no quiere obedecer.

Enunciado →	Inferencia
• Al comienzo de cada comida, los dueños le dan una porción de sus platos.	• Los dueños han provocado que Riley pida comida porque se la dan en la mesa.
• Solo se detiene si le gritan: "¡Échate!". Entonces, Riley se echa en el piso inmediatamente.	•
• Los dueños han intentado razonar con él, pero nada funciona.	•

1. Los dueños creen que Riley es un perro problemático. ¿Qué detalles te ayudan a inferir que el autor no está de acuerdo con los dueños?

____

2. ¿Cuál de las siguientes opciones puedes inferir a partir del pasaje?

A. Los dueños de Riley no comprenden cómo aprenden los perros.

B. Riley no quiere obedecer.

▶ PRÁCTICA DE GED® **Elige la mejor respuesta para la pregunta.**

Doscientos mil trabajadores de la asistencia médica brindan "servicios de apoyo a domicilio" a personas mayores y minusválidas con bajos ingresos en todo el territorio de California. Un estudio reciente recomienda proteger a los trabajadores de la asistencia médica a domicilio a través de mejoras en su capacitación y equipamiento. El estudio también sugiere que los trabajadores mismos necesitan mejor acceso a los servicios de salud cuando sufren lesiones durante su desempeño. Una propuesta innovadora sugiere que debería haber contratos por escrito entre los trabajadores de la asistencia médica a domicilio y sus clientes.

3. Una organización llevó a cabo este estudio e hizo las recomendaciones. ¿En nombre de qué personas puedes inferir que trabaja esta organización?

A. adultos mayores

B. familias con bajos ingresos

C. trabajadores de la salud a domicilio

D. funcionarios electos de California

Comprueba tus respuestas en las páginas 233 y 234.

SECUENCIA DE SUCESOS

Algunas preguntas de la Prueba de Razonamiento a través de las Artes del lenguaje de GED® se relacionan con la secuencia de sucesos, o el orden en el que ocurren los sucesos. Algunos autores no relatan los sucesos en orden. Mientras lees, piensa en el orden en el que ocurren los sucesos.

CONSEJO

La lógica o el sentido común te puede ayudar a ordenar muchos sucesos. Además, busca palabras como *primero*, *luego* y *después* para ayudarte a ordenar los sucesos.

En 1939, Marian Anderson cantó ante un público de más de 75,000 personas en el monumento a Lincoln, en Washington, D.C. La Primera Dama, Eleanor Roosevelt, organizó la presentación poco tiempo después de que negaran el pedido de Anderson de cantar en Constitution Hall a causa de ser afroamericana. Anderson llamó la atención del público por primera vez cuando cantaba en coros de iglesias en Philadelphia. Al correrse la voz de su increíble talento vocal, le ofrecieron muchas becas para estudiar música. Como resultado de su fama, hizo una gira por Europa en 1925 con la Orquesta Filarmónica de Nueva York.

1. De todas las actuaciones que se describen en el pasaje, ¿cuál ocurrió primero?

____

2. ¿Qué sucedió después de que el pedido de Anderson de cantar en Constitution Hall le fue negado?

____

1. Las primeras actuaciones que se mencionan en el párrafo fueron en coros de iglesias en Philadelphia. 2. Eleanor Roosevelt organizó la actuación de Anderson en el monumento a Lincoln.

Usa una tabla de secuencia para ordenar los sucesos de un pasaje. Usa tantas casillas como sea necesario.

Orden de los sucesos	
	1 Anderson cantaba en coros de iglesia.
	2 Le ofrecieron becas para estudiar música.
	3 1925: Hizo una gira por Europa con la Filarmónica de Nueva York.
	4 Rechazaron su pedido para cantar en Constitution Hall.
	5 1939: Cantó en el monumento a Lincoln.

¿Alguna vez has visto una película que tuviera una escena en la que un personaje recuerda un suceso del pasado? ¿Cómo supiste que la escena era del pasado?

Para hallar la secuencia de sucesos de un pasaje, pregúntate lo siguiente:

- ¿Hay palabras o fechas que me sirvan como pistas para ordenar los sucesos?
- ¿Cómo llevan los detalles de un suceso al suceso siguiente?

▶ **PRÁCTICA DE LA DESTREZA** **Lee el pasaje y completa la tabla con tres sucesos. Luego, responde las preguntas.**

Andrew se sorprendió al ver el cobertizo con la canoa podrida apoyada al costado. Había estado tanto tiempo enfrascado en sus pensamientos que no se había dado cuenta de que no se dirigía a la granja de los Jacob. En cambio, algo lo había llevado al cobertizo de las canoas junto al río. Entró con cuidado al cobertizo y encendió una cerilla que tenía en su bolsillo. La luz parpadeante reveló un farol oxidado en un estante. Lo encendió con una segunda cerilla. "Sabía que vendrías", dijo una voz profunda detrás de él.

Orden de los sucesos	
1	Andrew caminó hacia el cobertizo de las canoas.
2	
3	
4	Encendió el farol.
5	

1. La primera oración dice que Andrew se sorprendió. A partir del pasaje, ¿qué sucedió antes de esto?

____

2. ¿Qué hizo Andrew inmediatamente después de entrar al cobertizo? ¿Por qué?

____

▶ **PRÁCTICA DE GED®** **Elige la mejor respuesta para la pregunta.**

Una doctora colocó dos tazas frente a un bebé de nueve meses. Luego, colocó un juguete brillante bajo la primera taza. Inmediatamente, el niño recogió la taza para hallar el juguete. Luego, mientras el bebé miraba, la doctora movió el juguete y lo colocó bajo la segunda taza. Mientras el bebé extendía el brazo hacia la segunda taza, la doctora aplaudió cuatro veces con los brazos en alto para distraerlo. El curioso bebé observó los aplausos y luego buscó el juguete bajo la primera taza. El bebé había olvidado que habían movido el juguete.

3. El pasaje describe un experimento que realiza una doctora para examinar la memoria de un bebé. ¿Qué hizo la doctora justo antes de distraer al bebé?

A. Aplaudió con fuerza.

B. Colocó el juguete bajo la segunda taza.

C. Colocó el juguete bajo la primera taza.

D. Dejó que el bebé sostuviera el juguete.

Comprueba tus respuestas en la página 234.

COMPARAR Y CONTRASTAR

En la Prueba de Razonamiento a través de las Artes del lenguaje de GED®, es posible que leas pasajes que usan la comparación y el contraste. Los autores suelen **comparar** personas, lugares o cosas para mostrar en qué se parecen. Los pasajes también pueden **contrastar**, o mostrar en qué se diferencian las personas, lugares o cosas. Mientras lees este pasaje, piensa en las semejanzas y diferencias entre las hermanas.

Las hijas de Billie, Bea y Jean, pensaban que eran tan distintas como el día y la noche, pero en realidad eran más parecidas de lo que creían. Las dos hablaban sin parar. A Bea le gustaba contar los chistes que oía en los programas de televisión nocturnos, mientras que Jean prefería hablar de temas serios como el futuro de la seguridad social. En muchas ocasiones, las hermanas pasaban el día entero de compras. Bea gastaba su dinero generosamente, comprando regalos para todos sus amigos. A Jean le encantaba buscar buenos precios en las ventas de garaje, sin comprar casi nada.

CONSEJO

En algunos pasajes, se puede usar un párrafo para comparar y otro para contrastar. Asegúrate de leer todo el pasaje antes de responder preguntas sobre comparar y contrastar.

1. ¿Cuáles son dos aspectos en los que Jean y Bea se parecen?

2. ¿Qué significa ser *tan distintas como el día y la noche*?

1. A las dos les gusta hablar y comprar. *El día y la noche* son opuestos. Dos cosas que son tan distintas como el día y la noche no tienen nada en común.

Un diagrama de Venn te puede ayudar a comparar y contrastar dos personas, lugares o cosas. Rotula los círculos y escribe las cualidades en el círculo correcto. Si las dos comparten una cualidad, escríbela en el espacio en que se superponen.

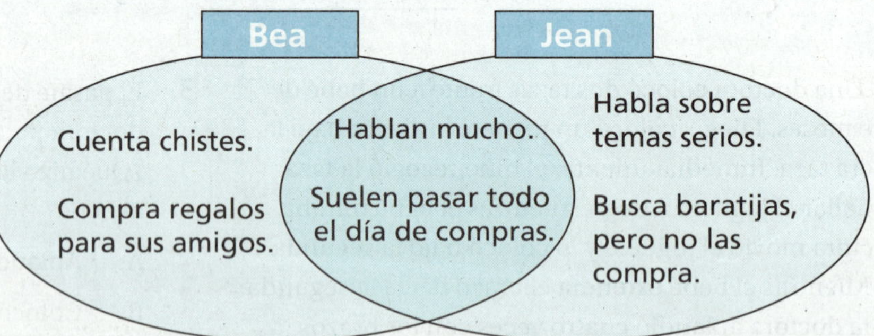

Para comparar y contrastar personas, lugares y cosas, pregúntate lo siguiente:

- ¿Cuáles son algunas cualidades que comparten ambos?
- ¿Qué cualidades son propias solo de uno o de otro?

Piensa en dos de tus postres favoritos. ¿Qué tienen en común? ¿En qué se diferencian?

▶ **PRÁCTICA DE LA DESTREZA** **Lee el pasaje y agrega al menos un enunciado a cada sección del diagrama de Venn. Luego, responde las preguntas.**

El Congreso Continental dispuso solo algunos requisitos para hacer la primera bandera estadounidense. La bandera debía tener trece estrellas blancas sobre un fondo azul y trece franjas alternadas de rojo y blanco. Esta prescripción simple daba lugar a mucha creatividad. Las primeras banderas tenían estrellas que podían tener de cuatro a ocho puntas. Estas banderas particulares tenían franjas, símbolos, imágenes y colores adicionales. En 1914, mediante una orden ejecutiva, se estandarizó el diseño de la bandera. Actualmente, el tamaño de la bandera, sus colores, las 50 estrellas de cinco puntas y las trece franjas horizontales son uniformes.

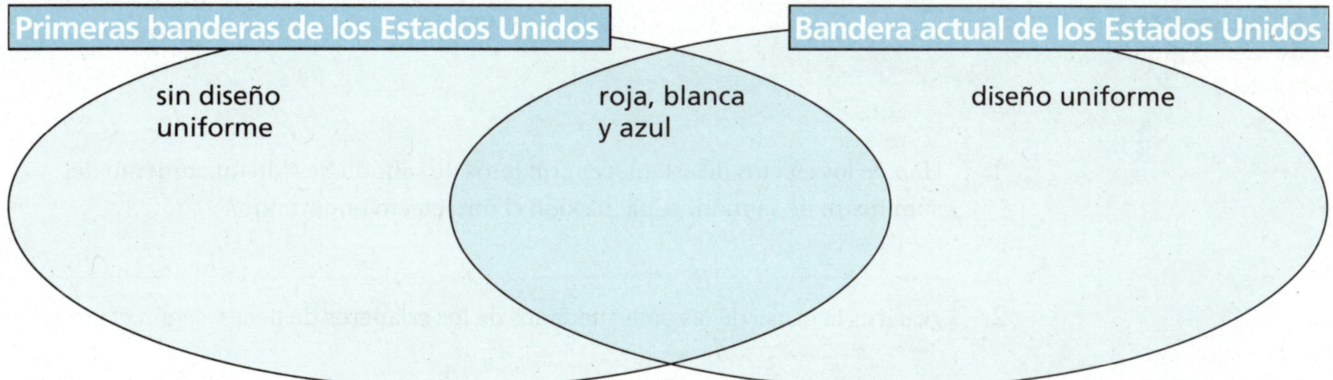

1. El diseño actual cumple con los requisitos originales del Congreso Continental en todos los aspectos, excepto en uno. ¿Cuál es?

____

2. ¿Qué descripción es distinta del diseño actual de la bandera?

A. La primera bandera de los Estados Unidos tenía franjas horizontales rojas y blancas.

B. Algunas de las primeras banderas tenían un águila cosida sobre el fondo azul.

▶ **PRÁCTICA DE GED®** **Elige la mejor respuesta para la pregunta.**

Jeremy fue a Sanibel para escapar del frío riguroso de enero en Michigan. La delgada isla barrera cerca de la costa de Florida fue un gran cambio en comparación con la ruidosa y poblada ciudad de Detroit. "Aquí la naturaleza es más importante", pensó. Desde su cabaña, podía ver los árboles de los manglares y la playa que brillaba bajo el sol. Jeremy salió a pasear por la orilla. Pronto se detuvo para recoger un objeto brillante. Era simplemente una concha de almeja Venus, pero en ese momento le pareció más preciosa que el oro fino.

3. ¿El propósito de este párrafo es contrastar cuáles de los siguientes?

A. la isla y los árboles del manglar

B. el oro fino y la almeja

C. Detroit y Sanibel

D. Jeremy y sus sentimientos sobre la naturaleza

Comprueba tus respuestas en la página 234.

CAUSA Y EFECTO

En la Prueba de Razonamiento a través de las Artes del lenguaje de GED®, te harán preguntas sobre relaciones de causa y efecto. Una **causa** es un suceso que hace que ocurra otro suceso, el **efecto**. Lee el pasaje y busca causas y efectos.

Los criaderos de salmón se idearon para reducir la presión sobre la población de salmones salvajes. Si bien estos criaderos aumentaron el suministro disponible de salmones, en realidad han puesto en peligro lo que debían proteger. Muchos salmones salvajes ahora podrían morir de hambre. La razón es que los criaderos usan los peces de los que se alimentan los salmones salvajes para alimentar a los salmones de los criaderos. Además, los salmones salvajes padecen enfermedades que han migrado desde los criaderos superpoblados. Los salmones salvajes también pierden territorio a causa de los salmones más grandes y fuertes que han escapado de los criaderos.

CONSEJO

Palabras como *porque* y *gracias a* pueden señalar una causa. Palabras y frases como *como resultado, entonces* y *en consecuencia* se suelen usar para señalar un efecto.

1. Uno de los efectos de establecer criaderos de salmón ha sido un aumento del suministro de salmón. ¿Cuál ha sido el otro efecto importante?

____

2. ¿Cuál es la causa de las enfermedades de los criaderos de peces, según el autor?

____

1. El otro efecto importante ha sido que los criaderos de salmón han puesto en peligro a la población de salmones salvajes. 2. En la quinta oración, el autor sugiere que las enfermedades son consecuencia de la superpoblación en los criaderos de peces.

No todas las causas y efectos se expresan en el orden en que suceden. Además, una causa puede tener más de un efecto y un efecto puede tener muchas causas. Usa una tabla para organizar tu razonamiento.

CAUSA		EFECTO
Los criadores alimentan a los salmones de criadero con peces salvajes.	→	Los salmones salvajes están en peligro de quedarse sin alimento.
Se transmiten enfermedades de los criaderos de peces a la naturaleza.	→	Los salmones salvajes están muriendo a causa de enfermedades.
Algunos salmones de criadero más grandes han escapado a la naturaleza.	→	Los salmones de criadero más fuertes han ocupado el territorio de los salmones salvajes.

Para hallar relaciones de causa y efecto, pregúntate lo siguiente:

- ¿Qué sucedió en este pasaje?
- ¿Qué suceso o sucesos relacionados hicieron que ocurriera?

¿Alguna vez hiciste que algo suceda? ¿Qué sucedió? ¿Qué hiciste para que sucediera?

PRÁCTICA DE LA DESTREZA **Lee el pasaje y completa la tabla con una causa y un efecto. Luego, responde las preguntas.**

Muchos padres limpian las encimeras con el último producto de limpieza antibacteriano. Piensan que protegen a su familia de los gérmenes, pero probablemente hacen que el ambiente de sus hijos sea más peligroso. Actualmente, los científicos saben que el uso excesivo de medicamentos y productos de limpieza antibacterianos permite que se reproduzcan cepas más potentes de las bacterias. Si bien mueren muchos gérmenes, los que sobreviven se hacen más fuertes. De hecho, el uso de productos de limpieza antibacterianos puede ser contraproducente. Cuando los niños crecen con cantidades normales de bacterias en sus casas, mejora su propia capacidad de defenderse de las enfermedades.

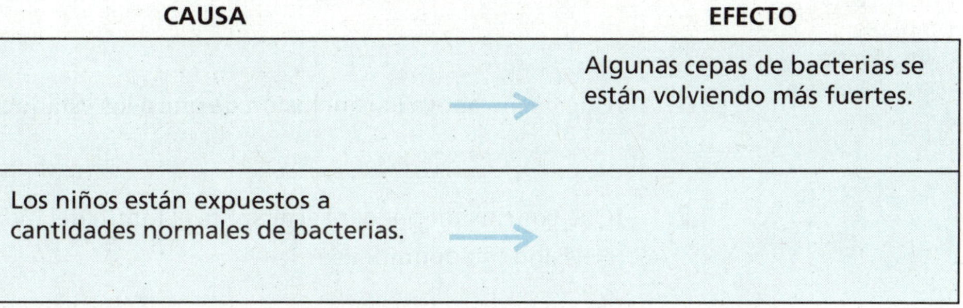

CAUSA		EFECTO
	→	Algunas cepas de bacterias se están volviendo más fuertes.
Los niños están expuestos a cantidades normales de bacterias.	→	

1. ¿Qué efecto esperan lograr las personas que usan productos de limpieza antibacterianos?

____

2. ¿Cuál es la verdadera razón por la que se reproducen las cepas más potentes de las bacterias?

____

PRÁCTICA DE GED® **Elige la mejor respuesta para la pregunta.**

Para: Todos los empleados
De: Administración de Westbrook

Gracias a los enormes esfuerzos de todos, tuvimos importantes ventas esta temporada navideña. A pesar de la lenta economía, logramos alcanzar un aumento de ventas del 5% con respecto a la temporada pasada. La sugerencia del departamento de comercialización de hacer envíos gratuitos en las ventas por Internet llamó la atención de los clientes. Nuestros excelentes empleados de envíos y recibos trabajaron muchas horas extra para asegurarse de que pudiéramos cumplir con todos nuestros pedidos. Todos contribuyeron a nuestro éxito, y la administración quiere agradecerles con el bono adjunto. ¡Feliz Año Nuevo para ustedes y sus familias!

3. Según el comunicado, ¿qué hizo que la empresa tuviera ganancias durante la temporada navideña?

   A. una economía más fuerte
   B. despidos y recortes de presupuesto
   C. una promoción de comercialización inteligente y mucho trabajo
   D. un aumento del 5% en las ventas en comparación con la temporada navideña del año anterior

Comprueba tus respuestas en la página 234.

CONCLUSIONES

En la Prueba de Razonamiento a través de las Artes del lenguaje de GED®, tendrás que sacar conclusiones sobre las ideas del pasaje. Una **conclusión** es una idea que se plantea de manera lógica a partir de hechos o evidencia. Lee el pasaje y saca tus propias conclusiones.

CONSEJO

Para elegir la conclusión correcta de una prueba de opción múltiple, comienza descartando las conclusiones que se debilitan o se contradicen con uno o más hechos del pasaje.

Si bien millones de estadounidenses juegan fútbol, este deporte todavía no tiene mucho público en los Estados Unidos. Debido a su gran campo de juego y la acción que desarrolla, es difícil mirar un partido de fútbol en la pantalla del televisor. El fútbol presenta acción continuamente; por eso, las cadenas televisivas estadounidenses tienen dificultades para programar cortes comerciales. En comparación con los deportes populares televisados, el fútbol tiene menos anotaciones y menos contacto físico.

1. ¿Qué hecho apoya la conclusión de que a los estadounidenses les gusta el fútbol?

____

2. ¿Qué conclusión puedes sacar sobre el futuro del fútbol y la televisión estadounidense?

____

1. El hecho de que millones de estadounidenses juegan fútbol significa que a los estadounidenses les gusta el deporte. 2. Una posible conclusión es que el fútbol probablemente no sea muy popular en los Estados Unidos porque resulta difícil mirarlo por televisión y no es tan emocionante como otros deportes.

Puedes usar este diagrama para organizar tu razonamiento. Los hechos (columnas) apoyan una conclusión (en la casilla superior).

CONCLUSIÓN Es probable que el fútbol no se vuelva popular entre los espectadores de televisión estadounidenses.				
Es difícil ver el gran campo de juego en la televisión.	HECHOS	Las cadenas de televisión necesitan cortes comerciales.	HECHOS	A los espectadores les gustan los puntajes altos y el contacto físico.

Para sacar conclusiones, pregúntate:

- ¿Qué hechos se presentan en el pasaje?
- ¿Cómo trabajan estos hechos conjuntamente para apoyar la conclusión?

¿Alguna vez has sacado una conclusión y se la has explicado a alguien? ¿Cómo usaste los hechos para apoyar tu idea?

▶ **PRÁCTICA DE LA DESTREZA** **Lee el pasaje y añade dos hechos más que puedan apoyar la conclusión. Luego, responde las preguntas.**

Alan se pegó a la pared del acantilado cercano al sendero. Había aceptado hacer el ascenso más corto hacia la entrada de la cueva porque los demás miembros de su familia querían subir. "El sendero está pavimentado y cuidadosamente señalizado. ¿Qué te puede pasar?", dijo su hermana en tono burlón. Seguramente el sendero estaba pavimentado y señalizado, pero no había barandal. ¿Por qué nadie dijo que no había barandal? Un pequeño tropiezo y se caería por el acantilado. Podría sucederle a cualquiera. "¡Aléjense del borde!", quería gritar, pero ellos estaban muy ocupados riendo y hablando. ¿Nadie más ve el peligro?

CONCLUSIÓN El miedo de Alan es irracional.				
Alan está aferrado a la pared del acantilado.	HECHOS		HECHOS	

1. ¿Qué hecho apoya la idea de que la familia de Alan no cree estar en peligro?

____

2. ¿Qué crees que piensa la familia de Alan de sus miedos?

____

▶ **PRÁCTICA DE GED®** **Elige la mejor respuesta para la pregunta.**

El famoso dirigente sindical César Chávez nació en 1927. Aunque nació en una granja, los miembros de su familia se convirtieron en trabajadores rurales migrantes durante la Gran Depresión. Asistió a 65 escuelas primarias y nunca se graduó de la escuela secundaria. En 1962, fundó la Asociación Nacional de Trabajadores Agrícolas, con base en California y la región sudoeste. Esta asociación atrajo la atención nacional en 1965 cuando Chávez lideró al sindicato en una huelga y convocó a un boicot nacional de uvas de mesa. Para dirigir la atención al problema de los trabajadores rurales, Chávez también hizo una huelga de hambre durante 28 días. La huelga y el boicot duraron hasta 1970 y dieron como resultado la mayor victoria de los trabajadores migrantes en los Estados Unidos.

3. ¿Cuál de las siguientes conclusiones puedes sacar en función de los hechos del pasaje?

A. La Asociación Nacional de Trabajadores Agrícolas fue fundada en 1927.

B. El liderazgo personal de Chávez cumplió una función muy importante en el éxito del sindicato.

C. La huelga y el boicot no alcanzaron sus objetivos.

D. Actualmente, los trabajadores agrícolas disfrutan de los mismos beneficios que otros trabajadores sindicalizados.

Comprueba tus respuestas en la página 235.

EVIDENCIA Y PROPÓSITO DEL AUTOR

En la Prueba de Razonamiento a través de las Artes del lenguaje de GED®, tendrás que explicar cómo usa un autor la **evidencia** para apoyar su **propósito**, o motivo principal del texto. Generalmente, los autores escriben para informar, persuadir o entretener al lector. La elección que hace el autor de los hechos, palabras, diálogos y detalles descriptivos son la evidencia que apoya su propósito. Lee este pasaje para descubrir el propósito del autor e identifica la evidencia que apoya ese propósito.

Cada año, cientos de gatos y perros llegan a refugios para animales porque el número de estos animales mal cuidados excede en gran medida el número de hogares disponibles. Allí están solos y asustados. Esto no tiene que ser así. Esterilizar o castrar a las mascotas es importante para impedir otra generación de animales sin hogar. Considera adoptar mascotas de un refugio en lugar de comprarlas en un criadero o una tienda de mascotas. Si trabajamos juntos, podemos evitar que los animales sufran.

CONSEJO

Si la pregunta se refiere a partes específicas del pasaje (párrafos introductorios o de cierre, por ejemplo), marca esa parte en el pasaje.

1. ¿Cuál es el propósito principal del autor al escribir este pasaje?

____

2. ¿Qué palabras y frases ofrecen evidencia para apoyar el propósito del autor?

____

1. El autor quiere persuadir al lector para que se preocupe por los animales que no tienen hogar y tome medidas al respecto. 2. Algunas evidencias para apelar al lector incluyen las palabras *mal cuidados, solos, asustados, sin hogar* y la frase *si trabajamos juntos.*

Organiza tu razonamiento en una tabla. Piensa en lo que el autor quiere que sientas o hagas, y escribe el propósito del autor en la casilla superior. Usa las otras casillas para escribir hechos, opiniones, palabras clave y frases de apoyo.

Propósito del autor Persuadir al lector para que se preocupe por los animales que no tienen hogar y tome medidas al respecto.	
Hechos y opiniones de apoyo Existen más animales que hogares. Las personas pueden ayudar mediante la esterilización y castración de sus mascotas y la adopción de animales de los refugios.	**Frases y palabras clave** Se describe a los animales como *mal cuidados, solos, asustados* y *sin hogar.*

Piensa en algún momento en que hayas tenido que convencer a alguien de que tenías razón. ¿Qué hiciste para persuadir a la otra persona? ¿Qué evidencia ofreciste para convencer a esa persona?

Para hallar el propósito del autor y la evidencia, pregúntate:

- ¿Qué quiere el autor que haga, sienta o piense?
- ¿Qué siente u opina el autor sobre este tema?

▶ PRÁCTICA DE LA DESTREZA **Lee el pasaje y completa la gráfica. Luego, responde las preguntas.**

Nuestra empresa sufrió pérdidas sustanciales durante el último trimestre. Para evitar despidos, debemos tomar medidas de reducción de costos inmediatamente y estamos solicitando su cooperación durante este difícil período. Un exceso de ausencias de empleados hace peligrar nuestra productividad, entonces pedimos que los empleados nos presenten sus licencias por vacaciones con al menos un mes de antelación. Los trabajadores temporarios encarecen mucho nuestro presupuesto. Por lo tanto, para reducir la contratación temporaria, pedimos que todos los empleados planifiquen sus ausencias con sus supervisores. Nuestro objetivo es que falten no más de dos trabajadores por cada departamento por día. Su cooperación es fundamental para ayudarnos a evitar fuertes recortes presupuestarios y posibles despidos.

Propósito del autor	
______________________	
Hechos y opiniones de apoyo La empresa debe ahorrar dinero para evitar despidos. ______________________ ______________________ ______________________ ______________________	**Frases y palabras clave** *sufrió pérdidas sustanciales, difícil período* ______________________ ______________________ ______________________ ______________________

1. ¿Cuál es el propósito del autor?

____

2. ¿Qué palabras o frases ofrecen evidencia para apoyar el propósito del autor?

____

▶ PRÁCTICA DE GED® **Elige la mejor respuesta para la pregunta.**

La Sra. Oliphant era una maestra de tercer grado muy activa. Un par de lentes le colgaba de una cadena alrededor del cuello. Los llevaba a sus ojos con una mano mientras nos leía *El rey Arturo y los Caballeros de la Mesa Redonda.* Yo cerraba los ojos y dejaba que el tono contralto de su voz me llevara a un gran acontecimiento. Yo era Gareth, el empleado de cocina, que mataba al poderoso Caballero Negro y, luego, me arrodillaba mientras Sir Lancelot levantaba su poderosa espada para nombrarme caballero. Luego escuchaba que el libro se cerraba y que gentilmente, muy gentilmente, la Sra. Oliphant nos pedía que abriéramos los ojos.

3. En este pasaje, el propósito del autor es entretener a los lectores con su experiencia de cuando era niño y una maestra le leía un cuento. ¿Qué palabras ofrecen evidencia sobre el propósito del autor?

A. maestra de tercer grado

B. par de lentes

C. yo cerraba los ojos

D. mataba al poderoso Caballero Negro

Comprueba tus respuestas en la página 235.

ENTORNO

En la Prueba de Razonamiento a través de las Artes del lenguaje de GED®, es posible que tengas que responder preguntas sobre el entorno de un pasaje. El **entorno** nos indica dónde y cuándo se desarrolla la acción del pasaje. Mientras lees, intenta imaginar la acción. En el siguiente pasaje, busca las claves descriptivas que te ayudarán a identificar el momento del día y el lugar.

CONSEJO

Cuando respondas las preguntas sobre el entorno, intenta imaginar la "apariencia", la "sensación" y hasta el "olor" del lugar.

Las puertas automáticas se abrieron cuando Linda entró. Mientras caminaba hacia la recepción, el brillo de la luz fluorescente le hizo entrecerrar los ojos. "Disculpe. Mi amiga Celia está aquí. Tuvo un pequeño accidente". Linda se detuvo de repente. Toda la atención se había dirigido a un padre que traía a su pequeño hijo herido. Linda se acercó hasta una puerta. Quizás pudiera hallar a Celia por su cuenta. Las habitaciones eran pequeñas y tenían olor a antiséptico. En un televisor de una habitación vacía, pasaban la repetición del noticiero de la tarde. Largas cortinas plisadas de color rosado rodeaban las camas ocupadas. Un técnico que llevaba una bandeja con tubos de ensayo la empujó al pasar. Así, nunca podría encontrar a Celia.

1. ¿Dónde está buscando Linda a Celia?

____

2. ¿Qué detalles te indican que la acción se desarrolla en algún momento a mitad de la noche?

____

1. Linda está buscando a Celia en la sala de emergencias de un hospital. Todas las pistas indican que se trata de algún tipo de centro médico. 2. Hay una repetición del noticiero de la tarde en la televisión.

Observa los detalles sensoriales que pueden ofrecer pistas sobre el entorno. Puedes organizar tu razonamiento en un diagrama.

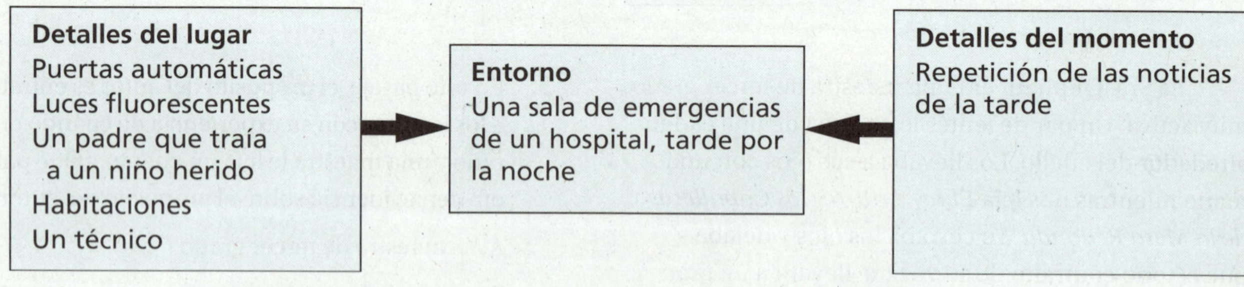

Para hallar el entorno, pregúntate:

- ¿Qué pistas describen el lugar, el momento del día y la época del año?
- ¿Qué palabras te indican cómo se ven y suenan las cosas?

Piensa en alguna vez en la que le hayas contado a un amigo una experiencia de tu niñez. ¿Qué palabras usaste para describir el entorno?

▶ **PRÁCTICA DE LA DESTREZA** **Lee el pasaje y añade al diagrama detalles sobre dónde y cuándo ocurre la acción. Luego, responde las preguntas.**

Por aquel entonces, los científicos de la NASA no estaban seguros de cómo reaccionarían los astronautas a la ausencia de gravedad del espacio; entonces, nos convertimos en sus ratas de laboratorio. Los científicos desarrollaron un programa de entrenamiento. Comenzaron por llevar a siete de nosotros en la bodega de carga de un avión C131 de la Fuerza Aérea. El motor rugía mientras ascendíamos de manera abrupta, y luego, tras alcanzar la altura máxima, durante un minuto sentíamos la ingravidez. Ellos querían ver si podíamos hacer tareas sencillas, como hablar, leer instrumentos, mover interruptores y mantener el desayuno en el estómago.

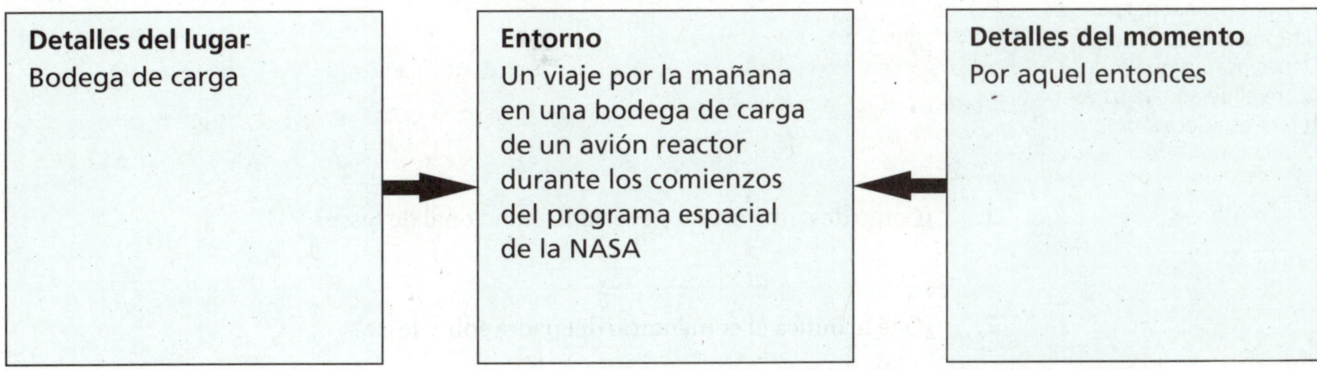

1. ¿Qué detalles sugieren que el programa de entrenamiento también fue un experimento?

____

2. Según los detalles del pasaje, ¿a qué se parecía viajar en la bodega de carga?

A. ir cuesta arriba y luego hacia abajo en una montaña rusa

B. hacer un giro cerrado en un automóvil rápido

▶ **PRÁCTICA DE GED®** **Elige la mejor respuesta a la pregunta.**

Millie estaba preocupada porque iba a arruinar sus zapatos. Si se derramaba alquitrán sobre ellos, tendría que cambiarse y llegaría tarde de regreso al trabajo. Aparentemente, la ciudad había decidido repavimentar la superficie de la calle el mismo día que ella había programado un corte de cabello. Una gran máquina estaba esparciendo petróleo caliente, y los trozos de piedras negras volaban hacia todas partes. Unos hombres estaban allí con señales de detención y sin hacer absolutamente nada. Cuando la luz cambió, se apresuró a cruzar la calle hasta llegar a una tienda pequeña, sin rastros de alquitrán en sus zapatos.

3. Según los detalles del pasaje, ¿cuál de las siguientes descripciones es la *más* exacta en relación con el momento en que esta situación tuvo lugar?

Esta situación ocurre

A. hacia el atardecer.

B. durante el día.

C. durante un fin de semana.

D. en el futuro.

Comprueba tus respuestas en la página 235.

PERSONAJE

En la Prueba de Razonamiento a través de las Artes del lenguaje de GED®, tendrás que responder preguntas sobre personajes de ficción. Un **personaje** es una persona creada por un autor por medio de descripciones de cómo es y de las cosas que dice. Mientras lees el pasaje a continuación, piensa en cómo es el personaje.

CONSEJO

En la Prueba de GED®, es posible que tengas que decidir cómo podría actuar un personaje en una situación diferente. Debes usar lo que sabes sobre el personaje para tomar esa decisión.

Jesse giró el globo terráqueo y lo detuvo rápidamente apretando su dedo y su uña mal cortada contra la superficie de metal resbaladiza.

—Allí. Allí es donde estaré tan pronto como ahorre el dinero suficiente —dijo en tono desafiante—. Cualquier lugar será mejor que estar aquí. Y abriré mi propia empresa y seré mi propio jefe. Ya verás. Tengo grandes ideas, ya sabes, y no me quedaré en esta ciudad sin futuro cuando tenga cincuenta o sesenta años, o cualquiera que sea tu edad.

—Creo que estás señalando el medio del océano —respondió su padre.

1. ¿Cómo describe el autor el estado emocional de Jesse?

____

2. ¿Qué te indica el comentario del padre sobre Jesse?

____

1. El pasaje señala que Jesse habla en un tono desafiante. Es posible que Jesse se sienta frustrado o enojado.
2. El comentario del padre sugiere que Jesse no tiene en realidad un plan para irse.

Los personajes están definidos por su descripción física, sus acciones y sus palabras, así como también por las palabras y reacciones de otros personajes. Puedes organizar estos detalles en un diagrama de personajes. (No siempre tendrás que escribir algo en todas las secciones).

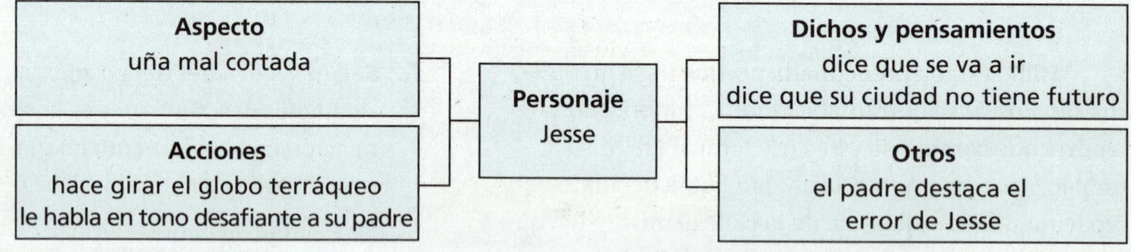

¿Has descrito alguna vez a un amigo cómo es tu familia? ¿Qué detalles elegiste para explicar cómo es tu familia?

▶ **PRÁCTICA DE LA DESTREZA** **Lee el pasaje y añade un detalle de la apariencia y uno de la acción al diagrama. Luego, responde las preguntas.**

Sheila nació con una maldición. Tenía una apariencia normal y era bastante pequeña, pero tenía una postura perfecta y eficaz. Su cabello castaño y sin brillo nunca estaba despeinado. Se realizaba una limpieza dental cada seis meses, y comía exactamente las porciones recomendadas por día de frutas y verduras. Sería difícil imaginar una persona más perfecta, de no ser porque Sheila tenía una maldición. Verás, cuando Sheila conocía a otras personas, inmediatamente sabía cuáles eran sus mayores defectos. Percibía los defectos en un instante, y era muy, muy difícil no decirlos.

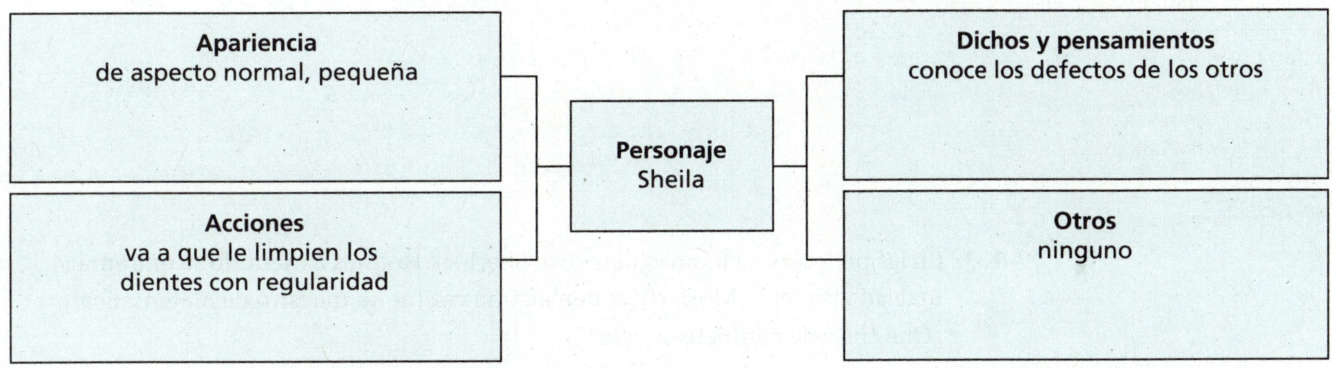

1. ¿Cuál es la maldición que tenía Sheila?

____

2. ¿Cuál de las siguientes actitudes es más probable que tenga Sheila en una fiesta?

A. felicitar a la anfitriona por la decoración

B. aconsejar a la anfitriona sobre cómo decorar mejor

▶ **PRÁCTICA DE GED®** **Elige la mejor respuesta a la pregunta.**

Elio se inscribió en una clase de computación, pero no asistió. En su lugar, escribió con mucha dificultad una carta con la ayuda de una máquina de escribir que guardaba debajo de su cama, y solicitó un reembolso. Elio creía firmemente que las computadoras eran una novedad pasajera. "Es tonto perder tanto tiempo aprendiendo cómo hacer algo que no estará dentro de diez años", pensó. El jefe de Elio, sin embargo, no compartía su opinión. De hecho, su jefe le dijo que, si no aprendía a usar el programa, no duraría en su puesto otros diez días. Elio le dio unas palmadas suaves a la máquina de escribir y la colocó debajo de su cama.

3. A Elio no le gustan los microondas porque dice que "la comida calentada en el microondas no tiene buen sabor". De acuerdo con esta información y los detalles del pasaje, ¿qué palabra describe mejor la actitud de Elio hacia la nueva tecnología?

A. admiración

B. miedo

C. rechazo

D. indignación

Compruéba tus respuestas en las páginas 235 y 236.

APLICACIÓN

La **aplicación** es una importante destreza de razonamiento porque te permite usar la información que aprendes aplicándola en un nuevo contexto o situación. En la prueba de Razonamiento a través de las Artes del lenguaje de GED®, deberás leer un pasaje y luego aplicar la información a una situación nueva que se presenta en una pregunta. Lee el siguiente pasaje. Luego, responde las preguntas de aplicación basadas en él.

CONSEJO

Cuando te piden que apliques información para responder una pregunta, piensa: "¿Qué opción de respuesta refleja mejor la información del pasaje?".

El conflicto es la base de una historia interesante. Hace que algo suceda. En general, el conflicto en una obra de ficción pertenece a alguna de estas cuatro clases: el hombre contra el hombre, el hombre contra la naturaleza, el hombre contra la sociedad y el hombre contra sí mismo. En cada clase de conflicto, el personaje principal se enfrenta a un oponente. Los sucesos de la historia muestran la manera en que el personaje principal resuelve el conflicto, ya sea por medio de la victoria o de la derrota.

1. En las películas, el famoso detective Sherlock Holmes a menudo se enfrenta al malvado profesor Moriarty, quien alguna vez fue su maestro de matemáticas. ¿Qué clase de conflicto es este?

____

2. En el libro *1984*, de George Orwell, el personaje principal lucha por seguir siendo libre de la Policía del Pensamiento del gobierno. ¿Qué tipo de conflicto es este?

____

1. Como Sherlock Holmes lucha contra otra persona, el conflicto es del tipo el hombre contra el hombre.
2. El gobierno representa a la sociedad, por lo que en este conflicto se enfrenta el hombre contra la sociedad.

Para responder una pregunta de aplicación, lee la pregunta para saber cuál es la situación nueva. Luego, aplica la información que aprendiste al leer el pasaje para responder la pregunta. Puedes organizar tu razonamiento en una tabla de aplicación.

Situación nueva	Información dada
Holmes contra Moriarty	el hombre contra el hombre
personaje principal contra la Policía del Pensamiento	el hombre contra la sociedad

Para aplicar la información, pregúntate:

- ¿Cuál es la situación nueva que se presenta en la pregunta?
- ¿Cómo se aplica la información dada a la situación nueva?

¿Alguna vez usaste lo que ya sabías para resolver un problema? ¿Cómo aplicaste tu conocimiento al problema?

▶ PRÁCTICA DE LA DESTREZA **Lee la política de la compañía y la situación nueva que se establece en cada pregunta. Luego, responde las preguntas y completa la tabla.**

Nuevas políticas de horario flexible: Los gerentes pueden permitir a los empleados modificar sus horarios para satisfacer necesidades familiares cuando se cumplen estos requisitos: 1) los empleados trabajan 40 horas por semana, 2) los costos de la compañía no aumentan y 3) cada oficina u operación está cubierta durante el horario laboral.

1. La compañía funciona con dos turnos principales: de 7 a. m. a 3 p. m. y de 3 p. m. a 11 p. m. Walter Ford necesita llevar a su hijo a la escuela. Walter es uno de los cinco empleados que responde las llamadas de los clientes. Él pide ir a la compañía de 9 a. m. a 5 p. m. ¿Esto está dentro del alcance de las nuevas políticas? ¿Por qué?

____

2. Sue García es la única empleada que puede responder preguntas sobre la nómina de empleados en el departamento de beneficios, que funciona de 9 a. m. a 5 p. m. para que sea accesible a los dos turnos. Sue debe cuidar a su madre anciana. Pide ir a la compañía de 6:30 a. m. a 2:30 p. m. ¿Esto está dentro del alcance de las nuevas políticas? ¿Por qué?

____

Situación nueva	Información dada
Walter Propone trabajar de 9 a. m. a 5 p. m. No hay información sobre los costos Uno de cinco empleados	Política de la compañía 1. semana de 40 horas de trabajo 2. sin aumento de costos 3. oficina cubierta
Sue	Política de la compañía 1. semana de 40 horas de trabajo 2. sin aumento de costos 3. oficina cubierta

▶ PRÁCTICA DE GED® **Elige la mejor respuesta para la pregunta.**

En los deportes en los que los participantes se desplazan a gran velocidad, se pueden producir heridas graves en la cabeza. Para ser efectivo, un casco debe calzar bien y debe proteger contra los peligros particulares de un deporte. Por ejemplo, un casco de esquí debe cubrir una superficie mayor de la cabeza que un casco de bicicleta. Un casco de esquí está diseñado para proteger de las colisiones contra las ramas de los árboles y los bordes puntiagudos de un esquí.

3. Un atleta pregunta si un casco de esquí sería una buena opción para el hockey. ¿Qué respuesta aplica mejor las ideas del pasaje?

A. No, no está diseñado para el hockey.

B. No, cubre demasiado la cabeza.

C. Si calza bien, sí.

D. Sí, todos los cascos son básicamente iguales.

Comprueba tus respuestas en la página 236.

SÍNTESIS

Sintetizas información cuando 1) unes varias ideas de un pasaje o 2) usas información adicional que se presenta en una pregunta y la combinas con ideas del pasaje. Prueba la segunda destreza de síntesis con el pasaje y la primera pregunta de abajo.

CONSEJO

Algunas preguntas pueden brindar información adicional sobre el pasaje o el autor. Asegúrate de que tu opción de respuesta esté respaldada por ambos: el pasaje y la información nueva.

Estábamos desayunando cuando oímos un ruido estrepitoso cerca de la puerta trasera. Sorprendidos, miramos por la ventana. El antiguo olmo que plantó mi abuelo se había caído y quedó tumbado a pocas pulgadas de nuestra casa. El árbol era muy viejo y podría haberse caído en cualquier momento. Cuando eran pequeños, nuestros niños jugaban afuera, bajo ese árbol, casi todos los días. Le dimos agua y lo cuidamos con risas y amor, y él con alegría nos dio sombra y comodidad. Creo que el árbol eligió caerse temprano por la mañana para cuidarnos.

1. El autor cree que los animales pueden pensar y sentir. ¿Qué sugiere que el autor tiene la misma convicción sobre los árboles?

____

2. ¿Qué ideas relacionaste para entender la convicción del autor?

____

1. El autor cree que el árbol, al caerse por la mañana, quiso cuidar a la familia. 2. El autor cree que el árbol decidió cuándo caerse. El autor también cree que los animales tienen pensamientos y sentimientos. En consecuencia, el autor cree que tanto los animales como los árboles tienen pensamientos y sentimientos.

Organiza tus ideas en una tabla de síntesis. Registra la idea principal de cada fuente y luego combínalas para crear una idea principal nueva.

Idea principal del pasaje	Idea con pregunta
El autor cree que el árbol decidió cuándo caer.	El autor cree que los animales tienen pensamientos y sentimientos.

Idea sintetizada
El autor cree que los animales y los árboles tienen pensamientos y sentimientos y pueden preocuparse por las personas.

Para sintetizar información, pregúntate:

- En el pasaje: ¿Qué tiene en común la información?
- Si en una pregunta se da información adicional: ¿Cómo se relaciona esa información con una idea clave en el pasaje?

¿Alguna vez determinaste cómo se sentía un amigo con solo escuchar pistas en una conversación?

▶ PRÁCTICA DE LA DESTREZA **Lee el pasaje y responde las siguientes preguntas. Luego, agrega las ideas a la tabla.**

El discurso inaugural del presidente John F. Kennedy ha sido elogiado como uno de los mejores discursos públicos de todas las épocas. Sin embargo, el presidente Kennedy no escribió el discurso. Kennedy dio a Ted Sorensen, quien se encargaba de escribir sus discursos, instrucciones precisas: enfócate en las relaciones extranjeras, establece un tono para una nueva era y no ataques a otros políticos.

Idea principal del pasaje	**Idea con pregunta**
El presidente Kennedy le pidió a su redactor de discursos, Ted Sorensen, que escribiera su discurso inaugural.	

Idea sintetizada

1. Kennedy pidió a Sorensen que estudiara el discurso de Gettysburg de Lincoln para conocer sus "secretos" del éxito. ¿Por qué crees que Kennedy pidió a Sorensen que hiciera eso?

____

____

2. ¿Qué crees que hizo Sorensen con esa información?

____

▶ PRÁCTICA DE GED® **Elige la mejor respuesta para la pregunta.**

Russ había estado manejando toda la noche bajo la lluvia. Las rojas luces traseras de los carros de adelante nadaban en el resplandor del parabrisas mojado. Russ se sentó erguido y se volvió a inclinar hacia adelante contra el volante para estirar la zona lumbar. Le era imposible leer las señales viales verdes hasta que pasaba justo al lado de ellas. La lluvia, los limpiaparabrisas, los neumáticos húmedos sobre el pavimento: los sonidos de la noche eran hipnóticos. Russ sabía que debía ir a un motel y dormir algunas horas, pero tenía poco tiempo y Jamie contaba con él. Ahora comenzaba a llover más. Subió el volumen de la radio todavía más y comenzó a cantar a todo pulmón.

3. El autor de este pasaje una vez manejó desde Chicago hasta Los Ángeles sin detenerse, una hazaña de la que a menudo se jactaba ante sus amigos. ¿Cuál de las siguientes palabras usaría probablemente el autor para describir a Russ?

A. tonto
B. decidido
C. agradable
D. arrogante

Comprueba tus respuestas en la página 236.

UNIDAD 1

REPASO DE LA UNIDAD
DESTREZAS DE LECTURA

Lee el siguiente pasaje. Luego, responde las preguntas.

Cuando presentas un currículum para un empleo, es esencial que incluyas una carta de presentación. Abajo se muestra una carta de ejemplo.

> Estimada Sra. Livingston:
>
> Me entusiasmó ver su oferta en línea del puesto de representante de atención al cliente. He completado la solicitud en línea y he cargado mi currículum, que muestra que cumplo con los requisitos y destrezas para el puesto.
>
> Me he graduado en la Universidad de Culver como técnico en comunicación. Mi experiencia educativa me ha brindado sólidas destrezas de comunicación que me ayudarán a manejar llamadas telefónicas, resolver los problemas de los clientes y redactar informes.
>
> Mientras estaba estudiando, participé en una actividad que me ayudó a prepararme para este empleo. Como voluntario, desarrollé materiales de relaciones públicas para el Club Juvenil. Después de mi graduación, me he desempeñado como representante de atención al cliente en Portland durante cinco años y mi departamento me ha premiado varias veces con la distinción de "empleado del mes".
>
> Muchas gracias por su consideración.
>
> Atentamente,
>
> *Andy Parker*

1. ¿Cuál es la idea principal de los párrafos segundo y tercero?

____

2. Según la carta, ¿cuál de los siguientes términos describe *mejor* la personalidad de Andy Parker?

A. bromista
B. competente
C. exigente
D. egocéntrico

3. Según la carta, ¿qué ocurrió primero?

A. Andy ganó la distinción "empleado del mes".
B. Andy se graduó en la Universidad de Culver.
C. Andy trabajó en el área de relaciones públicas del Club Juvenil.
D. Andy vio la publicación en línea para el puesto de representante de atención al cliente.

 Comprueba tus respuestas en la página 236.

Instrucciones: Lee el artículo del periódico. Luego, responde las preguntas.

Spring Meadows ayudará a construir el nuevo centro comunitario

CARVERTON El jueves, la compañía de desarrollo urbanístico de Spring Meadows anunció que ayudará a la ciudad de Carverton a construir el nuevo centro comunitario. La alcaldesa de Carverton, Kendra Clay, dijo: "Estamos encantados de contar con el apoyo de Spring Meadows para este nuevo centro que beneficiará a todos nuestros residentes".

El centro comunitario de Carverton incluirá un gimnasio, centro de entrenamiento físico, pista de atletismo bajo techo, alberca olímpica al aire libre y alberca cubierta. El centro tendrá también salones de reunión y zonas de vestuarios.

Spring Meadows es un gran complejo residencial en Carverton que consta de 200 viviendas unifamiliares y 300 apartamentos. Hasta la fecha, se han vendido el 35% de las casas y se han alquilado el 50% de los apartamentos.

Como parte del acuerdo entre la ciudad y la empresa de desarrollo urbanístico, la alcaldesa Clay anunció que los residentes de Spring Meadows gozarán de un descuento para su asociación al nuevo centro comunitario.

1. ¿Cuál es el propósito principal del autor para escribir este artículo?

____

2. ¿Qué palabras y frases proporcionan evidencia para respaldar el propósito del autor?

____

3. Si fueras el gerente de la urbanización de Spring Meadows, estarías *muy* interesado en este artículo porque

   A. la alcaldesa Clay vive en Spring Meadows cerca del centro comunitario.

   B. los residentes de Spring Meadows están construyendo el nuevo centro.

   C. habrá salones de reunión en el centro comunitario.

   D. los residentes de Spring Meadows gozarán de un descuento al asociarse al centro.

4. En el tercer párrafo del artículo, el autor menciona el porcentaje de casas y departamentos que se han alquilado o vendido en Spring Meadows. ¿Por qué incluyó el autor esta información?

____

____

____

Comprueba tus respuestas en las páginas 236 y 237.

MINIPRUEBA

Esta es una prueba de práctica de 15 minutos de duración. Transcurridos los 15 minutos, marca el último número que terminaste. Luego, completa la prueba y comprueba tus respuestas. Si la mayoría de tus respuestas son correctas pero no pudiste terminar a tiempo, intenta trabajar más rápidamente la próxima vez.

Instrucciones: Elige la mejor respuesta para cada pregunta.

Las **preguntas 1 a 3** se refieren al siguiente pasaje.

BENJAMIN FRANKLIN

Benjamin Franklin nació en Boston en 1706. Siendo un niño, trabajó como aprendiz de su hermano, que era editor de un periódico. A los 20 años, Franklin fundó su propio periódico. En las dos décadas siguientes, Franklin fundó una biblioteca, un cuerpo de bomberos, una universidad, una compañía de seguros y un hospital. A los 45 años, comenzó su carrera como funcionario público, que se extendió por casi 40 años. Cuando tenía 48 años, Franklin llevó a cabo su famoso experimento con una cometa que le permitió descubrir que los rayos transportaban electricidad. Hasta el día de hoy, ese ha sido el descubrimiento estadounidense más importante. Poco antes de cumplir 60 años, Franklin reorganizó el sistema postal de las colonias americanas. En 1776, Franklin ayudó a redactar la Declaración de Independencia. Entre los 70 y 80 años, en su mayor parte, se desempeñó como primer embajador estadounidense en París. Finalmente, a los 81 años de edad, ayudó a redactar la Constitución de los Estados Unidos. Franklin falleció en Philadelphia en 1790.

1. Elige la secuencia correcta de los siguientes sucesos del pasaje.

1 Franklin llevó a cabo su experimento con la cometa.
2 Franklin se desempeñó como primer embajador estadounidense en París.
3 Franklin fundó su propio periódico.
4 Franklin reorganizó el sistema postal.

A. 1, 2, 3, 4
B. 4, 3, 2, 1
C. 3, 1, 4, 2
D. 2, 4, 3, 1

2. ¿Qué detalle del pasaje *no* es un hecho?

A. Franklin falleció en Philadelphia en 1790.
B. Hasta el día de hoy, este ha sido el descubrimiento estadounidense más importante.
C. En las dos décadas siguientes, Franklin fundó una biblioteca, un cuerpo de bomberos, una universidad, una compañía de seguros y un hospital.
D. A los 20 años, Franklin fundó su propio periódico.

3. ¿Qué conclusión puedes sacar acerca de Benjamin Franklin?

A. Franklin tuvo éxito en diversas áreas de actividad.
B. Franklin se esforzaba constantemente para ser mejor que su hermano mayor.
C. Franklin deseaba poder dedicar todo su tiempo a los descubrimientos científicos.
D. Franklin es famoso porque redactó la Declaración de Independencia y la Constitución de los Estados Unidos.

Las **preguntas 4 a 7** se refieren al siguiente artículo.

¿CÓMO PUEDES ESTAR PREPARADO PARA UNA EMERGENCIA CON UNA MASCOTA?

Prepararse para una emergencia con una mascota

(1) Los accidentes y las heridas son la primera causa de muerte y discapacidad de perros y gatos que gozan de buena salud. Lo mejor es prevenir las heridas, pero si estas ocurren, es importante estar preparado.

Equipo para emergencias

(2) Prepara un equipo para emergencias para tu mascota en un contenedor que sea fácil de localizar y transportar. El equipo debe incluir artículos de primeros auxilios básicos, identificación e información médica de tu mascota, una correa, un collar, una jaula, una linterna, una provisión de medicamentos de uso corriente para dos semanas, alimento en lata para tres días, una manta, una radio y baterías.

Hospital de emergencias para mascotas

(3) Los accidentes pueden ocurrir en horarios muy inconvenientes, por ejemplo después de las 5:00 p. m., cuando el consultorio de tu veterinario está cerrado. Averigua el nombre y la dirección del hospital de emergencias para mascotas más cercano con atención las 24 horas. Guarda el número de teléfono junto con otros números importantes en tu equipo para emergencias.

Identificación de tu mascota

(4) Hay varias maneras de identificar a tu mascota y la más común es una chapa en el collar con su nombre y tu número de teléfono. También puedes pedirle a tu veterinario que le implante un chip de identificación. Si ocurriera un desastre natural (como una inundación o un incendio) o si tu mascota se asustara por fuegos artificiales o truenos, podría escaparse. Una identificación adecuada puede ser la salvación que te devuelva sana y salva a tu mascota. Guarda también una fotografía de tu mascota en tu equipo para emergencias para encontrarla fácilmente en caso de emergencia.

4. ¿Cuál es la idea principal de este pasaje?

A. Debes estar preparado para emergencias con tu mascota.

B. Los accidentes pueden ocurrir en horarios muy inconvenientes.

C. Un equipo para emergencias debería ser fácil de transportar.

D. Hay varias maneras de identificar a tu mascota.

5. ¿Qué detalle respalda *mejor* la idea de que deberías saber dónde está el hospital de emergencias para mascotas más cercano?

A. Lo mejor es prevenir las heridas.

B. Tu mascota se puede asustar por fuegos artificiales o truenos.

C. El equipo para emergencias debería incluir alimento y agua.

D. La clínica veterinaria puede estar cerrada cuando tu mascota se lesione.

6. Según el pasaje, ¿por qué es importante tener a mano la foto de tu mascota?

A. para dársela al veterinario

B. para mostrársela a las personas si tu mascota se pierde

C. para identificar para qué mascota son los medicamentos

D. para usarla como etiqueta de identificación para tu mascota

7. ¿Cuál es la idea principal de la sección *Equipo para emergencias*?

A. incluir artículos de primeros auxilios

B. asegurarte de que tienes una jaula para tu mascota, además de alimento para tres días

C. guardar medicamentos para al menos tres semanas y una manta en el equipo

D. El equipo debe poder localizarse y transportarse fácilmente y debe contener artículos importantes para una emergencia de tu mascota.

Comprueba tus respuestas en la página 237.

UNIDAD 2 FICCIÓN

Las **novelas y los cuentos** son obras de ficción. Surgen de la imaginación de los escritores y nos transportan a lugares que tal vez nunca conozcamos en la vida real. Hay muchos tipos de ficción. Un relato de aventura podría describir el viaje de un personaje a la Antártida. Un relato de suspenso podría detallar de qué manera se resuelve un crimen. Un relato fantástico podría suceder en una tierra inventada en la que hay dragones y monstruos que libran una batalla. La escritura de ficción nos puede llevar a mundos lejanos o a la vuelta de la esquina, e incluso a lugares que no existen. Nos puede hacer vivir la vida de personas de otra época, de otro lugar o con otras costumbres.

Pensar en la ficción

Quizá no sepas con qué frecuencia te cruzas con obras de ficción en la vida cotidiana. Piensa en tus actividades recientes.

Tilda la casilla para cada actividad que hayas realizado.

- ☐ ¿Le leíste un cuento a un niño?
- ☐ ¿Sacaste un libro de ficción de la biblioteca?
- ☐ ¿Leíste un cuento en una revista?
- ☐ ¿Leíste ficción al buscar un libro en una librería?
- ☐ ¿Viste una película en la televisión que estuviera basada en una obra de ficción?
- ☐ ¿Leíste un libro en el autobús o en el metro?
- ☐ ¿Te contaron una historia inventada?

Escribe acerca de alguna otra experiencia que hayas tenido al leer una obra de ficción. ¿Qué leíste? ¿Dónde estabas? ¿Por qué elegiste esa obra de ficción?

____

____

____

____

Un vistazo a la unidad

En esta unidad, aprenderás:

- qué hace que los relatos de aventura y de suspenso sean tan interesantes
- de qué manera los relatos fantásticos nos ayudan a abandonar la realidad y disfrutar los personajes y lugares de fantasía
- por qué el público sigue disfrutando las obras de ficción clásicas escritas hace mucho tiempo

Lección 13 **Aventura**

Lección 14 **Suspenso**

Lección 15 **Fantasía**

Lección 16 **Clásico**

Vocabulario

sumergido

cesar

impedir

errado

virar

propulsado

AVENTURA

Los relatos de aventura nos encantan porque nos mantienen pegados al asiento. En estos relatos, los personajes a menudo libran batallas contra las fuerzas de la naturaleza: escalan montañas y luchan contra huracanes. El pasaje que vas a leer trata sobre un hombre que, mientras viaja en bote, cae a las arremolinadas aguas de un peligroso río. Sus amigos y su perro intentan salvarlo. ¿Podrán hacerlo?

De *La llamada de la selva* de Jack London

Más tarde, durante el otoño de aquel año, le salvó la vida a John Thornton de una manera un poco distinta. Los tres compañeros conducían un largo y estrecho bote río abajo a través de un difícil tramo de rápidos del río Fortymile. Hans y Pete caminaban por la orilla, frenando el movimiento del bote mediante una fina cuerda de cáñamo atada entre dos árboles, mientras Thornton permanecía en el bote, ayudando a que este descendiera por medio de un palo y dando indicaciones a gritos. En la orilla, inquieto y preocupado, Buck se mantenía al lado del bote, sin apartar la vista de su dueño.

En un sitio particularmente complicado, donde unas rocas apenas **sumergidas** se asomaban en el río, Hans arrojó la cuerda y, mientras Thornton empujaba el bote con el palo hacia el río, bajó corriendo por la orilla con el extremo en la mano para frenar el bote una vez que este hubiera sorteado las rocas. El bote las sorteó y comenzó a ganar velocidad río abajo en una corriente veloz como la presa de un molino, cuando Hans lo frenó con la cuerda, pero lo hizo muy bruscamente. El bote se dio vuelta y terminó en la orilla, mientras que Thornton salió despedido y fue llevado por la corriente hacia lo más peligroso de los rápidos: un tramo de aguas turbulentas en el que ningún nadador podría sobrevivir.

Buck acudió al instante y, al cabo de trescientas yardas, en medio de un furioso remolino, logró rescatar a Thornton. Cuando Buck sintió que Thornton lo tomaba de la cola, nadó hacia la orilla con todas sus fuerzas. Pero en dirección a la orilla el avance era lento, mientras que río abajo era increíblemente rápido. De lejos llegaba el espantoso estruendo del lugar donde la corriente portentosa se embravecía más, convertida en remolino y espuma por efecto de las rocas que se abalanzaban como los dientes de un peine gigante.

▶ **Identificar la atmósfera** La atmósfera es el sentimiento o la emoción general de un relato. Jack London crea la atmósfera al describir la lucha de Thornton en el río peligroso y los esfuerzos de Buck por salvarlo. El autor usa palabras como "espantoso estruendo" y "corriente portentosa". ¿Cómo describirías la atmósfera de este pasaje?

A. de suspenso B. despreocupada C. triste

Comprueba tu respuesta en la página 237.

La fuerza de arrastre del agua al acercarse a la última pendiente pronunciada era aterradora, y Thornton sabía que llegar a la orilla era imposible. Intentó furiosamente aferrarse a una roca, se magulló contra una segunda y se dio un tremendo golpe contra una tercera. Se sujetó a la superficie resbaladiza con ambas manos y, soltando a Buck, le gritó por encima del estruendo de las agitadas aguas:

—¡Vete, Buck! ¡Vete!

Buck no pudo sostenerse y fue barrido río abajo por la corriente mientras luchaba con desesperación sin poder recuperarse. Cuando escuchó la reiterada orden de Thornton, se alzó parcialmente fuera del agua con la cabeza en alto, como para dar una última mirada, y luego se dirigió obedientemente hacia la orilla. Nadó con fuerza y fue arrastrado hasta la orilla por Pete y Hans justo en el momento en que **cesaba** la posibilidad de nadar y comenzaban los estragos.

Como sabían que el tiempo que un hombre podía estar aferrado a una roca resbaladiza en medio de una corriente tempestuosa eran escasos minutos, corrieron a toda velocidad por la orilla hasta un punto mucho más alejado del lugar donde se encontraba Thornton. Ataron la cuerda con la que controlaban el bote al cuello y los hombros de Buck, con cuidado de no estrangularlo ni **impedir** que nadara, y lo lanzaron al agua. Buck arremetió con audacia, pero no en línea suficientemente recta. Descubrió el error demasiado tarde, cuando estuvo a la altura de Thornton, a unas escasas seis brazadas de distancia, pero fue arrastrado sin poder hacer nada.

▶ **Sintetizar ideas** En un relato, hay muchas cosas para registrar. Cuando lees relatos, tienes que llevar un registro de los personajes, las situaciones que enfrentan y los lugares donde sucede la acción. Reunir la información de las distintas partes del relato puede servirte para comprender mejor las relaciones entre los personajes y los sucesos del argumento. Eso es sintetizar: conectar información de diferentes partes del relato.

Por ejemplo, al principio de este relato, Buck saltó de un precipicio solo porque Thornton se lo ordenó. Al reunir este hecho y los sucesos de este pasaje, sabes que Buck haría cualquier cosa por Thornton.

También puedes sintetizar información ajena al relato, como la información sobre el autor, con hechos del relato. Si reúnes estos datos, podrás comprender mejor el relato, al autor o ambos.

El autor de este relato, Jack London, dijo una vez que "vivir plácidamente [con calma] y con autocomplacencia [satisfacción con uno mismo] es no vivir en absoluto". Si tomas esa información y la reúnes con información del pasaje, ¿cuál de las siguientes conclusiones tiene *más* sentido?

A. Jack London vivió una vida emocionante.
B. Jack London vivió una vida feliz.
C. Jack London sentía que no había vivido de verdad.

Comprueba tu respuesta en la página 237.

Hans inmediatamente sujetó a Buck con la cuerda, como si fuese un bote. Con la cuerda ajustada y en medio de la corriente impetuosa, de un tirón se hundió debajo de la superficie, donde permaneció hasta que su cuerpo golpeó contra la orilla y lo sacaron del agua. Estaba medio ahogado, y Hans y Pete se abalanzaron sobre él para darle aire y hacerle expulsar el agua. Se puso de pie, tambaleante, y se desplomó. La débil voz de Thornton llegó hasta ellos y, aunque no comprendieron sus palabras, supieron que había llegado al límite de sus fuerzas. La voz del amo actuó sobre Buck como una descarga eléctrica. Se puso de pie de inmediato y corrió por la orilla delante de los hombres hasta el lugar donde se había arrojado antes.

De nuevo, le amarraron la cuerda y lo lanzaron al agua, donde volvió a arremeter, pero esta vez en línea recta. Había **errado** el cálculo una vez, pero no cometería ese error por segunda vez. Hans soltó la cuerda, sin dejar que perdiera tensión, mientras Pete evitaba que se enredara. Buck se sujetó con fuerza hasta que estuvo alineado con Thornton; luego giró y, con la velocidad de un tren expreso, se dirigió hacia él. Thornton lo vio venir y, mientras Buck lo embestía como un ariete impulsado por la fuerza de la corriente, estiró los brazos y los puso alrededor del peludo cuello. Hans sujetó la cuerda alrededor del árbol y, por el tirón, Buck y Thornton se hundieron en el agua. Estrujados y sofocados, por momentos uno más arriba y por momentos el otro, arrastrándose por el fondo irregular, chocando contra piedras y ramas, por fin **viraron** hacia la orilla.

Thornton volvió en sí boca abajo, **propulsado** violentamente por Hans y Pete hacia adelante y hacia atrás sobre un tronco a la deriva. Su primera mirada fue para Buck, sobre cuyo cuerpo flojo y aparentemente sin vida Nig aullaba, mientras Skeet le lamía la cara mojada y los ojos cerrados. Aunque Thornton estaba magullado y maltrecho, examinó con cuidado el cuerpo de Buck, una vez que este reaccionó, y le encontró tres costillas rotas.

—Está decidido —anunció Thornton—. Acamparemos aquí mismo.

Y así lo hicieron, hasta que las costillas de Buck se soldaron y estuvo en condiciones de viajar.

▶ **Aplicar ideas** Ya cuentas con muchas destrezas que aplicas en diferentes situaciones cotidianas. Por ejemplo, cuando eras pequeño, aprendiste a sumar y restar. Ahora, aplicas esa destreza en situaciones cotidianas, como sumar el costo de artículos en una tienda antes de comprarlos. Puedes hacer lo mismo con una idea de un relato. Por ejemplo, si sabes que un personaje es cuidadoso con el dinero, puedes predecir qué clase de carro compraría esa persona, probablemente un carro económico y no un carro deportivo caro. El hecho de poder usar información o ideas en situaciones nuevas es una destreza importante, no solo para la lectura, sino para muchas cosas en la vida.

A partir de lo que has leído sobre Thornton y Buck, ¿qué suceso es *más probable* que ocurra en este relato?

A. Thornton castiga a Buck por desobedecerlo.

B. Thornton está agradecido y desea que Buck no esté herido.

Comprueba tu respuesta en la página 237.

Pensar en el relato

Practicar el vocabulario

Las palabras a continuación están en negrita en el texto. Estudia la manera en que se usó cada palabra. Luego, escribe cada palabra al lado de su significado.

sumergidas	**cesaba**	**impedir**
errado	**viraron**	**propulsado**

1. se terminaba ______________

2. metidas debajo del agua ______________

3. empujado hacia adelante por una fuerza ______________

4. estorbar ______________

5. cambiaron de rumbo ______________

6. no acertado ______________

Comprender lo que lees

Escribe la respuesta a cada pregunta.

7. ¿Qué causó que el bote se diera vuelta?

____

8. ¿Por qué Buck volvió a la orilla antes de salvar a Thornton?

____

9. ¿Por qué los hombres decidieron acampar en el lugar donde estaban?

____

Pasa a la página siguiente.

Aplicar tus destrezas

Encierra en un círculo la letra de la mejor respuesta para cada pregunta.

10. ¿Qué palabra describe *mejor* a Thornton?

A. haragán

B. ansioso

C. implacable

D. estricto

11. ¿En qué se parecen Hans, Pete y Buck?

A. No se rinden fácilmente.

B. Hacen que las cosas sean fáciles.

C. Son muy egoístas.

D. Nunca delegan tareas a los demás.

12. ¿Cuál de las siguientes opciones probablemente disfrutaría Thornton?

A. trabajar en una oficina

B. mirar un partido de hockey por televisión

C. acampar solo en la cima de una montaña

D. hacer paracaidismo acrobático con sus amigos

Conectar con el relato

Escribe tu respuesta a cada pregunta.

13. Si estuvieras en la situación de Thornton, ¿reaccionarías como él? ¿Cómo reaccionarías? Da razones para tu respuesta.

____

____

____

14. En el pasaje, para salvar a Thornton, Hans y Pete sujetan la cuerda alrededor del cuello y los hombros de Buck y lo lanzan al agua. Sin embargo, esto hace que Buck casi se ahogue. ¿Has estado alguna vez en una situación en la que hiciste algo que causó un problema inesperado? Explica tu respuesta.

____

____

____

 Comprueba tus respuestas en las páginas 237 y 238.

SUSPENSO

En un relato de suspenso, el personaje principal suele ser un detective cuyo trabajo es resolver un misterio. Lo divertido de leer relatos de suspenso consiste en reunir todas las pistas e intentar resolver el acertijo tú mismo. El siguiente pasaje de *El sabueso de los Baskerville* forma parte de una carta escrita por el Dr. Watson al famoso detective Sherlock Holmes. La Sra. Barrymore y su esposo son sirvientes en la sala de los Baskerville.

Vocabulario

motu proprio

puritano

singular

sigiloso

circunspecto

furtivo

reanudar

perfil

De *El sabueso de los Baskerville*

de Sir Arthur Conan Doyle

Y ahora, habiéndolo puesto al corriente (...), terminaré con lo más importante y le diré algunas cosas más sobre los Barrymore, en especial sobre el sorprendente acontecimiento de anoche.

Primero que nada le hablaré sobre el telegrama de prueba, el que usted envió desde Londres para asegurarse de que Barrymore estaba realmente aquí. Ya le he explicado que el testimonio del administrador de correos muestra que la prueba fue en vano y que, por lo tanto, no tenemos indicios en ningún sentido. Le dije a Sir Henry en qué había quedado el asunto, y él, con su franqueza característica, inmediatamente inquirió a Barrymore sobre si él mismo había recibido el telegrama. Barrymore dijo que sí.

—¿El muchacho se lo entregó en sus propias manos? —preguntó Sir Henry.

Barrymore pareció sorprendido y pensó unos instantes.

—No —dijo—. En ese momento estaba en el ático, y me lo trajo mi esposa.

—¿Lo respondió usted mismo?

—No. Le dije a mi esposa lo que había que responder y ella se puso a escribirlo.

Hacia la noche volvió al asunto **motu proprio**.

—No entendí muy bien el objeto de sus preguntas esta mañana, Sir Henry —dijo Barrymore—. Confío en que no significan que he hecho algo que me haga perder su confianza.

Sir Henry tuvo que garantizarle que ese no era el caso y lo calmó dándole una parte considerable de su antiguo vestuario (...)

▶ **Leer diálogo** El diálogo es la conversación entre personajes. Puedes aprender mucho sobre los personajes a través del diálogo.

1. Vuelve a leer el diálogo anterior. ¿Qué te indican los comentarios de Sir Henry sobre su actitud hacia Barrymore?

____

2. ¿Qué parte del diálogo te indica que Barrymore tiene deseos de complacer a Sir Henry?

____

Comprueba tus respuestas en la página 238.

La Sra. Barrymore es de mi interés. Es una mujer corpulenta, no muy brillante, sumamente respetable y con tendencia a ser **puritana.** Es difícil imaginar una persona menos afectiva que ella. Y, sin embargo, ya le he contado a usted cómo, en la primera noche aquí, la oí sollozar con amargura, y desde entonces he observado más de una vez rastros de lágrimas en su rostro. Un profundo pesar le carcome sin tregua el corazón. A veces me pregunto si la persiguen los recuerdos de una culpa, y a veces sospecho que Barrymore es el tirano de la familia. Siempre me ha parecido que había algo **singular** y cuestionable en el carácter de este hombre, pero la aventura de anoche lleva mis sospechas al extremo.

Y, sin embargo, puede parecer un asunto menor. Usted está al tanto de que no tengo el sueño profundo, así que como estoy en guardia en esta casa mi sueño ha sido de lo más liviano. Anoche, cerca de las dos de la madrugada, me despertaron unos pasos **sigilosos** que cruzaron delante de mi habitación. Me levanté, abrí la puerta y miré. Una larga sombra negra se deslizaba por el pasillo. La proyectaba un hombre que caminaba silenciosamente por el corredor con una vela en su mano. Vestía camisa y pantalones, y tenía los pies descalzos. Apenas alcancé a ver su silueta, pero su altura me indicó que se trataba de Barrymore. El hombre caminaba de modo lento y **circunspecto,** y había algo indescriptiblemente culpable y **furtivo** en todo su aspecto.

▶ **Visualizar los personajes** En la ficción, a veces los personajes son descritos en detalle. Algunas veces el autor apenas dice lo mínimo sobre su aspecto. De cualquier manera, los personajes cobran más vida si puedes imaginarlos.

Para visualizar un personaje, usa todos los detalles que encuentres sobre su aspecto. Lo que dice y hace la persona también ayuda a imaginarla.

1. A partir de los detalles del pasaje anterior, ¿cuál es la *mejor* descripción de la Sra. Barrymore?

A. Tiene gran contextura y aparenta tener el control.

B. Es pequeña y siempre llora para que le tengan lástima.

C. Es baja, además de estricta y fría cuando nadie lo esperaba.

2. A partir de los detalles del pasaje anterior, ¿cuál de las siguientes opciones es la *mejor* descripción del comportamiento del Sr. Barrymore?

A. Camina por un pasillo sin causar daño.

B. Le interesa asegurarse de que el pasillo esté oscuro.

C. Camina por un pasillo a hurtadillas y misteriosamente.

 Comprueba tus respuestas en la página 238.

Ya le he comentado que el pasillo se ve interrumpido por la galería que rodea la sala, pero se **reanuda** en el otro lado. Esperé hasta que se perdiera de vista y después lo seguí. Cuando llegué a la galería, él ya había llegado al final del pasillo y, por la luz tenue de una puerta abierta, pude ver que había entrado en una de las habitaciones. Ahora bien, todas estas habitaciones están desprovistas de muebles y desocupadas, de modo que su expedición resultaba de lo más misteriosa. La luz brillaba con firmeza, como si él estuviera inmóvil. Me deslicé por el pasillo tratando de hacer el menor ruido posible y me asomé por la puerta entreabierta.

Barrymore estaba agachado en la ventana con la vela contra el vidrio. Su **perfil** estaba vuelto a medias hacia mí, y su rostro parecía rígido y expectante, con la mirada perdida en la negrura del páramo. Durante algunos minutos, mantuvo la mirada fija. Luego, lanzó un profundo gemido y, con gesto impaciente, apagó la vela. De inmediato regresé a mi habitación y muy pronto llegaron una vez más los sigilosos pasos en su camino de regreso. Mucho después, cuando ya había entrado en un sueño liviano, oí una llave que giraba en una cerradura en alguna parte, pero no podía saber de dónde venía el sonido. Qué significa todo esto no lo sé, pero en esta casa de tanta pesadumbre debe de haber algún asunto secreto que tarde o temprano lograremos develar. No lo quiero molestar con mis teorías, pues usted me pidió que únicamente le proporcionara hechos. He tenido una larga charla con Sir Henry esta mañana y hemos elaborado un plan de acción basado en mis observaciones de anoche. No hablaré de eso ahora, pero hará que mi próximo informe constituya una lectura interesante.

▶ **Sacar conclusiones** Una conclusión es una opinión o juicio que haces después de examinar todos los hechos que tienes. La conclusión no suele estar expresada directamente en la lectura.

Para sacar una conclusión, usa dos o más ideas expresadas para generar una idea que no esté expresada de manera explícita en la lectura. Puedes sacar algunas conclusiones a partir de los hechos que encuentras en la lectura.

¿Qué dos hechos del pasaje respaldan *mejor* una conclusión sobre las acciones de Barrymore? Selecciona dos opciones.

A. No puede dormir y hace una larga caminata que lo ayude a dormir.
B. Está esperando a alguien que está fuera de la casa.
C. Abre o cierra una puerta con llave.

Comprueba tu respuesta en la página 238.

Pensar en el relato

Practicar el vocabulario

▶ **Las palabras a continuación están en negrita en el texto. Estudia la manera en que se usó cada palabra. Luego, une cada palabra con su significado. Escribe la letra en la línea.**

_______ **1.** circunspecto

_______ **2.** furtivo

_______ **3.** perfil

_______ **4.** puritana

_______ **5.** motu proprio

_______ **6.** reanuda

_______ **7.** singular

_______ **8.** sigilosos

A. vista lateral del rostro

B. extremadamente estricta en cuestiones de moral y religión

C. que se hace a escondidas

D. comienza de nuevo

E. con cuidado

F. silenciosos para evitar ser percibidos

G. inusual

H. por propia voluntad

Comprender lo que lees

▶ **Encierra en un círculo la letra de la mejor respuesta para cada pregunta.**

9. ¿Quién escribe esta carta?

A. Sherlock Holmes

B. el Dr. Watson

10. ¿Qué le da Sir Henry a Barrymore?

A. un telegrama

B. ropa vieja

11. ¿Qué oye el Dr. Watson la primera noche que se queda en Baskerville Hall?

A. a la Sra. Barrymore, quien solloza con amargura

B. una llave que gira en una cerradura

▶ **Escribe la respuesta a cada pregunta.**

12. ¿Qué tipo de atmósfera crea el autor cuando usa la imagen de una larga sombra negra?

____

13. ¿Qué hace el Dr. Watson a la mañana siguiente de haber visto a Barrymore?

____

____

Aplicar tus destrezas

Encierra en un círculo la letra de la mejor respuesta para cada pregunta.

14. ¿Cómo influye la apariencia "culpable y furtiva" de Barrymore en la atmósfera del pasaje?

A. Hace que la atmósfera sea menos aterradora.

B. Hace que la atmósfera sea más alegre.

C. Crea una atmósfera oscura y aterradora.

D. Produce una atmósfera de humor.

15. ¿Cómo influye la descripción de las acciones de Barrymore al comienzo del último párrafo en la atmósfera del relato?

A. La descripción brinda alivio.

B. La descripción deja todo en claro.

C. La descripción agrega esperanza.

D. La descripción aumenta la tensión.

16. Después de leer todo el pasaje, ¿qué conclusión puedes sacar sobre el Dr. Watson?

A. Es desconfiado.

B. Tiene mucho dinero.

C. Tiene el sueño liviano.

D. Tiene muchos conocimientos científicos.

Conectar con el relato

Escribe tu respuesta a cada pregunta.

17. ¿Recuerdas a alguna persona a quien no conocías bien y de quien desconfiabas? ¿Qué era lo que te hacía desconfiar de esa persona? Explica tu respuesta.

____

____

____

18. ¿Alguna vez tú o alguien a quien conoces ha vivido la experiencia de resolver un misterio? ¿El misterio se resolvió? Explica tu respuesta.

____

____

____

Comprueba tus respuestas en la página 238.

FANTASÍA

En la fantasía, un autor da vida a lugares, personajes y criaturas que han sido completamente inventados en su imaginación. Estos relatos se llaman de fantasía porque presentan lugares, historias y criaturas de fantasía (irreales o increíbles), como monstruos y dragones. Los relatos de fantasía pueden tener temas familiares, pero no pueden ocurrir en la realidad. En la fantasía, el autor —y el lector— deben poner en suspenso la realidad. Los animales y los objetos pueden hablar, los personajes pueden tener poderes mágicos, y el entorno puede ser cualquier tiempo y lugar. La mayor parte de los relatos de fantasía están llenos de aventuras. Lee este pasaje de un relato de fantasía sobre la aventura de una jovencita.

Vocabulario

pasadizo

ganas

atreverse

extraño

imaginar

firmeza

decente

nerviosísimo

De *Alicia en el país de las maravillas*

de Lewis Carroll

Alicia abrió la puerta y se encontró con que daba a un estrecho **pasadizo,** no más ancho que una ratonera. Se arrodilló y al otro lado del pasadizo vio el jardín más maravilloso que pueda uno imaginarse. ¡Qué **ganas** tenía de salir de aquella oscura sala y pasear entre aquellos macizos de flores multicolores y aquellas frescas fuentes! Pero ni siquiera podía pasar la cabeza por la abertura. "Y aunque pudiera pasar la cabeza", pensó la pobre Alicia, "de poco iba a servirme sin los hombros. ¡Cómo me gustaría poder encogerme como un telescopio! Creo que podría hacerlo, si solo supiera por dónde comenzar". Y es que, como ven, a Alicia le habían pasado tantas cosas extraordinarias aquel día, que había empezado a pensar que casi nada era en realidad imposible.

▶ **Identificar el punto de vista en ficción** Todos los relatos se cuentan desde un punto de vista particular. Este relato está narrado desde el punto de vista de Alicia, pero Alicia no es el narrador. Alicia no está contando su propia historia. Alguien está contando su historia.

En este relato, tenemos un narrador en tercera persona limitada. El narrador está oculto y relata lo que un personaje, Alicia, está sintiendo o pensando. Por ejemplo, los lectores sienten como si estuvieran viendo y oyendo la acción a través de los ojos y oídos del personaje principal. En otro relato, el punto de vista podría permitir al lector saber lo que están pensando o sintiendo todos los personajes.

Para identificar el punto de vista al leer, pregúntate de quién son las acciones que estás siguiendo de cerca. ¿Los pensamientos de quién conoces?

¿Qué frase muestra que el relato está contado desde el punto de vista de Alicia?

A. Y es que, como ven, a Alicia le habían pasado tantas cosas extraordinarias aquel día...

B. ¡Qué ganas tenía de salir de aquella oscura sala...!

 Comprueba tu respuesta en la página 238.

De nada servía quedarse esperando junto a la puertecita, así que volvió a la mesa, casi con la esperanza de encontrar sobre ella otra llave o, en todo caso, un libro de instrucciones para encoger a la gente como si fueran telescopios. Esta vez encontró en la mesa una botellita (—que desde luego no estaba aquí antes —dijo Alicia) y alrededor del cuello de la botella había una etiqueta de papel con la palabra «BÉBEME» hermosamente impresa en grandes caracteres.

Está muy bien eso de decir «BÉBEME», pero la pequeña Alicia era muy prudente y no iba a beber aquello por las buenas. "No, primero voy a mirar", se dijo, "para ver si lleva o no la indicación de veneno". Porque Alicia había leído preciosos cuentos de niños que se habían quemado, o habían sido devorados por bestias feroces, u otras cosas desagradables, solo por no haber querido recordar las sencillas normas que las personas que buscaban su bien les habían inculcado, como que un hierro al rojo vivo te quema si no lo sueltas enseguida, o que si te cortas muy hondo en un dedo con un cuchillo suele salir sangre. Y Alicia no olvidaba nunca que, si bebes mucho de una botella que lleva la indicación "veneno", terminará, a la corta o a la larga, por hacerte daño.

Sin embargo, aquella botella no llevaba la indicación "veneno", así que Alicia **se atrevió** a probar el contenido y, encontrándolo muy agradable (tenía, de hecho, una mezcla de sabores a tarta de cerezas, almíbar, piña, pavo asado, caramelo y tostadas calientes con mantequilla), se lo acabó en un santiamén.

—¡Qué sensación más **extraña**! —dijo Alicia—. Me debo estar encogiendo como un telescopio.

Y así era, en efecto: ahora medía sólo veinticinco centímetros, y su cara se iluminó de alegría al pensar que tenía la talla adecuada para pasar por la puertecita y meterse en el maravilloso jardín. Primero, no obstante, esperó unos minutos para ver si seguía todavía disminuyendo de tamaño, y esta posibilidad la puso un poco nerviosa. "No vaya a consumirme del todo, como una vela", se dijo para sus adentros. "¿Qué sería de mí entonces?".

E intentó **imaginar** qué ocurría con la llama de una vela, cuando la vela estaba apagada, pues no podía recordar haber visto nunca una cosa así.

▶ **Comprender el entorno** El entorno indica dónde y cuándo tiene lugar la acción en un relato. Esto puede ser de especial importancia en un relato de fantasía, ya que ayuda al lector a comprender mejor lo que está sucediendo en una historia que puede ser difícil de seguir debido a los elementos fantásticos. A medida que lees, busca pistas sobre el entorno. Por ejemplo, busca palabras que indican si los personajes están adentro o al aire libre. Busca palabras que describan el tiempo: pasado, presente, futuro. Busca palabras que indiquen cómo se ven y suenan las cosas que rodean a los personajes.

En el pasaje anterior, a Alicia le ocurren muchas cosas extrañas. ¿Cuál de las siguientes opciones describe *mejor* el lugar?

A. un hermoso jardín de flores

B. una pequeña habitación dentro de una casa

Comprueba tu respuesta en la página 238.

Después de un rato, viendo que no pasaba nada más, decidió salir enseguida al jardín. Pero, ¡pobre Alicia!, cuando llegó a la puerta, se encontró con que había olvidado la llavecita de oro y, cuando volvió a la mesa para recogerla, descubrió que no le era posible alcanzarla. Podía verla claramente a través del cristal, e intentó con ahínco trepar por una de las patas de la mesa, pero era demasiado resbaladiza. Y cuando se cansó de intentarlo, la pobre niña se sentó en el suelo y se echó a llorar.

"¡Vamos! ¡De nada sirve llorar de esta manera!", se dijo Alicia a sí misma, con bastante **firmeza**. "¡Te aconsejo que dejes de llorar ahora mismo!". Alicia se daba por lo general muy buenos consejos a sí misma (aunque rara vez los seguía), y algunas veces se reñía con tanta dureza que se le saltaban las lágrimas. Se acordaba incluso de haber intentado una vez tirarse de las orejas por haberse hecho trampas en un partido de croquet que jugaba consigo misma, pues a esta curiosa criatura le gustaba mucho comportarse como si fuera dos personas a la vez. "¡Pero de nada me serviría ahora comportarme como si fuera dos personas!", pensó la pobre Alicia. "¡Cuando ya se me hace bastante difícil ser *una sola* persona **decente**!".

Poco después, su mirada se posó en una cajita de cristal que había debajo de la mesa. La abrió y encontró dentro un diminuto pastelillo, en que se leía la palabra «CÓMEME», deliciosamente escrita con grosella. "Bueno, me lo comeré", se dijo Alicia, "y si me hace crecer, podré tomar la llave; y, si me hace todavía más pequeña, podré deslizarme por debajo de la puerta. De un modo o de otro entraré en el jardín, y eso es lo que importa".

Dio un mordisquito y se preguntó **nerviosísima**: "¿Hacia dónde? ¿Hacia dónde?". Al mismo tiempo, se llevó una mano a la cabeza para notar en qué dirección se iniciaba el cambio, y quedó muy sorprendida al advertir que seguía con el mismo tamaño. En realidad, esto es lo que sucede normalmente cuando se da un mordisco a un pastel, pero Alicia estaba ya tan acostumbrada a que todo lo que le sucedía fuera extraordinario, que le pareció muy aburrido y muy tonto que la vida discurriese por cauces normales.

▶ **Aplicar ideas** Un autor le da muchas ideas al lector acerca de los personajes en un relato. Cuando tienes esta información, a veces puedes imaginar cómo actuará un personaje más adelante. Puedes aplicar una idea sobre un personaje a otra situación. La mayoría de los personajes tienen una personalidad particular y es probable que reaccionen de la misma forma en muchas situaciones.

Aplica lo que sabes sobre Alicia. Si Alicia hallara un abrigo con una nota que dijera "ÚSAME", ¿qué es lo *más probable* que haría?

A. Ignoraría el abrigo y seguiría su camino.
B. Revisaría el abrigo y se lo pondría si pareciera seguro.

Comprueba tu respuesta en la página 238.

Pensar en el relato

Practicar el vocabulario

Completa cada oración con la palabra correcta.

pasadizo	**ganas**	**se atrevió**	**extraña**
imaginar	**nerviosísima**	**firmeza**	**decente**

1. Tim se apresuró por el/la estrecho(a) ______________________ hasta la oscura tienda.

2. Cuando Sara vio el pastel de chocolate, tuvo ______________________ de probarlo.

3. María esperó ______________________ los resultados del examen.

4. ¿Alguna vez llegaste a ______________________ cómo sería hacer un viaje alrededor del mundo?

5. Sam ______________________ a dar solo unos pocos pasos sobre el agua helada del lago.

6. Mi perro ladró con tanta ______________________ que lastimó mis oídos.

7. En una ______________________ coincidencia, los gemelos se hicieron el mismo regalo de cumpleaños.

8. El señor Estrada fue elegido alcalde porque es un ciudadano ______________________.

Comprender lo que lees

Escribe la respuesta a cada pregunta.

9. Al comienzo del pasaje, ¿por qué Alicia no puede entrar al jardín?

____

10. ¿Qué quiere decir Alicia cuando dice "¡Cómo me gustaría poder encogerme como un telescopio!"?

____

____

11. ¿Qué sucede cuando Alicia se come el pastel?

____

Pasa a la página siguiente.

Aplicar tus destrezas

Encierra en un círculo la letra de la mejor respuesta para cada pregunta.

12. Imagina que el autor quisiera cambiar el relato y contarlo desde el punto de vista de otro personaje. ¿Cuál de las siguientes oraciones *no* pertenecería al relato con este nuevo punto de vista?

A. Vi a Alicia pasar su cabeza a través de la puerta.

B. Alicia ahora solo medía diez pulgadas de alto.

C. Alicia abrió la puerta y advirtió que conducía a un pequeño pasadizo.

D. Alicia se sintió un poco nerviosa y pensó qué podía hacer.

13. ¿Cuál de las siguientes opciones indica más sobre el entorno?

A. (...) Se arrodilló y al otro lado del pasadizo vio el jardín más maravilloso que pueda uno imaginarse.

B. ¡Qué ganas tenía de salir de aquella oscura sala y pasear entre aquellos macizos de flores multicolores y aquellas frescas fuentes!

C. De nada servía quedarse esperando junto a la puertecita (...)

D. (...) su cara se iluminó de alegría al pensar que tenía la talla adecuada para pasar por la puertecita y meterse en el maravilloso jardín.

14. ¿Cuál de las siguientes opciones describe *mejor* a Alicia en este pasaje?

A. Se deja vencer fácilmente por las dificultades.

B. Se asusta fácilmente.

C. Puede ser muy crítica y severa consigo misma.

D. Prefiere estar adentro que al aire libre.

Conectar con el relato

Escribe tu respuesta a cada pregunta.

15. Si tuvieras que volver a contar esta historia, ¿qué dirías sobre Alicia y los obstáculos que enfrenta?

16. Recuerda que *Alicia en el país de las maravillas* es un relato de fantasía y que Alicia enfrenta muchas circunstancias inusuales. ¿Cómo harías para vivir en un lugar tan extraño? ¿Manejarías los obstáculos de la misma forma en que lo hace Alicia o harías algo diferente? Da razones para tu respuesta.

 Comprueba tus respuestas en las páginas 238 y 239.

CLÁSICO

Una obra de ficción clásica es un relato que ha resistido el paso del tiempo. Se lee una y otra vez, generación tras generación. Con el tiempo, sigue siendo posible para los lectores identificarse con los personajes, el argumento y el tema del relato. Un escritor muy famoso que escribió muchos clásicos es Edgar Allan Poe (1809–1849). Sus historias escalofriantes han sido convertidas en películas y series de televisión.

Gran parte del pasaje que vas a leer transcurre dentro de una habitación oscura en la que un anciano duerme. El narrador del cuento describe el método que usaba para escabullirse en la habitación durante la noche, tratando de no despertar al anciano. El narrador imagina lo que está sintiendo el hombre que está en la habitación luego de que un sonido lo despierta una noche.

Vocabulario

agudo

disimulo

suficientemente

sagacidad

ahogado

suposición

envuelto

inadvertido

ranura

sigilosamente

De "El corazón delator" de Edgar Allan Poe

¡Es verdad! Soy muy nervioso, horrorosamente nervioso, siempre lo fui; pero, ¿por qué *afirman* que estoy loco? La enfermedad ha agudizado mis sentidos, no los ha destruido, ni los ha embotado. De todos los sentidos, mi oído era el más **agudo.** Oía todo lo que pudiera oírse en el cielo y en la tierra... ¿Cómo puedo estar loco, entonces? ¡Atención! Y observen con cuánta cordura, con cuánta calma puedo contarles toda la historia.

Es imposible decir cómo me entró en la cabeza la idea por primera vez; pero una vez concebida, me persiguió día y noche. Propósito, no había ninguno. Pasión, tampoco había. Quería mucho al anciano. Jamás me había hecho nada malo. Nunca me había insultado. No deseaba su oro. ¡Creo que era su ojo! ¡Sí, era eso! Uno de sus ojos parecía el de un buitre; era azul pálido y estaba cubierto por una película. Cada vez que ese ojo me miraba, se me helaba la sangre; así que gradualmente —poco a poco— fui decidiendo que debía quitarle la vida al anciano y quitarme así de encima ese ojo para siempre.

▶ **Usar definiciones como claves de contexto** El contexto de una palabra o frase es el lenguaje que lo rodea y que da pistas sobre su significado. A veces, un autor usa claves de contexto para definir una palabra o frase desconocida para el lector. Por ejemplo, en el pasaje anterior, se usa la frase "ha agudizado mis sentidos". Al usar frases opuestas, "no los ha destruido, ni los ha embotado", el autor deja claro el significado de la frase. Las claves sobre una definición suelen aparecer después de una palabra y se marcan con comas o rayas.

En el segundo párrafo del pasaje anterior, el autor usa la palabra *gradualmente.* Basándonos en la clave de contexto, ¿cuál es el significado de esa palabra?

A. poco a poco
B. definitivamente

Comprueba tu respuesta en la página 239.

Ahora, el asunto es este. Ustedes creen que estoy loco. Los locos no saben nada. Pero deberían haberme visto a *mí.* Deberían haber visto con qué sabiduría procedí, con qué cuidado, con qué previsión, ¡con qué **disimulo** puse manos a la obra! En ningún momento fui más amable con el anciano que durante toda la semana anterior a matarlo. Y todas las noches, a eso de la medianoche, destrababa su puerta y la abría, ¡pero con qué suavidad! Y luego, una vez que la abertura era lo **suficientemente** grande para que pasara mi cabeza, introducía un farol sordo, bien cerrado, cerrado para que no se viera ni un poco de luz, y luego pasaba la cabeza. ¡Sí, se hubiesen reído al ver con qué destreza la pasaba! La movía lentamente, muy, muy lentamente, para no perturbar el sueño del anciano. Me llevaba una hora pasar toda la cabeza por la abertura lo suficientemente dentro para verlo acostado en su cama. ¡Ja! ¿Un loco habría sido tan listo? Y luego, una vez que toda mi cabeza estaba dentro de la habitación, abría el farol con cuidado —¡con tanto cuidado!— porque las bisagras chirriaban. Lo abría lo suficiente para que un solo rayo de luz cayera sobre el ojo de buitre.

Lo hice durante siete largas noches, cada noche justo a la medianoche, pero me di cuenta de que el ojo siempre estaba cerrado. Entonces me era imposible hacer el trabajo; porque no era el anciano lo que me irritaba, sino su ojo maligno. Y cada mañana, cuando amanecía, entraba sin miedo a la habitación. Le hablaba valientemente, lo llamaba por su nombre en un tono cariñoso y le preguntaba cómo había pasado la noche. Entonces, como ven, tendría que haber sido un anciano muy perspicaz, realmente, para sospechar que todas las noches, a las doce en punto, lo observaba mientras dormía.

Al llegar la octava noche, procedí con más cautela que de costumbre al abrir la puerta. El minutero de un reloj se mueve más rápido de lo que se movía el mío. Nunca antes de esa noche había *sentido* el alcance de mi poder... de mi **sagacidad.** Apenas podía contener mi sensación de triunfo. Pensar que allí estaba, abriendo la puerta, poco a poco, y que él ni siquiera soñaba con mis acciones o pensamientos secretos. Me reí entre dientes ante esa idea; y tal vez me oyó; porque se movió de repente en la cama, como sobresaltado. Ustedes pensarán que me eché atrás... pero no. Su habitación estaba oscura como boca de lobo (porque las persianas estaban completamente cerradas por miedo a los ladrones), así que sabía que el anciano no podría ver que la puerta se abría; entonces seguí empujándola de manera constante, constante.

Mi cabeza estaba dentro, y estaba a punto de abrir el farol cuando mi pulgar se resbaló en el cierre metálico. El anciano se incorporó en la cama y gritó: —¿Quién anda ahí?

Me quedé quieto y no dije nada. Durante una hora no moví ni un músculo, y en ese tiempo no lo oí acostarse. Seguía sentado en la cama escuchando, tal como había hecho yo, noche tras noche, escuchando los relojes de la muerte en la pared.

Oí de pronto un gemido suave y supe que era el gemido de terror mortal. No era un gemido de dolor ni de tristeza, ¡no, no!, era el sonido débil y **ahogado** que brota de lo profundo de un alma poseída por el espanto. Conocía bien ese sonido. Muchas noches, justo a la medianoche, cuando todo el mundo dormía, ese sonido brotaba de mi pecho y aumentaba con su espantoso eco el terror que me invadía. Digo que lo conocía bien. Sabía lo que sentía ese anciano, y sentía pena por él, aunque en el fondo de mi corazón me reía. Sabía que había estado despierto desde que oyó el primer sonido leve, cuando se había movido en la cama. Sus temores habían ido en aumento desde entonces. Había intentado pensar que su miedo era injustificado, pero no pudo. Se había dicho a sí mismo: "No es nada, solo el viento en la chimenea; es solo un ratón que camina por el suelo; es nada más que un grillo que chirrió una sola vez". Sí, había intentado tranquilizarse a sí mismo con esas

suposiciones, pero había sido en vano. *Todo en vano;* porque la Muerte, al acercarse a él, lo había acechado con su sombra negra, y había **envuelto** a su víctima. La influencia fúnebre de la sombra **inadvertida** le hacía sentir, aunque no veía ni oía, le hacía *sentir* la presencia de mi cabeza dentro de la habitación.

▶ **Comprender la atmósfera** La atmósfera de un relato es como el humor de una persona. Puede ser tensa y melancólica, ligera y alegre, u oscura y aterradora. Un autor tiene muchas formas de crear la atmósfera: contar cómo son los personajes, describir el entorno e indicar qué tan rápidamente o lentamente ocurre un suceso.

En este pasaje, el autor presenta un personaje extraño y nervioso y lo hace escabullirse durante la noche para crear la atmósfera. Las frases "las bisagras chirriaban", "ojo de buitre" y "lo había acechado con su sombra negra" también contribuyen a la atmósfera.

¿Cuál es la atmósfera de este pasaje?

A. ligera y cómica

B. oscura y tenebrosa

Después de esperar un largo tiempo, con mucha paciencia, sin oír que se hubiera acostado, decidí abrir una pequeña, una muy, muy pequeña **ranura** en el farol. Entonces la abrí —no se imaginan qué tan **sigilosamente**, sigilosamente— hasta que al fin, un solo rayo tenue como el hilo de una telaraña brotó de la ranura y cayó de lleno en el ojo de buitre.

Estaba abierto —bien, bien abierto— y comencé a enfurecerme mientras lo miraba fijo. Lo vi con toda claridad: un ojo azul apagado, cubierto por una capa espantosa que me helaba hasta los huesos. No podía ver la cara ni el cuerpo del anciano, porque había apuntado el rayo, como por instinto, precisamente sobre el... punto.

¿Y no les conté que lo que confunden con locura no es otra cosa que una excesiva agudeza de los sentidos? En aquel momento llegó a mis oídos un sonido débil, apagado, breve, como el de un reloj envuelto en algodón. Ese sonido también lo conocía bien. Era el latido del corazón del anciano. Eso aumentaba mi furia, tal como el batir de un tambor estimula el coraje de un soldado.

▶ **Predecir desenlaces** A veces un autor termina un relato sin decir qué sucede al final. El lector debe pensar qué pudo haber ocurrido al final. Cuando haces eso, predices el desenlace. El desenlace que predices debe ser adecuado a la historia. Debe tener sentido en relación con lo que sabes acerca de los personajes y lo que ya ocurrió en el cuento.

En la parte de "El corazón delator" que leíste, viste cómo le molesta al narrador el "ojo de buitre" del anciano. Ahora, por fin ha visto el ojo en el medio de la noche. ¿Qué crees que va a hacer a continuación?

A. Probablemente seguirá con su plan de matar al anciano.

B. Probablemente logre controlar sus sentimientos y se escabulla de la habitación.

Comprueba tus respuestas en la página 239.

Pensar en el relato

Practicar el vocabulario

Las palabras a continuación están en negrita en el texto. Estudia la manera en que se usó cada palabra. Luego, une cada palabra con su significado. Escribe la letra.

_____	**1.** agudo	A. no vista
_____	**2.** sigilosamente	B. rodeado
_____	**3.** suficientemente	C. lo justo
_____	**4.** envuelto	D. sabiduría
_____	**5.** sagacidad	E. pequeña abertura
_____	**6.** ahogado	F. el proceso de esconder las intenciones
_____	**7.** suposiciones	G. desarrollado
_____	**8.** inadvertida	H. ideas que se consideran correctas
_____	**9.** ranura	I. contenido
_____	**10.** disimulo	J. silenciosamente y en secreto

Comprender lo que lees

Escribe la respuesta a cada pregunta.

11. ¿Qué era lo que más le molestaba al narrador acerca del anciano?

____

____

12. ¿Por qué el narrador entra a la habitación del anciano durante siete noches sin consumar sus intenciones de matarlo?

____

____

____

13. Según el narrador, ¿por qué el anciano no podía tranquilizarse a sí mismo y volver a dormirse durante la octava noche?

____

____

____

Aplicar tus destrezas

Encierra en un círculo la mejor respuesta para cada pregunta.

14. Halla la palabra *concebida* en el segundo párrafo del pasaje (página 61). Usa claves de contexto para decidir cuál de las siguientes opciones define *mejor* la palabra.

A. que está expresada en palabras

B. que está en la mente del narrador

C. que persigue al narrador

D. que daña al anciano

15. ¿Cuál de las siguientes frases plantea *mejor* la atmósfera del cuento?

A. (...) cuando amanecía, entraba sin miedo a la habitación.

B. Sabía lo que sentía ese anciano, y sentía pena por él (...).

C. Nunca me había insultado.

D. Durante una hora no moví ni un músculo (...).

16. Basándote en lo que sabes acerca del narrador, ¿cuáles son tus predicciones acerca de lo que ocurrirá después de que mate al anciano?

A. El sonido del corazón del anciano atormentará al narrador.

B. El narrador se tranquilizará y se relajará.

C. El narrador se dará cuenta de que, en realidad, sí está loco.

D. El narrador se arrepentirá de lo que hizo porque el anciano siempre había sido amable con él.

Conectar con el relato

Escribe tu respuesta a cada pregunta.

17. El narrador dice varias veces que no está loco. ¿Le crees? ¿Por qué?

____

____

18. ¿Disfrutas el estilo de escritura de Poe en este cuento? Explica tu respuesta. ¿Estás de acuerdo con que el cuento debería considerarse un clásico? ¿Por qué?

____

____

____

Comprueba tus respuestas en las páginas 239 y 240.

UNIDAD 2

REPASO DE LA UNIDAD
FICCIÓN

Lee el siguiente pasaje de *Las aventuras de Tom Sawyer* de Mark Twain. Luego, responde las preguntas.

Toda la naturaleza ya estaba despierta y activa; unos rayos de sol largos ingresaban como lanzas entre el tupido follaje por todas partes y unas pocas mariposas aparecían revoloteando en escena.

Tom sacudió a los otros piratas para despertarlos y todos comenzaron a correr a gritos, y en uno o dos minutos estaban desnudos, persiguiéndose y revolcándose uno arriba del otro en el agua poco profunda y **cristalina** del banco de arena blanco. No extrañaban ni un poco la pequeña aldea que dormía en la distancia, más allá de la majestuosa planicie líquida. Una corriente **errabunda** o una leve crecida del río se había llevado la balsa, pero eso los ponía contentos porque esa pérdida fue como quemar el puente entre ellos y la civilización.

Volvieron al campamento muy frescos, contentos y **famélicos**; y enseguida volvieron a encender las llamas de la fogata. Huck encontró un manantial de agua limpia y fresca cerca, y los niños hicieron vasos con hojas grandes de roble o nogal. Vieron que el agua, endulzada con aquel encanto del bosque, sería un buen sustituto del café. Mientras Joe cortaba el tocino en lonjas para el desayuno, Tom y Huck le pidieron que esperara un minuto. Fueron a una parte prometedora del banco del río y echaron los aparejos de pesca. Casi de inmediato consiguieron una recompensa. Joe no había tenido tiempo de impacientarse porque volvieron enseguida con un precioso róbalo, un par de percas y un pequeño bagre, provisiones suficientes para toda la familia. Frieron el pescado con el tocino y se sorprendieron; el pescado nunca les había parecido tan delicioso. No sabían que, cuanto más rápido se pone un pez de agua dulce en el fuego después de pescarlo, más rico es. Tampoco reflexionaron demasiado acerca de lo sabrosa que es la combinación de ingredientes como dormir y hacer ejercicio al aire libre, tomar un baño y sentir bastante hambre.

Se recostaron en la sombra, después del desayuno, mientras Huck fumaba, y luego se adentraron en el bosque en un viaje de exploración... Descubrieron que la isla tenía unas tres millas de longitud y un cuarto de milla de ancho, y que la costa de la que estaba más cerca estaba separada nada más que por un estrecho canal que apenas tendría unas doscientas yardas de ancho. Nadaron casi a cada hora, así que ya era casi media tarde cuando volvieron al campamento. Estaban demasiado hambrientos para pescar, pero comieron jamón frío hasta saciarse, y luego se acostaron a la sombra para hablar. Pero enseguida la charla comenzó a mermar, y luego cesó por completo. La quietud, la solemnidad que emanaba del bosque y la sensación de soledad comenzaron a afectar el espíritu de los niños. Se pusieron a pensar. Una especie de anhelo indefinido los invadió. Enseguida tomó forma... era una incipiente añoranza de sus casas. Hasta Huck, el Manos Rojas, se acordaba del umbral de su casa y de los barriles vacíos. Pero todos estaban avergonzados de su debilidad, y ninguno era lo suficientemente valiente para decir lo que pensaba.

Las palabras a continuación están en negrita en el texto. Estudia la manera en que se usó cada palabra. Luego, une cada palabra con su significado. Escribe la letra.

______	**1.**	cristalina	A.	hambrientos
______	**2.**	errabunda	B.	sin rumbo
______	**3.**	famélicos	C.	clara

Encierra en un círculo la mejor respuesta para cada pregunta.

4. ¿Qué frase sintetiza *mejor* la atmósfera del comienzo del pasaje?

A. Toda la naturaleza ya estaba despierta y activa (...).

B. (...) unas pocas mariposas aparecían revoloteando en escena.

C. Joe no había tenido tiempo de impacientarse porque volvieron enseguida (...).

D. (...) el pescado nunca les había parecido tan delicioso.

5. Los personajes Tom, Huck y Joe se escapan de sus casas y deciden instalarse en la isla Jackson. Si tomas esa información y la relacionas con la información del pasaje, ¿cuál de las siguientes conclusiones tiene *más* sentido?

A. Tom, Huck y Joe están felices en sus casas.

B. Tom, Huck y Joe no trabajan bien juntos.

C. Tom, Huck y Joe tienen experiencia en la vida al aire libre.

D. A Tom, Huck y Joe les da miedo estar en la isla.

6. Tom, Huck y Joe pierden la balsa que usan para llegar a la isla. Basándote en el pasaje, si los niños quieren volver a sus casas, ¿qué sería *más probable* que hicieran?

A. ponerse mal y esperar a ser rescatados

B. buscar una forma de construir una nueva balsa

C. volver nadando

D. buscar una manera de enviar señales para conseguir ayuda

Escribe tu respuesta a las siguientes preguntas en el espacio dado.

7. Vuelve a leer la última oración del tercer párrafo y escríbela con tus propias palabras.

____

____

____

8. Compara y contrasta la atmósfera del principio del pasaje con la atmósfera del final del pasaje.

____

____

____

 Comprueba tus respuestas en la página 240.

MINIPRUEBA

Esta es una prueba de práctica de 15 minutos de duración. Transcurridos los 15 minutos, marca el último número que terminaste. Luego, completa la prueba y comprueba tus respuestas. Si la mayoría de tus respuestas son correctas pero no pudiste terminar a tiempo, intenta trabajar más rápidamente la próxima vez.

Instrucciones: Elige la mejor respuesta para cada pregunta.

Las **preguntas 1 a 7** se refieren al siguiente pasaje.

(1) La señora Darling amaba tener todo impecable, y al señor Darling le apasionaba ser exactamente igual que sus vecinos; entonces, por supuesto, tenían una niñera. Como eran pobres, a causa de la cantidad de leche que bebían los niños, esta niñera era una remilgada perra de Terranova llamada Nana, que no había pertenecido a nadie en particular hasta que los Darling la contrataron. Sin embargo, los niños siempre le habían parecido importantes, y los Darling la habían conocido en los jardines de Kensington, donde pasaba la mayor parte de su tiempo libre porque podía espiar los cochecitos de bebés y ser motivo de odio de las niñeras poco cuidadosas, a las que seguía a sus casas y luego se quejaba de ellas con sus empleadoras. Demostró ser una joya de niñera. Qué meticulosa era a la hora del baño. Se presentaba en cualquier momento de la noche si alguno de los niños a su cargo hacía el menor ruido. Por supuesto, su caseta estaba en la habitación de los niños. Tenía una habilidad especial para saber cuándo dejar de ser paciente con una tos y cuándo es necesario abrigar una garganta con un calcetín. Hasta el fin de sus días creyó en los remedios anticuados, como el ruibarbo, y emitía gruñidos de desprecio cuando oía toda esa charla moderna sobre los gérmenes y esas cosas. Era una lección sobre decoro verla cuando escoltaba a los niños hasta la escuela, caminando con tranquilidad a su lado cuando se portaban bien, y empujándolos nuevamente hacia la fila si se apartaban. Cuando John comenzó a ir a la escuela, nunca se olvidó de su jersey y solía llevar un paraguas en la boca por si llovía. Hay una habitación en el sótano de la escuela de la señorita Fulsom en la que esperan las niñeras. Ellas se sentaban en los bancos, mientras que Nana se echaba en el suelo, pero esa era la única diferencia. Ellas hacían de cuenta que la ignoraban, como si fuera socialmente inferior a ellas, y Nana odiaba sus charlas triviales. Le molestaba que las amigas de la señora Darling visitaran la habitación de los niños, pero si lo hacían, primero le quitaba el delantal a Michael y le ponía el que tenía bordados azules, le alisaba la ropa a Wendy y corría a arreglarle el pelo a John. Ninguna guardería podría haber funcionado con mayor corrección, y el señor Darling lo sabía, pero a veces se preguntaba con inquietud si los vecinos hacían comentarios.

(2) Tenía que tener en cuenta su reputación en la ciudad.

(3) Nana también lo preocupaba por otros asuntos. A veces sentía que ella no lo admiraba. —Sé que te admira muchísimo, George —le aseguraba la señora Darling, y luego les pedía a los niños que fueran especialmente amables con su padre. (...) Nunca hubo una familia más simple y feliz hasta que llegó Peter Pan.

De *Peter y Wendy*, de J. M. Barrie

1. ¿Qué palabra del relato completa *mejor* la siguiente oración?

   A su abuelo no le gusta la

   tecnología ______
   porque no sabe usarla.

   A. remilgada
   B. moderna
   C. meticulosa
   D. impecable

2. ¿Cuál de las siguientes pistas indica que el pasaje es un relato de fantasía?

   A. El apellido de los personajes principales es Darling.
   B. La historia transcurre en Inglaterra.
   C. La familia Darling tiene una niñera.
   D. La niñera de los Darling es un perro.

3. ¿Por qué Nana era "motivo de odio de las niñeras poco cuidadosas"?

   A. Nana duerme en el suelo.
   B. Nana les cuenta a sus empleadoras cuando son poco cuidadosas.
   C. Nana es socialmente inferior.
   D. Nana es mejor niñera que ellas.

4. ¿Desde qué punto de vista se cuenta el relato?

   A. Nana
   B. la señora Darling
   C. el señor Darling
   D. un narrador en tercera persona

5. ¿Por qué los Darling eligen a Nana como niñera?

   A. Les gustan mucho los perros.
   B. Nana es una gran niñera.
   C. No tienen mucho dinero.
   D. Los niños adoran a Nana.

6. Vuelve a leer la primera oración del pasaje y luego identifica la relación de causa y efecto de la oración.

   A. Como los vecinos tienen una niñera, los Darling también tienen una.
   B. Como los vecinos tienen un perro de niñera, los Darling también lo tienen.
   C. Como la señora Darling es tan correcta, el señor Darling siempre está de acuerdo con ella.
   D. Como el señor Darling es un hombre apasionado, la señora Darling siempre intenta complacerlo.

7. ¿Qué le preocupa al señor Darling sobre Nana?

   A. que la habitación de los niños no sea atendida correctamente
   B. que desprecie el concepto de gérmenes
   C. que los vecinos hagan comentarios sobre la familia y la niñera
   D. que a menudo se olvide de llevar el paraguas cuando es posible que llueva

Comprueba tus respuestas en las páginas 240 y 241.

UNIDAD 3 TEXTOS INFORMATIVOS

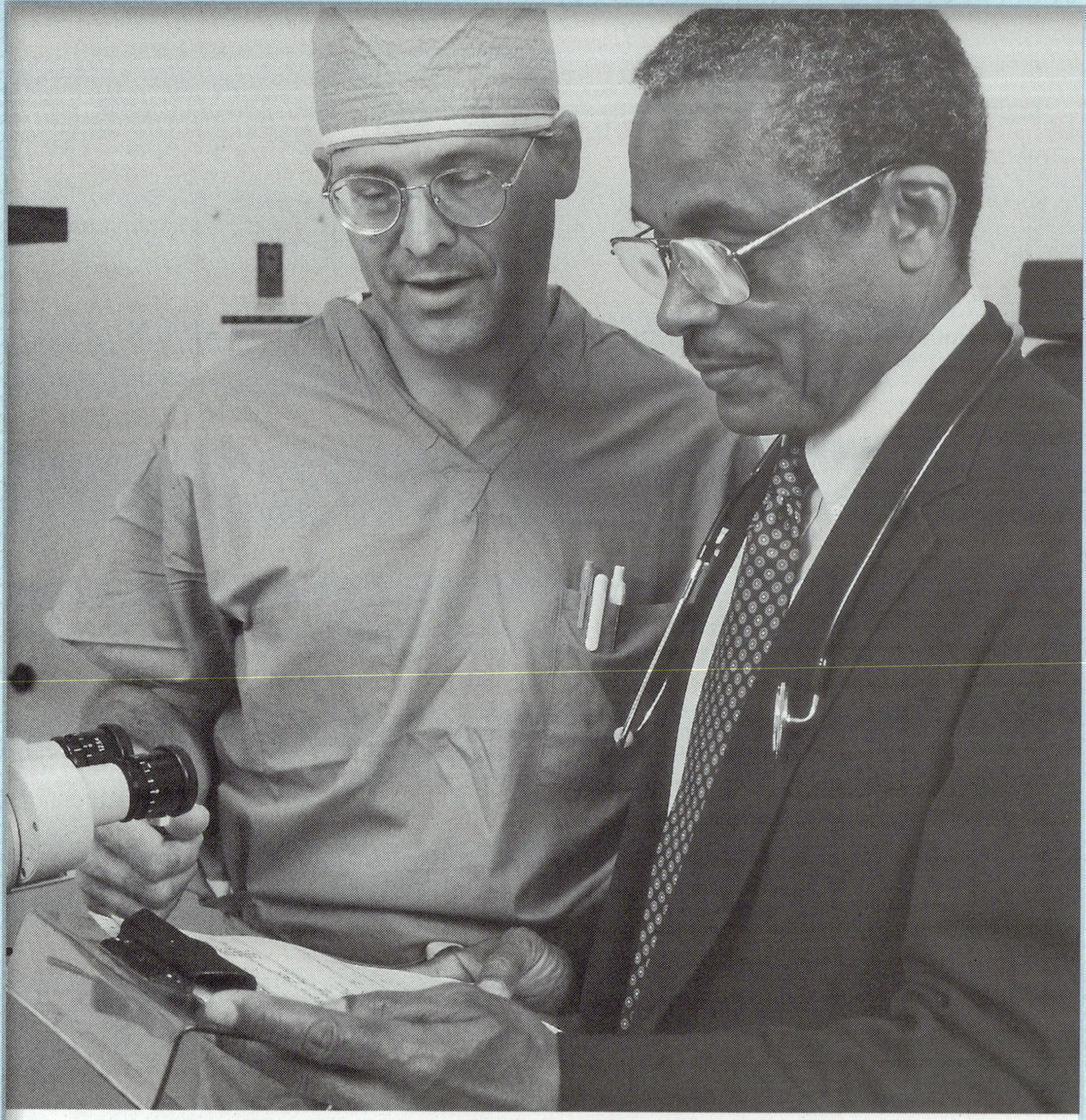

Los **textos informativos** tratan sobre personas, sucesos y temas reales. Pueden proporcionar información fáctica importante o expresar el punto de vista que alguien tiene sobre un tema. Algunos de los tipos más comunes de textos informativos son los folletos, los avisos publicitarios, los documentos jurídicos y otros textos de la vida real. Los textos informativos también incluyen ensayos, biografías e historias reales. Los textos informativos pueden tratar sobre historia, viajes, educación cívica, gobierno, geografía o ciencias, y a menudo incluyen diagramas y mapas.

Pensar en los textos informativos

Quizá no sepas qué tan a menudo aparece la escritura informativa en tu vida cotidiana. Piensa en tus actividades recientes.

Tilda la casilla para cada actividad que hayas realizado.

- ☐ ¿Viste un aviso publicitario en Internet?
- ☐ ¿Leíste un folleto sobre salud que te haya dado tu médico?
- ☐ ¿Miraste un folleto para comprar algo?
- ☐ ¿Leíste y firmaste un documento jurídico?
- ☐ ¿Leíste una biografía de un estadounidense famoso?
- ☐ ¿Leíste un artículo científico en una revista?
- ☐ ¿Seguiste la secuencia de sucesos sobre un suceso histórico en un artículo?
- ☐ ¿Intentaste resolver un problema eliminando las causas posibles?
- ☐ ¿Leíste los resultados de un estudio científico?

Un vistazo a la unidad

En esta unidad, aprenderás:

- cómo la escritura científica refleja principios y procesos científicos
- cómo evaluar datos e ideas al leer biografías y otros materiales de Estudios Sociales
- cómo los folletos y los avisos publicitarios intentan convencerte de que compres algo
- cómo comprender formularios, manuales y documentos jurídicos

CIENCIA INFORMATIVA

Vocabulario

nutriente

crucial

concentrarse

productivo

Cuando lees artículos científicos informativos, tienes que aplicar tu comprensión de los conceptos básicos de la ciencia y usar destrezas del pensamiento para comprender y evaluar el mensaje del autor. Lee el siguiente artículo, escrito para que los consumidores comprendan la importancia de comer frutas y verduras.

¡Come cinco para sobrevivir!

De acuerdo con algunas investigaciones, es importante que las personas coman al menos cinco porciones de frutas y verduras por día. Estos alimentos, que a menudo son de variados colores, ofrecen varias ventajas importantes para la salud. En primer lugar, las frutas y las verduras están llenas de **nutrientes** que muchas personas no suelen consumir en cantidades suficientes, como las vitaminas A y C, el potasio y la fibra. Todos estos nutrientes son **cruciales** para que el cuerpo funcione sin problemas. En segundo lugar, se ha demostrado que las frutas y las verduras contribuyen a reducir el riesgo de contraer muchas enfermedades graves, como la diabetes y el cáncer. Y en tercer lugar, las frutas y las verduras son relativamente bajas en calorías y grasas. Cuando comes más frutas y verduras, comes menos alimentos ricos en calorías que pueden hacerte subir de peso. Todo esto indica que se ha demostrado que las frutas y las verduras ayudan a las personas a tener una vida más saludable.

▶ **Reexpresar/Resumir** Para **reexpresar** la información, la repites pero de otra manera, utilizando tus propias palabras. Cuando reexpresas la información en una forma abreviada, estás **resumiendo**. Cuando reexpresas o resumes información científica, pregúntate qué sujeto fue investigado y a qué conclusiones llegaron los investigadores.

1. Reexpresa por qué es importante comer al menos cinco porciones de frutas y verduras todos los días.

___

___

2. Resume la información del párrafo.

___

___

 Comprueba tus respuestas en la página 241.

Para tener una vida saludable, además tienes que tener una dieta equilibrada, que incluye distintas formas de proteínas, lácteos, granos y aceite, así como frutas y verduras. También tienes que ser activo, beber mucha agua y dormir bien de noche para mantenerte saludable. Pero llenar tu cuerpo de buenos nutrientes es una parte esencial de un estilo de vida saludable.

Imagina cómo sería llenar tu carro con el peor combustible que encuentres. El carro probablemente no funcionaría tan bien, ¿verdad? A causa del combustible malo, es posible que al carro le costara arrancar, que no se desplazara bien en la carretera o tal vez el motor haría ruidos extraños en el semáforo y tendrían que remolcar el carro hasta tu casa. Bueno, lo mismo ocurre con tu cuerpo. Si llenas tu cuerpo con combustible (o alimentos) bajo en nutrientes y lleno de azúcares, grasas y otros ingredientes poco saludables, entonces es probable que tampoco funcione demasiado bien. Como resultado, es posible que te cueste levantarte por la mañana. Puedes tener problemas para **concentrarte** en el trabajo o en la escuela. Puede resultarte difícil correr para tomar el autobús o caminar con tu perro. Después de un largo día, tu cuerpo puede estar tan cansado que no tengas energía para hacer nada.

▶ **Causa y efecto** Una **causa** hace que algo suceda. Un **efecto** es el resultado de una causa. Las relaciones de causa y efecto son a menudo señaladas por palabras tales como *causa, efecto, resultado, porque, como resultado, que llevó a* y *causado por.*

1. ¿Por qué causas podría andar mal un carro?

____

____

2. ¿Cuál es el efecto de llenar tu cuerpo de alimentos bajos en nutrientes saludables?

____

____

____

Comprueba tus respuestas en la página 241.

Entonces, ¿cómo puedes estar seguro de que estás incluyendo suficientes frutas y verduras en tu dieta todos los días? Una forma fácil es incluir al menos una porción de fruta o verdura en cada comida. Si tomas jugo de naranja en el desayuno, por ejemplo, acabas de consumir una porción. Si comes una manzana en el almuerzo, eso es otra porción. Si comes un poco de zanahorias o guisantes en la cena, entonces acabas de comer tu tercera porción. Piensa que si consumes dos porciones más en el día, habrás alcanzado tu meta. ¿Qué tal si agregas rebanadas de plátano en los cereales del desayuno y comes un puñado de pasas o zanahorias pequeñas cuando sales a hacer los mandados? O bien, puedes comer un puñado de uvas en el tren o el autobús y luego un poco de apio como refrigerio después de cenar. Hay muchas maneras de consumir fácilmente las otras dos porciones requeridas sin mucho esfuerzo.

¡Si consumes la cantidad adecuada de nutrientes, te sentirás bien y tendrás una vida más saludable y **productiva**! Comienza hoy mismo sumando más frutas y verduras a tu dieta. ¡Te sentirás tan bien que desearás haberlo hecho mucho antes!

▶ **Aplicación** La Prueba de GED® contiene preguntas relacionadas con la **aplicación** de ideas. Cuando aplicas ideas a un nuevo contexto, tomas información de una situación y la utilizas en otra situación.

1. Menciona cinco maneras que no aparezcan en el artículo de comer una porción más de frutas o verduras durante el día.

____

____

____

____

____

2. Otra característica de un estilo de vida saludable es beber mucha agua. Menciona tres maneras de beber más agua cada día.

____

____

____

 Comprueba tus respuestas en la página 241.

Pensar en el texto

Practicar el vocabulario

▶ **Las palabras a continuación están en negrita en el texto. Estudia la manera en que se usó cada palabra. Luego, une cada palabra con su significado.**

______	**1.** nutrientes	A. prestar atención
______	**2.** cruciales	B. esenciales
______	**3.** concentrarte	C. vitaminas y minerales
______	**4.** productiva	D. que da resultado

Comprender lo que lees

▶ **Escribe la respuesta a cada pregunta.**

5. Según el autor, además de comer los nutrientes adecuados, ¿qué deben hacer las personas para tener una vida sana?

____

____

6. Según el autor, ¿qué ocurre cuando el cuerpo no recibe los nutrientes adecuados?

____

____

7. En el pasaje, el autor compara el cuerpo con un carro. Resume con tus propias palabras en qué se parecen el cuerpo y un carro.

____

____

____

____

8. ¿Estás de acuerdo con la idea de que es fácil consumir cinco porciones de frutas y verduras todos los días? Explica tu respuesta.

____

____

____

Pasa a la página siguiente.

Aplicar tus destrezas

▶ **Encierra en un círculo la letra de la mejor respuesta para cada pregunta.**

9. ¿Qué oración reexpresa *mejor* la información del párrafo 4 (en la página 74)?

A. Incluso un carro necesita el combustible adecuado para funcionar correctamente.

B. Es difícil levantarse por la mañana si no tienes una nutrición adecuada.

C. Las investigaciones científicas demuestran que para tener buena salud es necesario tener una buena alimentación.

D. Incorporar al menos una porción de frutas y verduras en cada comida te ayudará a consumir la cantidad necesaria todos los días.

10. El autor da varias sugerencias para consumir más frutas y verduras cada día. ¿Cuál de las siguientes opciones es una de esas sugerencias?

A. Bebe jugo de naranja en el desayuno.

B. Come una ensalada con la cena todas las noches.

C. Haz un batido con tu fruta favorita.

D. Agrega unas rebanadas de plátano a tu sándwich de mantequilla de cacahuate.

11. ¿Con cuál de estas afirmaciones es *más probable* que el autor esté de acuerdo?

A. Las proteínas que se encuentran en la carne son la fuente de alimento más importante.

B. Beber cinco vasos de jugo de fruta es la mejor manera de agregar nutrientes a tu dieta.

C. Las personas tienden a sentirse mejor cuando comen alimentos que contienen los nutrientes adecuados.

D. No se deben consumir alimentos que contienen azúcares y grasas.

12. ¿Cuál de las siguientes opciones es un dato que aparece en el pasaje?

A. "¡Te sentirás tan bien que desearás haberlo hecho mucho antes!"

B. "De acuerdo con algunas investigaciones, es importante que las personas coman al menos cinco porciones de frutas y verduras por día".

C. "Una forma fácil es incluir al menos una porción de fruta o verdura en cada comida".

D. "Puedes tener problemas para concentrarte en el trabajo o en la escuela".

 Comprueba tus respuestas en la página 241.

INVESTIGACIÓN CIENTÍFICA

Vocabulario

patógeno

desarrollar

inmunidad

amenaza

En los textos científicos informativos, el autor puede presentar un problema relacionado con las ciencias y luego explicar cómo los investigadores elaboraron una solución. Para lograrlo, los científicos generalmente hacen preguntas, hacen observaciones, prueban ideas y sacan conclusiones. La información contenida en los textos científicos a menudo se presenta como una secuencia de sucesos en la cual el autor explica el proceso de investigación en el orden en que ocurrió.

El pasaje de estas páginas trata sobre cómo se combaten los gérmenes. Las bacterias, que son un tipo de germen, son la causa principal de infecciones y muertes. Los primeros descubrimientos sobre las bacterias tuvieron un gran impacto en la salud moderna.

Maneras de combatir los gérmenes

Hasta el siglo XX, los pacientes que pasaban por una operación a menudo morían a causa de infecciones bacterianas. A medida que los médicos fueron conociendo más las enfermedades, comprendieron que con una simple higiene se podía prevenir la propagación de algunas enfermedades. Hoy en día, los hospitales y las clínicas utilizan una variedad de tecnologías para prevenir la propagación de enfermedades. Por ejemplo, en los centros de salud se utiliza radiación ultravioleta, agua hervida y productos químicos para eliminar los **patógenos** o gérmenes.

A mediados del siglo XIX, el científico francés Louis Pasteur descubrió que había minúsculos gérmenes o microorganismos que causaban que el vino se arruinara. Los indeseados microorganismos eran bacterias. Pasteur **desarrolló** un método para eliminar la mayoría de las bacterias del vino por medio del calor. Este método se llama pasteurización y todavía se utiliza hoy en día.

▶ **El método científico** El **método científico** es una serie de pasos lógicos que puede utilizarse para resolver problemas. Estos pasos generalmente son hacer preguntas, hacer observaciones, probar ideas y formular conclusiones. Cuando usas el método científico para abordar un problema, trata de plantear el problema en forma de pregunta.

1. ¿Qué problema llevó al descubrimiento de que la higiene podría evitar la propagación de algunas enfermedades?

____

2. ¿Qué pregunta puede haberse hecho Louis Pasteur?

____

Comprueba tus respuestas en la página 241.

A fines del siglo XVIII, nadie sabía lo que era un patógeno. Fue durante esta época que el médico Edward Jenner estudió una enfermedad llamada viruela. Observó que las personas que habían estado infectadas por una enfermedad similar, conocida como viruela vacuna, parecían estar protegidos contra la viruela. Esta protección o resistencia a una enfermedad se denomina **inmunidad**. El trabajo de Jenner llevó a la creación de la primera vacuna moderna. Una vacuna es una sustancia que permite que el cuerpo desarrolle inmunidad contra una enfermedad.

Hoy en día, las vacunas se utilizan en todo el mundo para prevenir muchas enfermedades graves. Las vacunas modernas contienen patógenos que son eliminados o que reciben un tratamiento especial de manera que no te enfermen gravemente. La vacuna es lo suficientemente parecida al patógeno para que el cuerpo desarrolle una defensa contra esta enfermedad.

▶ **Secuencia de sucesos** Ordenar los **sucesos** en una **secuencia** es colocarlos en el orden en que ocurrieron. Cuando identificas una secuencia de sucesos, buscas palabras que te sirvan de pistas para determinar el orden en que sucedieron las cosas. Las palabras *antes, después, luego, a continuación, primero, por último, más tarde* y *finalmente* pueden ayudarte a identificar la secuencia en un pasaje. Las fechas también pueden ser útiles.

1. ¿Cuándo estudió Edward Jenner la viruela?

____

2. ¿Qué palabra o palabras del segundo párrafo de arriba te ayudan a identificar la secuencia en el pasaje?

A. hoy en día
B. modernas

3. Reexpresa la secuencia de sucesos que aparecen en esta página.

____

____

____

 Comprueba tus respuestas en la página 241.

Las infecciones bacterianas pueden ser una seria **amenaza** para tu salud. Afortunadamente, por lo general, los médicos pueden tratar estos tipos de infecciones con antibióticos. Un antibiótico es una sustancia que puede eliminar las bacterias o detener su crecimiento. Los antibióticos también pueden utilizarse para tratar infecciones causadas por otros microorganismos, como los hongos. Si tomas antibióticos cuando estás enfermo, es importante que sigas las instrucciones que te dé tu médico para asegurarte de que todos los patógenos sean eliminados.

▶ **Sacar conclusiones** En algunas preguntas de la Prueba de GED® debes sacar conclusiones en función de la información de un pasaje. Una **conclusión** es un enunciado que se plantea de manera lógica a partir de ciertos hechos. Las conclusiones deben estar basadas en hechos, que son enunciados que pueden probarse como verdaderos. Cuando te piden que saques una conclusión, pasa por alto los enunciados que representan opiniones.

1. ¿Qué conclusión se basa en los hechos presentados en el artículo?
- A. Los antibióticos son el descubrimiento médico más importante de la historia.
- B. Los antibióticos son una manera importante de combatir las infecciones.

2. ¿Qué conclusión puedes sacar a partir del pasaje?
- A. Los antibióticos son mejores que las vacunas para combatir las infecciones bacterianas.
- B. Si no tomas un antibiótico de acuerdo con las instrucciones del médico, es posible que no sea eficaz.

Comprueba tus respuestas en la página 242.

Pensar en el texto

Practicar el vocabulario

Las palabras a continuación están en negrita en el texto. Estudia la manera en que se usó cada palabra. Luego, une cada palabra con su significado.

_______	**1.** patógenos	A.	creó
_______	**2.** desarrolló	B.	protección
_______	**3.** inmunidad	C.	daño inminente
_______	**4.** amenaza	D.	gérmenes

Comprender lo que lees

Escribe la respuesta a cada pregunta.

5. Escribe 1, 2 ó 3 junto a cada suceso para mostrar su secuencia correcta.

_______________ Louis Pasteur descubre que minúsculos gérmenes causan que el vino se arruine.

_______________ Edward Jenner estudia una enfermedad llamada viruela.

_______________ Los hospitales y las clínicas utilizan una variedad de tecnologías para prevenir la propagación de algunas enfermedades.

6. Según el pasaje, ¿en qué se diferencia la pasteurización de las vacunas como maneras de prevenir enfermedades?

____

____

____

7. Según el pasaje, si las vacunas contienen patógenos, ¿por qué no enferman a las personas?

____

____

____

8. Escribe un enunciado para resumir la idea principal del pasaje.

____

____

____

Aplicar tus destrezas

Encierra en un círculo la letra de la mejor respuesta para cada pregunta.

9. ¿Cual es el propósito principal de este pasaje?

A. informar a los lectores sobre la historia de la inmunización

B. persuadir a los lectores para que actualicen sus vacunas

C. informar a los lectores sobre la historia de la lucha contra las bacterias y las técnicas para combatirlas

D. persuadir a los lectores para que se aseguren de que todos los productos lácteos que consumen estén pasteurizados

10. Según el pasaje, ¿qué conclusión es *más probable* que sea verdadera?

A. La viruela y la viruela vacuna son causadas por patógenos relacionados.

B. Las vacunas pueden curar infecciones bacterianas.

C. En la actualidad, nadie muere a causa de infecciones bacterianas.

D. Es posible eliminar todas las bacterias en los hospitales y consultorios médicos.

11. A partir del pasaje, ¿cuál fue el resultado *más* significativo del descubrimiento de las vacunas por parte de Edward Jenner?

A. Edward Jenner fue reconocido como el padre de las vacunas.

B. En la actualidad, las vacunas se utilizan en todo el mundo para prevenir enfermedades graves.

C. Las vacunas ahora previenen que el vino se eche a perder en todo el mundo.

D. Las infecciones bacterianas ya no son una amenaza para las personas.

12. ¿Qué enunciado apoya la idea de que la higiene puede prevenir la propagación de algunas enfermedades?

A. Una vacuna es una sustancia que permite que el cuerpo desarrolle inmunidad contra una enfermedad.

B. En los centros de salud, se utiliza agua hervida y productos químicos para eliminar patógenos o gérmenes.

C. Pasteur desarrolló un método para eliminar la mayoría de las bacterias del vino por medio del calor.

D. Por lo general, los médicos pueden tratar estos tipos de infecciones con antibióticos.

Comprueba tus respuestas en la página 242.

CONCEPTOS CIENTÍFICOS

Vocabulario

molécula

convertir

formación

reactante

Algunos textos científicos informativos explican conceptos, ideas y principios científicos importantes. Por ejemplo, un artículo puede explicar cómo el cuerpo humano digiere el alimento y otro puede explicar el ciclo del agua. En estos textos a menudo se presentan y explican los términos desconocidos y la información se puede presentar en tablas, gráficas y diagramas. Cuando encuentres estos textos en la Prueba de GED®, deberás comprender algunos términos y sus definiciones, usar el texto y las gráficas para pensar en la relación que hay entre los conceptos y los sucesos, e interpretar información y sacar conclusiones.

Lee el siguiente pasaje científico informativo sobre la fotosíntesis.

Fotosíntesis: Producir energía para la vida

Casi toda la energía que consumen los organismos vivos, incluidos los seres humanos, inicialmente proviene de la luz solar. Las plantas, las algas y algunas bacterias absorben la energía solar y la usan para formar **moléculas** complejas en un proceso llamado fotosíntesis. Estas moléculas aportan energía, o alimento, a otros organismos.

La fotosíntesis se desarrolla en los cloroplastos de las células vegetales y de las algas y en la membrana celular de algunas células procariotas. Los cloroplastos son orgánulos, o estructuras especializadas ubicadas dentro de la célula, que tienen dos membranas y su propio ADN. Los cloroplastos son verdes porque contienen clorofila, un pigmento verde. La clorofila absorbe la energía de la luz solar. Esta energía luego se usa para producir azúcar.

▶ **Reexpresar/Resumir** Para **reexpresar** la información, la repites con tus propias palabras. Cuando reexpresas la información en una forma abreviada, la estás **resumiendo**.

1. Reexpresa lo que ocurre en la fotosíntesis.

____

____

2. Resume el papel de la clorofila en la fotosíntesis.

____

____

 Comprueba tus respuestas en la página 242.

Etapas de la fotosíntesis

La fotosíntesis tiene tres etapas. Durante la etapa 1, se absorbe la energía de la luz solar. Durante la etapa 2, esta energía lumínica se **convierte** en energía química. La energía química es almacenada temporalmente en moléculas conocidas como ATP y NADPH. Durante la etapa 3, la energía química almacenada en el ATP y el NADPH permite la **formación** de compuestos orgánicos con dióxido de carbono (CO_2) y agua (H_2O).

La manera más común en la que se forman los compuestos orgánicos se denomina ciclo de Calvin. En el ciclo de Calvin intervienen el ATP, el NADPH y una enzima clave para agregar moléculas de dióxido de carbono a las cadenas de carbono existentes, que serán las estructuras básicas de los azúcares. Los azúcares producidos durante la fotosíntesis se utilizan como energía en forma inmediata o se almacenan para ser usados luego.

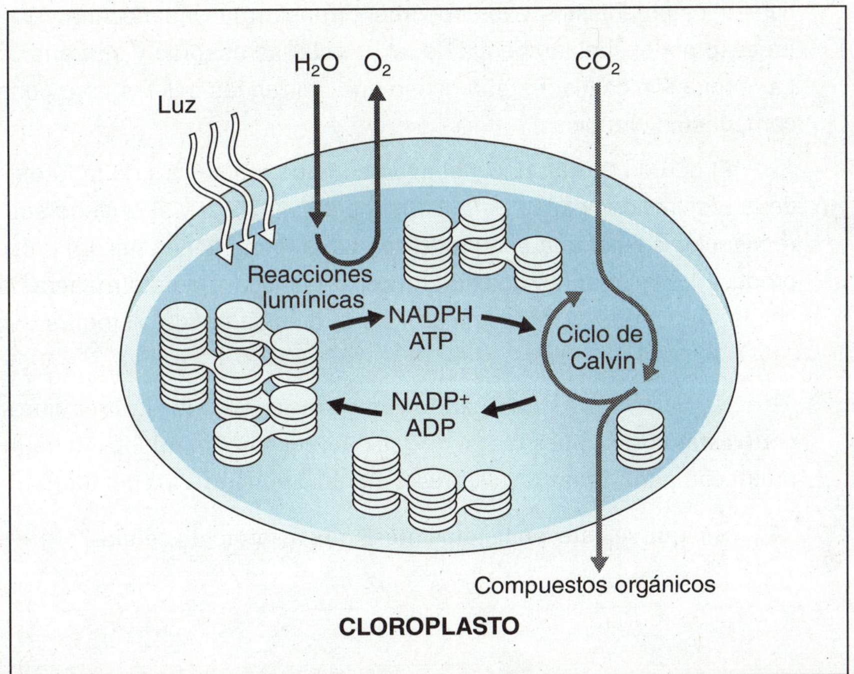

▶ **Diagrama** Un diagrama es un dibujo de un objeto, un concepto o un proceso. Cuando ves un diagrama de ciencias, imagina el objeto o el proceso real.

1. Observa el diagrama. ¿Dónde ocurre este proceso?
- A. en el cloroplasto
- B. en el Sol

2. Según el diagrama, ¿qué sustancias se necesitan para que se lleve a cabo la fotosíntesis?
- A. el ciclo de Calvin, luz y compuestos orgánicos
- B. luz, agua y dióxido de carbono

Comprueba tus respuestas en la página 242.

La fotosíntesis aporta energía y oxígeno

La fotosíntesis es el proceso por el cual las células, como las células vegetales, usan luz solar, dióxido de carbono y agua para producir azúcar y oxígeno. La fotosíntesis proporciona energía para casi todas las formas de vida.

La fotosíntesis proporciona energía y oxígeno, que son productos de las reacciones químicas que se llevan a cabo. En la fotosíntesis también intervienen **reactantes** en las reacciones químicas. Estos reactantes, el dióxido de carbono y el agua son los productos de otro proceso conocido como respiración celular.

Respiración celular

La fotosíntesis y la respiración celular son procesos relacionados por medio de los cuales los organismos vivos absorben, transforman y almacenan energía. La fotosíntesis es el proceso por el cual la energía de la luz solar se absorbe y se transforma en energía química. La respiración celular es el proceso que utilizan las células para conservar la energía en los compuestos orgánicos.

El dióxido de carbono y el agua son dos reactantes de la fotosíntesis que son productos de la respiración celular. Del mismo modo, el azúcar y el oxígeno son dos **reactantes** de la respiración celular que son productos de la fotosíntesis. Así, un proceso depende del otro para producir los reactantes de cada reacción química. De esta manera, la fotosíntesis y la respiración celular facilitan el ciclo de la materia y la energía en los sistemas vivos.

▶ **Comparar y contrastar** Cuando **comparas** cosas, muestras en qué se parecen. Cuando **contrastas** cosas, muestras en qué se diferencian. Cuando te encuentres con preguntas que te pidan comparar y contrastar, presta mucha atención a los detalles.

1. ¿En qué se parecen la fotosíntesis y la respiración celular?

____

____

2. ¿En qué se diferencian la fotosíntesis y la respiración celular?

____

____

Comprueba tus respuestas en la página 242.

Pensar en el texto

Practicar el vocabulario

Las palabras a continuación están en negrita en el texto. Estudia la manera en que se usó cada palabra. Luego, une cada palabra con su significado.

______	**1.** moléculas	A. transforma
______	**2.** convierte	B. las partes más pequeñas de una sustancia
______	**3.** formación	C. sustancias que sufren una reacción química
______	**4.** reactantes	D. creación

Comprender lo que lees

Para las preguntas 5 a 10, completa las oraciones. Para la pregunta 11, encierra en un círculo la letra de la mejor respuesta.

5. Mediante el proceso de ______________________ se absorbe energía solar, con la cual se produce azúcar y oxígeno a partir de dióxido de carbono y agua.

6. La fotosíntesis ocurre en los/las ______________________ de las células vegetales.

7. La clorofila es un(a) ______________________ que absorbe luz.

8. El dióxido de carbono y el agua son ______________________ en el proceso de la fotosíntesis.

9. La fotosíntesis y la respiración celular facilitan el ciclo del/de la

______________________ y el/la ______________________ en los sistemas vivos.

10. La respiración celular es el proceso que las células utilizan para

______________________ la energía en los compuestos orgánicos.

11. Las plantas fabrican su propio alimento a partir de la luz. ¿Qué sucede con la luz absorbida por una planta durante la fotosíntesis?

A. Se convierte en energía cinética.

B. Se convierte en energía química, que la planta almacena.

C. Provoca una reacción que produce dióxido de carbono y agua.

D. Provoca una reacción que produce oxígeno y dióxido de carbono.

Pasa a la página siguiente.

Aplicar tus destrezas

Escribe la respuesta a cada pregunta.

12. Escribe un párrafo breve sobre la fotosíntesis usando los términos *planta, cloroplasto, clorofila, pigmento, azúcar, oxígeno* y *luz solar*.

____

____

____

13. ¿Qué sustancias se necesitan para que se desarrolle la fotosíntesis y qué sustancias son producidas por la fotosíntesis?

____

____

Usa la siguiente información para responder las preguntas 14 y 15.

Julia realizó una investigación experimental sobre la producción de gas en una planta acuática. Colocó un embudo y un tubo de ensayo dado vuelta sobre una planta sumergida en agua y recolectó el gas que la planta produjo mientras estuvo expuesta a la luz solar. Después de varios días, se formó una burbuja grande de gas en el tubo, como se muestra en el diagrama.

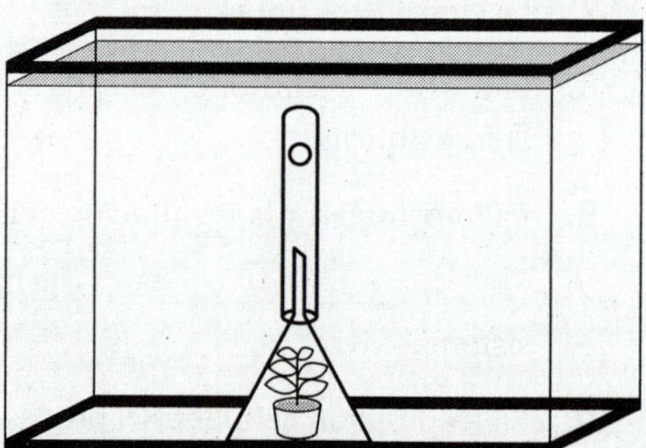

14. Dado que el gas provino de la planta acuática, ¿qué contiene la burbuja de gas que se formó en el tubo de ensayo?

A. oxígeno

B. dióxido de carbono

C. vapor de agua

D. hidrógeno

15. ¿Qué proceso produjo este gas?

____

 Comprueba tus respuestas en las páginas 242 y 243.

BIOGRAFÍAS

Los textos informativos de Estudios Sociales con frecuencia incluyen biografías, los relatos de la vida de personas reales. Las biografías a menudo contienen fechas y sucesos importantes presentados en orden cronológico. En la Prueba de GED®, tal vez debas seguir estos sucesos y comprender e inferir su importancia en la historia y en el mundo actual.

Este pasaje trata sobre Frederick Douglass, un hombre que nació esclavo, se educó a sí mismo y se convirtió en uno de los oradores y escritores más importantes de los Estados Unidos. Su vida fue una inspiración para otras personas que lucharon por los derechos civiles.

Vocabulario

ignorante

despojar

capataz

dinámico

Frederick Douglass: Líder abolicionista

Frederick Douglass recibió el nombre de Frederick Bailey al nacer. Cuando era niño, quería aprender a leer y escribir. Esa era la única manera en que esperaba escapar de la esclavitud. Había escuchado a su amo decir que una persona negra con educación nunca podría ser esclava para siempre. A pesar de que aún no había cumplido diez años, Douglass sabía que la educación lo haría libre.

Douglass nació en Talbot County, Maryland. Su madre murió cuando él era joven. El niño fue maltratado por su amo. Luego lo enviaron a vivir con otro miembro de la familia de su amo en Baltimore.

Su nuevo amo, Hugh Auld, quería asegurarse de que Douglass siguiera siendo una persona **ignorante.** Sin embargo, Sophia, la esposa de Auld, era amable. Ella intentó enseñarle los rudimentos de la lectura y la escritura. Auld exigió a su esposa que dejara de enseñar a leer a Douglass. Decía que el niño se volvería peligroso.

▶ **Predecir los resultados** En la Prueba de GED®, tal vez debas hacer una predicción acerca del resultado de un suceso o de una secuencia de sucesos. Una **predicción** es una suposición razonable acerca de lo que sucederá a continuación o en algún momento del futuro. Cuando predices resultados, no tienes que saber exactamente qué sucederá. Simplemente debes hacer una suposición acerca de qué es probable que suceda.

1. Predice qué podría sucederle a Douglass. ¿La educación lo hará libre?

____

____

2. Predice qué sucederá con Sophia. ¿Seguirá ayudando a Douglass?

____

____

Comprueba tus respuestas en la página 243.

Un nombre nuevo

Aunque Douglass sabía que sería difícil aprender sin maestro, estaba decidido. Cada vez que estaba solo, tomaba un libro o un periódico. Hacía su mejor esfuerzo para descifrar las palabras y su significado. Si la educación era la salida de la esclavitud, sabía que no debía perder ni un minuto.

> *La esclavitud resultó tan perjudicial para ella [Sophia] como lo fue para mí. Cuando llegué allí, ella era una mujer piadosa, cálida y amable. No había pena ni sufrimiento por los cuales no derramara una lágrima. Ella daba pan a los hambrientos, ropa a los despojados y consuelo a cada doliente que se le acercaba. Pronto la esclavitud logró* ***despojarla*** *de esas maravillosas cualidades. Debido a su influencia, su corazón tierno se endureció y su actitud sumisa se transformó en una ferocidad salvaje. Dio el primer paso hacia la perdición cuando dejó de enseñarme. Entonces comenzó a poner en práctica los preceptos de su esposo. Finalmente, su actitud violenta se intensificó más que la de su esposo mismo.*
>
> —Frederick Douglass, adaptado de *Vida de un esclavo estadounidense contada por él mismo*

Douglass también realizó estudios bíblicos. Tiempo después, su amo se inquietó por lo que aprendía en la iglesia. Lo envió a la plantación para que trabajara como esclavo en el campo. En la plantación, un **capataz** blanco le dio una paliza a Douglass para que aprendiera a temer a los blancos. Arriesgando su vida, Douglass se enfrentó al capataz. Luego dijo que ese suceso marcó un antes y un después en su vida. Sabía que tenía la valentía para ser libre. Pronto Douglass intentó convencer a otros esclavos de que escaparan también. Cuando los amos del área se enteraron del plan, exigieron que vendieran a Douglass o que lo trasladaran a otro lugar. Lo enviaron de regreso a Baltimore, donde lo pusieron a trabajar en los muelles portuarios.

En 1838, Douglass escapó a Nueva York, donde la esclavitud estaba prohibida. Además, cambió su apellido para huir de quienes lo perseguían. Finalmente, se decidió por Douglass como nuevo nombre. Lo eligió porque Douglass era un personaje de un famoso poema, *La dama del lago*, de Sir Walter Scott.

▶ **Implicaciones** En la Prueba de GED®, tendrás que identificar información que está implícita, o que no se expresa directamente. La información que se sugiere es una **implicación**. Para comprender las implicaciones, combina la información dada con lo que ya sabes.

1. ¿Por qué los amos de Douglass quieren venderlo o trasladarlo?

____

____

2. ¿Qué te dice la elección del nuevo nombre de Douglass acerca de él?

____

____

Comprueba tus respuestas en la página 243.

Orador y escritor

Durante tres años, Frederick Douglass tuvo diversos trabajos. Estaba orgulloso de ganar dinero y no tener que dárselo a su amo. Además, se casó con Anna Murray. Durante esta época conoció a William Lloyd Garrison, editor del periódico antiesclavista *The Liberator.*

Hacia 1841, Douglass no solo leía *The Liberator*. También escribía artículos para el periódico. Garrison estaba muy impresionado con Douglass. Lo alentó a contar su historia para que el mundo conociera el horror de la esclavitud. Los talentos **dinámicos** de Douglass demostraron al mundo lo que las personas de raza negra podían lograr si solo se les daba la oportunidad.

En 1847, Douglass fundó su propio periódico abolicionista, *The North Star,* en Rochester, Nueva York. También puso en riesgo su vida ayudando a esclavos fugitivos. Sin embargo, no solo le interesaba ayudar a las personas de raza negra. También se convirtió en orador por los derechos de las mujeres.

El fin de la esclavitud

En 1865 terminó la Guerra de Secesión. Millones de esclavos fueron liberados de sus amos. Poco a poco aumentaron las oportunidades para las personas de raza negra. En 1877, Douglass fue designado alguacil de los Estados Unidos y en 1881 estuvo a cargo del registro de escrituras de la ciudad de Washington, D.C. Hacia fines de la década, fue nombrado embajador en Haití.

Durante el resto de su vida, Douglass habló y escribió acerca de los males del racismo. El 20 de febrero de 1895, después de asistir a un encuentro a favor de los derechos de las mujeres, Douglass regresó a su habitación de hotel. Mientras repasaba los discursos del día, Douglass cayó repentinamente al suelo. Este gran hombre murió por causas naturales a los 77 años.

▶ Secuencia de sucesos Una **secuencia** es el orden en que ocurren los sucesos. Las preguntas sobre una secuencia a menudo incluyen palabras de orden cronológico como *cuando, a continuación, después, antes, primero* o *último*. Para identificar la secuencia en un pasaje, busca algunas de estas palabras, o bien fechas o épocas.

1. ¿Cuándo fundó Douglass su periódico?
   A. 1847
   B. 1841

2. ¿Douglass murió antes o después de que terminara la Guerra de Secesión?
   A. antes
   B. después

Comprueba tus respuestas en la página 243.

Pensar en el texto

Practicar el vocabulario

Las palabras a continuación están en negrita en el texto. Estudia la manera en que se usó cada palabra. Luego, une cada palabra con su significado.

_______ **1.** ignorante — A. jefe

_______ **2.** despojarla — B. enérgicos

_______ **3.** capataz — C. quitarle

_______ **4.** dinámicos — D. sin educación

Comprender lo que lees

Escribe la respuesta a cada pregunta.

5. A continuación se presentan cuatro sucesos de la vida de Douglass. Escribe 1, 2, 3 ó 4 junto a cada suceso para ordenarlos cronológicamente.

_______ Douglass fue enviado de vuelta a Baltimore.

_______ Douglass fundó su propio periódico.

_______ Millones de esclavos fueron liberados de sus amos.

_______ Un capataz blanco le dio una paliza a Douglass.

6. ¿Cómo organizó el autor los detalles en el pasaje?

____

____

7. Menciona dos acciones específicas de Douglass en las que puso en riesgo su vida.

____

____

8. ¿Qué cita del pasaje expresa *mejor* la visión positiva que el autor tiene de Douglass como una figura histórica importante?

____

____

____

Aplicar tus destrezas

Encierra en un círculo la letra de la mejor respuesta para cada pregunta.

9. El tono de este pasaje alienta al lector a

A. ser más comprensivo con las opiniones de los amos de esclavos.

B. ver la esclavitud como una institución espantosa.

C. cuestionar la importancia de la contribución de Frederick Douglass a los derechos civiles.

D. comprender que la opinión pública acerca del racismo cambió rápidamente después de la Guerra de Secesión.

10. ¿Qué enunciado es la idea principal del pasaje adaptado de *Vida de un esclavo estadounidense contada por él mismo* (en la página 88)?

A. "Cuando llegué allí, ella era una mujer piadosa, cálida y amable".

B. "La esclavitud resultó tan perjudicial para ella como lo fue para mí".

C. "Debido a su influencia, su corazón tierno se endureció y su actitud sumisa se transformó en una ferocidad salvaje".

D. "Entonces comenzó a poner en práctica los preceptos de su esposo".

11. ¿Qué hecho apoya la idea de que Douglass usó sus destrezas para combatir la esclavitud?

A. En 1877, Douglass fue designado alguacil de los Estados Unidos.

B. En 1865 terminó la Guerra de Secesión.

C. En 1847, Douglass fundó su propio periódico abolicionista.

D. En la década de 1830, Douglass trabajó en un muelle portuario.

12. ¿Quién fue William Lloyd Garrison?

A. el primer dueño de Douglass cuando era esclavo

B. un poeta a quien Douglass admiraba

C. el editor de *The Liberator*

D. Douglass cuando nació

Comprueba tus respuestas en la página 243.

ESTUDIOS SOCIALES INFORMATIVOS

Vocabulario

ética

rebelde

umbral

hacer caso

Los textos informativos de Estudios Sociales con frecuencia contienen abundante información presentada en forma de palabras e imágenes. Al mismo tiempo que un texto cuenta la vida de una persona específica de la historia, también puede presentar sucesos e ideas importantes de la historia, puede identificar otras figuras históricas importantes y puede explicar y mostrar áreas geográficas por medio de mapas. En la Prueba de GED®, es posible que tengas que responder preguntas en las que debas integrar toda esta información.

Thomas Paine: Audaz voz de protesta

Thomas Paine nació en Inglaterra en 1737. Cuando tenía 13 años, abandonó la escuela y trabajó en la tienda de su padre. Paine usaba el dinero que le sobraba para comprar libros de ciencia, religión y **ética**, que es el trato correcto de uno mismo y de los demás.

A los 19 años, Paine abandonó Inglaterra en un barco llamado el *Terrible*. Un hombre conocido como Capitán Muerte comandaba la tripulación. Las ideas **rebeldes** de Paine tal vez comenzaran en esta época. Mientras el barco estaba en el puerto, su padre le rogó que cambiara de parecer sobre hacerse a la mar. Realmente tuvo buen juicio. Paine abandonó la tripulación días antes de que el barco fuera destruido durante un ataque a una embarcación francesa.

Paine probó con otros trabajos: vendedor de comestibles, maestro y recaudador de impuestos. Hacia 1772, sus ideas políticas comenzaron a traerle problemas. Escribió un panfleto en el que alentaba a otros recaudadores de impuestos, conocidos como funcionarios de alcabala, a que se unieran y exigieran aumentos de salario. A causa del panfleto, Paine fue despedido como recaudador de impuestos. Esta experiencia le hizo tomar conciencia, con mucha amargura, de la desigualdad y la injusticia de la sociedad.

Luego, Paine conoció a Benjamin Franklin, quien estaba de visita en Londres. Franklin quedó impresionado y llamó a Paine un "joven ingenioso y valioso". Franklin convenció a Paine de ir a los Estados Unidos. En 1774, Paine salió de Inglaterra.

▶ **Causa y efecto** En la Prueba de GED®, responderás preguntas acerca de las relaciones de causa y efecto. Una **causa** es lo que hace que ocurra algo. Un **efecto** es lo que ocurre como resultado de una causa. Las preguntas de la prueba acerca de causas a menudo comienzan con *por qué* o *por qué razón.* Las preguntas de la prueba acerca de efectos comienzan con *cuál fue el resultado de* o *qué ocurrió debido a.*

1. ¿Por qué razón Paine fue despedido como recaudador de impuestos?

____

2. ¿Qué ocurrió como resultado del encuentro entre Franklin y Paine en Inglaterra?

____

 Comprueba tus respuestas en la página 243.

Paine llegó al continente americano cuando los colonos estaban en el **umbral** de la revolución. Tras las batallas de Lexington y Concord en 1775, Paine habló en defensa de otra gran causa: la independencia. Declaró su oposición a la monarquía británica.

En enero de 1776, Paine publicó su conocido panfleto *Sentido común.* En menos de 50 páginas, Paine explicó contundentemente la causa americana a favor de la libertad. Planteó temas importantes, por ejemplo: ¿Por qué un enorme continente debería estar atado a una pequeña isla ubicada a miles de millas de distancia? ¿Por qué los colonos americanos deberían someterse a leyes que perjudican su comercio y su industria? ¿Por qué los colonos deberían ser leales a un rey que los oprime? El acto de declarar la independencia respecto de Gran Bretaña, sostenía Paine, era una cuestión de sentido común.

> *Algunos escritores han confundido de tal modo la sociedad con el gobierno que hacen muy poca o casi ninguna distinción entre ambas cosas, cuando no solamente son diferentes entre sí, sino que tienen también distinto origen. La sociedad es el resultado de nuestras necesidades y el gobierno el de nuestras iniquidades: la primera promueve nuestra felicidad positivamente, uniendo nuestros afectos, y el segundo negativamente, restringiendo nuestros vicios, la una activa el trato de los hombres, el otro cría las distinciones, aquella es un protector y éste un azote de la humanidad.*
>
> —Thomas Paine, *Sentido común*

En abril de 1776, George Washington escribió: "Considero que *Sentido común* está gestando un cambio rotundo en la mente de muchas personas". Los líderes coloniales **hicieron caso** al emotivo llamado a romper lazos con Gran Bretaña. El 4 de julio de 1776, el Segundo Congreso Continental adoptó la Declaración de Independencia.

▶ **Reexpresar/Resumir** Recuerda que **reexpresar** información significa decirla con tus propias palabras. En un **resumen** se reescribe la información en pocas palabras, incluyendo solo los puntos principales.

1. Resume en una oración la idea más importante del pasaje extraído del panfleto de Thomas Paine, *Sentido común.*

____

____

2. Reescribe la cita de George Washington acerca de *Sentido común.*

____

____

Comprueba tus respuestas en la página 243.

Durante la Guerra de Independencia de los Estados Unidos, Paine se unió al Ejército Continental. Entre 1776 y 1783, publicó 16 panfletos titulados *La crisis americana*. Usaba la parte superior de un tambor como escritorio para escribir. Sus palabras levantaban el ánimo de los soldados.

George Washington ordenó a sus soldados en Valley Forge que escucharan la lectura en voz alta del panfleto de Paine. Los soldados desmoralizados sintieron un nuevo patriotismo. John Adams luego resumió el poder de los textos de Paine: "La espada de Washington se habría desenvainado en vano de no haber estado respaldada por la pluma de Thomas Paine".

Los panfletos de Paine eran ampliamente conocidos. Se vendieron cientos de miles de copias. Sin embargo, al final de la Guerra de Independencia de los Estados Unidos, Paine seguía siendo pobre. Había rechazado cualquier tipo de ganancia para que su obra estuviera al alcance de las personas comunes y corrientes.

Franklin dijo una vez: "Donde está la libertad, allí está mi país". La respuesta de Paine fue: "Donde no hay libertad, allí está el mío. Mi país es el mundo". Cuando la Guerra de Independencia terminó, Paine buscó otras naciones donde extender la causa de la libertad.

En 1787, Paine navegó hasta Francia y después regresó a Inglaterra. Se interesó por otra lucha política, la Revolución francesa. En 1789, los campesinos franceses se rebelaron. Paine defendió la Revolución francesa y atacó a la monarquía británica en un libro de dos partes, *Los derechos del hombre* (1791–1792). Como resultado, Paine fue juzgado por traición, pero evitó el arresto porque huyó a Francia.

Los viajes de Thomas Paine

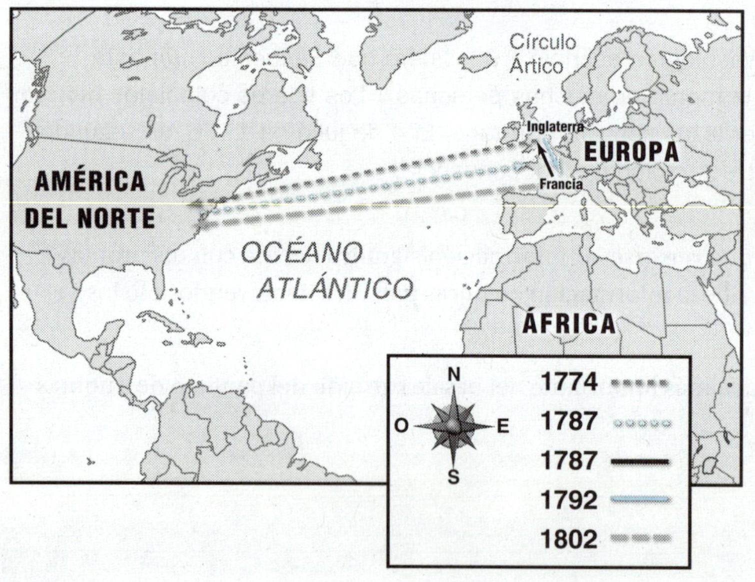

Paine regresó a los Estados Unidos en 1802, pero ya no era bienvenido allí. Antes de su llegada, había publicado dos obras que enfurecieron a muchos estadounidenses. En *La edad de la razón,* Paine expresó sus opiniones extremas sobre la religión. Este escrito fue considerado un ataque al cristianismo. Además, Paine había escrito una carta ofensiva a George Washington. Paine murió en 1809 y fue enterrado en su granja de Nueva York.

▶ **Mapas** Los mapas normalmente muestran regiones geográficas. Sin embargo, los mapas también pueden mostrar divisiones políticas, cambios históricos de población o de ideas, información sobre el clima, rutas transitadas por personas o distribución de recursos. La Prueba de GED® incluye preguntas en las que debes interpretar todo tipo de mapas.

1. ¿Qué muestra este mapa?

____

2. ¿Hacia y desde dónde viajó Paine en 1802?

____

 Comprueba tus respuestas en la página 243.

Pensar en el texto

Practicar el vocabulario

Las palabras a continuación están en negrita en el texto. Estudia la manera en que se usó cada palabra. Luego, une cada palabra con su significado.

_______ **1.** ética	A.	trato correcto de uno mismo y de los demás
_______ **2.** rebeldes	B.	prestaron atención a algo
_______ **3.** umbral	C.	que se resisten a la autoridad
_______ **4.** hicieron caso	D.	borde

Comprender lo que lees

Escribe la respuesta a cada pregunta.

5. El *Terrible* fue un(a) ________________________________.

6. ¿Por qué piensas que Paine usaba la parte superior de un tambor como escritorio durante la Guerra de Independencia de los Estados Unidos?

____

____

7. Repasa el mapa de la página 94. ¿Cuántos viajes diferentes se muestran en el mapa?

____

8. Resume la contribución de Thomas Paine a la independencia de los Estados Unidos.

____

____

____

Aplicar tus destrezas

Encierra en un círculo la letra de la mejor respuesta para cada pregunta.

9. ¿Cuál de los siguientes sucesos ocurrió último?

A. Paine luchó en la Guerra de Independencia de los Estados Unidos.

B. Paine escribió *La edad de la razón*.

C. Paine conoció a Benjamin Franklin.

D. Paine publicó un panfleto titulado *Sentido común*.

Pasa a la página siguiente.

10. Lee estas oraciones del pasaje.

> "Mientras el barco estaba en el puerto, su padre le rogó que cambiara de parecer sobre hacerse a la mar. Realmente tuvo buen juicio".

¿En qué oración la palabra *juicio* tiene el mismo significado que tiene en la oración de arriba?

A. Los abogados defensores se aseguran de que el acusado tenga un juicio justo.

B. Confío plenamente en el juicio de mi profesor porque tiene experiencia y está muy capacitado.

C. Ya me cansé se tratar de convencer a Carlos. Está totalmente fuera de juicio.

D. Los dentistas dicen que las muelas del juicio pueden doler bastante.

11. ¿Cuál fue la idea principal del panfleto *Sentido común*?

A. Los franceses deberían derrocar a su gobierno.

B. Los animales deben ser tratados de manera justa.

C. Las colonias americanas deberían ser independientes de Gran Bretaña.

D. Los recaudadores de impuestos deberían recibir salarios más altos.

12. John Adams creía que la escritura de Thomas Paine era

A. inspiradora.

B. inútil.

C. confusa.

D. científica.

13. A partir de la información del pasaje, el lector puede concluir que

A. pocas personas comprendieron el significado de *Sentido común.*

B. Paine fue famoso en su época.

C. casi todos los estadounidenses coincidían con las opiniones explicadas en *La edad de la razón.*

D. Paine quería que su país de origen, Inglaterra, ganara la Guerra de Independencia de los Estados Unidos.

14. ¿Con cuál de los siguientes enunciados es *más probable* que coincidiera el autor de este pasaje?

A. Paine ansiaba compartir sus opiniones con el mundo.

B. Paine era codicioso y solo le importaba ganar dinero.

C. Paine era buen escritor, pero le faltaba valentía como soldado.

D. A Paine le costaba concentrarse en una sola cosa a la vez.

Comprueba tus respuestas en las páginas 243 y 244.

JUICIOS HISTÓRICOS

Los textos informativos de Estudios Sociales pueden tratar sobre juicios importantes o significativos que cambiaron la ley o la Constitución de los Estados Unidos. Cuando lees estos tipos de textos de Estudios Sociales, aprendes sobre el gobierno de los Estados Unidos, sobre cómo se hacen y cambian las leyes y sobre las personas que participaron en los juicios.

Este pasaje trata sobre un juicio emblemático que se celebró en 1896.

Vocabulario

apelar

alentar

disentir

violación

Plessy v. Ferguson (1896)

En la causa Plessy v. Ferguson, la Corte Suprema de los Estados Unidos falló sobre el tema de la igualdad de derechos para los afroamericanos. En el fallo, la Corte Suprema confirmó las leyes estatales de segregación en distintos lugares según las personas fueran negras o blancas. El fallo apoyaba la discriminación contra los afroamericanos, que continuó hasta las décadas de 1950 y 1960.

Los datos del caso

En 1890, Luisiana aprobó una ley que imponía la segregación en los vagones de pasajeros de los trenes. Cada tren debía tener un vagón para los pasajeros blancos y otro vagón separado para las personas negras, o sectores separados dentro del mismo vagón.

La ley enfadó a los afroamericanos de Luisiana. Decidieron violar la ley deliberadamente para evaluar su constitucionalidad en los tribunales. En 1892, Homer Plessy —que era en parte afroamericano— entró en un tren de Luisiana y se sentó en el vagón reservado para los blancos.

El guarda le pidió que se pasara al vagón de los afroamericanos. Plessy se negó. Lo arrestaron, enjuiciaron y declararon culpable de violar la ley estatal.

Sala de espera para personas de color

Plessy **apeló** ante la corte suprema del estado. Su abogado alegó que la ley estatal violaba sus derechos, según la Decimocuarta Enmienda de la Constitución, de gozar de todos los privilegios de ser un ciudadano. La corte suprema del estado rechazó su demanda y confirmó el veredicto del juicio. Luego, Plessy apeló ante la Corte Suprema de los Estados Unidos.

▶ **Fotografías** Piensa en cómo la fotografía apoya el texto.

1. ¿Qué muestra la fotografía que aparece junto al pasaje?

____

2. ¿Cómo puedes comprender mejor el pasaje por medio de la fotografía?

____

Comprueba tus respuestas en la página 244.

Sucesos relacionados con el juicio

La causa se inició en medio de un movimiento difundido por todo el sur cuyo objetivo era anular los beneficios que habían obtenido los afroamericanos después de la Guerra de Secesión. La Decimotercera Enmienda, ratificada en 1865, había abolido la esclavitud. La Decimocuarta Enmienda, de 1868, había declarado que los afroamericanos eran ciudadanos. Establecía que los estados no podían negar a nadie "la protección de las leyes que se aplican igualmente para todos".

Sin embargo, pronto los sureños comenzaron a aprobar leyes que despojaban a los afroamericanos de sus derechos. La Corte Suprema de los Estados Unidos dictó muchas sentencias en las décadas de 1870 y 1880 que apoyaban estas leyes sureñas.

El Congreso se ofendió a causa de estas sentencias. Aprobó la Ley de Derechos Civiles de 1875. Esta ley disponía que "todas las personas que estén dentro de la jurisdicción de los Estados Unidos tienen derecho al goce pleno e igualitario [...] de posadas, del transporte público por tierra y agua" y de otros espacios públicos.

La Corte Suprema revocó esta ley en 1883 por ser inconstitucional. Afirmaba que el Congreso había excedido las disposiciones de la Decimocuarta Enmienda porque la nueva ley se aplicaría a los negocios privados. La Decimocuarta Enmienda, decía la Corte Suprema, estaba destinada a aplicarse solo a las acciones estatales.

Estas sentencias **alentaron** a las asambleas legislativas del sur a limitar aún más los derechos de los afroamericanos. La ley de Luisiana de 1890 que exigía la segregación en los vagones ferroviarios fue un ejemplo de muchas leyes de ese tipo.

Secuencia de sucesos Recuerda que la **secuencia** es el orden en que ocurren los sucesos. A veces, un texto comienza relatando un suceso y luego retrocede en el tiempo para explicar otros sucesos que dieron lugar a ese suceso en particular. Puede ser todo un desafío seguir el hilo de la secuencia exacta. Presta atención a las fechas y busca palabras que indiquen el orden cronológico, como *antes*, *después*, *a continuación* o *luego*.

1. ¿La Decimocuarta Enmienda se aprobó antes o después de la causa judicial Plessy v. Ferguson?

A. antes

B. después

2. ¿Luisiana estableció una ley de segregación en los vagones ferroviarios antes o después de que la Corte Suprema invalidara la Ley de Derechos Civiles de 1875?

A. antes

B. después

Comprueba tus respuestas en la página 244.

La sentencia de la Corte Suprema de los Estados Unidos

La Corte Suprema de los Estados Unidos falló, por una mayoría de ocho a uno, en contra de Plessy. La opinión mayoritaria fue escrita por Henry Billings Brown. Esta coincidía en que la Decimocuarta Enmienda era la clave de la causa. La opinión sostenía que, si los espacios destinados a los afroamericanos eran inferiores a los lugares para los blancos, entonces la ley era inconstitucional. Pero la Corte Suprema decía que no era así.

La cuestión, decía Brown, era si la ley era sensata. Llegó a la conclusión de que lo era. La opinión continuaba diciendo que si la ley era vista como un símbolo de discriminación contra los afroamericanos, se debía solamente a que ellos lo sentían así, y no a que esa fuera la intención de la ley. Un solo juez **disentía** de la opinión mayoritaria. Se trataba de John Marshall Harlan de Kentucky. Él había tenido esclavos. Harlan veía en la ley de Luisiana una clara **violación** de la Decimocuarta Enmienda. Harlan escribió:

> *La objeción fundamental [...] a la ley es que interfiere con la libertad personal de los ciudadanos [...] Nuestra constitución no discrimina por color ni tampoco conoce ni tolera la división de clases entre los ciudadanos. Con respecto a los derechos civiles, todos los ciudadanos son iguales ante la ley. El más humilde es el par del más poderoso. La ley contempla al hombre como hombre y no tiene en cuenta su entorno ni su color cuando están implicados sus derechos civiles garantizados por la ley suprema de la nación [...] La pobre farsa de espacios 'iguales' para los pasajeros de los vagones de ferrocarril no engañará a nadie, ni reparará el agravio que se cometió este día.*

El impacto de la sentencia

La disconformidad de Harlan fue elocuente pero pasada por alto. La causa apoyaba la capacidad de los estados para limitar los derechos de los afroamericanos. Los estados de todo el país aprobaron leyes de Jim Crow de segregación racial que exigían la segregación en restaurantes, hoteles y otros espacios públicos. A mediados del siglo XX, cuando la Asociación Nacional para el Progreso de las Personas de Color (NAACP, por sus siglas en inglés) comenzó a desafiar estas leyes, los tribunales federales comenzaron a eliminar la segregación.

▶ **Causa y efecto** En la Prueba de GED® responderás preguntas sobre relaciones de causa y efecto. Recuerda que una **causa** es lo que hace que algo suceda. Un **efecto** es lo que ocurre como resultado de una causa. Cuando lees sobre leyes y causas judiciales, puede haber un gran número de causas y efectos.

1. ¿Qué motivo dio Brown para el fallo de la Corte Suprema en la causa de Plessy v. Ferguson?

____

____

2. ¿Cuál fue uno de los efectos del fallo?

____

Comprueba tus respuestas en la página 244.

Pensar en el texto

Practicar el vocabulario

Las palabras a continuación están en negrita en el texto. Estudia la manera en que se usó cada palabra. Luego, une cada palabra con su significado.

_____ **1.** apeló
_____ **2.** alentaron
_____ **3.** disentía
_____ **4.** violación

A. incumplimiento
B. no estaba de acuerdo
C. incitaron la acción o el crecimiento
D. pidió que se revisara un caso

Comprender lo que lees

Escribe la respuesta a cada pregunta.

5. ¿Por qué el autor incluye el detalle de que John Marshall Harlan había tenido esclavos?

____

6. ¿Qué clave de contexto del pasaje te indica el significado de la palabra *segregación*?

____

7. ¿A qué se refiere el pasaje con "transportes públicos"?

____

8. ¿Qué llevó al Congreso a aprobar la Ley de Derechos Civiles de 1875?

____

Aplicar tus destrezas

Encierra en un círculo la letra de la mejor respuesta para cada pregunta.

9. ¿Por qué la Decimocuarta Enmienda fue importante para los afroamericanos?

A. Abolió la esclavitud en todos los estados.

B. Definió la ciudadanía y protegió sus derechos como ciudadanos.

C. Confirmó que los espacios separados pero iguales eran legales.

D. Declaró que muchas enmiendas previas eran inconstitucionales.

10. ¿Cuál de los siguientes sucesos ocurrió último?

A. el arresto de Homer Plessy

B. la aprobación de las leyes de Luisiana que exigían la segregación en los vagones ferroviarios

C. la aprobación de la Ley de Derechos Civiles de 1875

D. la ratificación de la Decimotercera Enmienda

11. Lee la oración.

"La pobre farsa de espacios 'iguales' para los pasajeros de los vagones de ferrocarril no engañará a nadie, ni reparará el agravio que se cometió este día".

¿De qué otra manera se puede decir *reparará*?

A. esconderá

B. cumplirá

C. compensará

D. ayudará a comprender

12. ¿Cómo contrasta el autor a John Marshall Harlan con los otros jueces de la Corte Suprema?

A. describiendo las cosas que Harlan tenía en común con Henry Billings Brown

B. explicando por qué Harlan no estaba de acuerdo con los otros jueces

C. mostrando cómo se ignoraban las opiniones de Harlan en todas las causas

D. ilustrando que Harlan era un escritor talentoso

13. ¿Cuál era la idea principal de la opinión mayoritaria escrita por Henry Billings Brown?

A. Los afroamericanos y los blancos podían ser obligados a utilizar espacios separados siempre que esos espacios fueran iguales.

B. Un gobierno estatal no tenía el derecho de aprobar leyes que solo se aplicaran a los ciudadanos que vivieran en ese estado en particular o que pasaran por allí.

C. Los negocios privados debían permitir a los afroamericanos y a los blancos trabajar a la par en empleos que brindaran bienes y servicios al público general.

D. El gobierno federal podía determinar las leyes, pero no podía determinar las costumbres, las tradiciones o la conducta social de ningún grupo.

Comprueba tus respuestas en las páginas 244 y 245.

FOLLETOS Y AVISOS PUBLICITARIOS

Vocabulario

hipnotizado

antibiótico

síntoma

alérgico

optimizado

claridad

Los folletos y los avisos publicitarios están diseñados para persuadir a las personas de aceptar ciertas ideas o comprar determinados productos. ¿Debes creer todo lo que lees en un aviso publicitario o un folleto? Desde luego que no. Sin embargo, si lees con atención y usas el sentido común, los avisos publicitarios y los folletos pueden ser buenas fuentes de información.

Es posible que una escuela entregue este folleto para ayudar a los padres a mejorar sus destrezas para la crianza. Mientras lees, intenta identificar la idea principal del folleto.

Exceso de televisión y capacidad de aprendizaje del niño

La televisión acorta el período de concentración del niño.

¿Ha visto televisión con su hijo recientemente? Si la respuesta es sí, sabe que los programas infantiles están repletos de imágenes que duran de dos a tres segundos. La música fuerte, las explosiones y otros efectos de sonido atraen la atención del niño. Muchos niños parecen **hipnotizados** por los colores brillantes y los cortes veloces.

Las historias mismas se dividen en segmentos breves interrumpidos por avisos publicitarios. El niño que ve mucha televisión pierde la capacidad de concentrarse durante períodos de tiempo prolongados. En la escuela, es posible que tenga dificultades para escuchar al maestro mientras lee de principio a fin un cuento sencillo.

La televisión debilita las destrezas del lenguaje del niño.

Haga este experimento. Dedique 15 minutos a escuchar los diálogos en un programa infantil. ¿Qué escucha? Si elimina las imágenes, los efectos de sonido y la música, descubrirá que los personajes se comunican mediante frases cortas y oraciones incompletas. Para aprender un idioma, el niño debe escuchar un lenguaje que tenga un vocabulario rico y una estructura oracional clara. También debe ser capaz de hacer y responder preguntas. Los programas infantiles no suelen ofrecer estos requisitos fundamentales para el aprendizaje del idioma.

La televisión debilita las destrezas de lectura del niño.

En cierto modo, ver televisión es lo opuesto de leer. Para leer un libro se necesitan un período de concentración prolongado, un buen vocabulario y la capacidad de comprender oraciones complejas. La lectura anima al niño a hacer preguntas y usar su imaginación. En cambio, la televisión se encarga de imaginar por el espectador. Si el niño dedica demasiado tiempo a ver televisión, es posible que pierda la capacidad de hacer que un cuento escrito cobre vida en su mente.

▶ **Hallar la idea principal** La **idea principal** de un folleto es la idea más importante. A menudo, el título y los encabezados de las diferentes secciones sugieren la idea principal. ¿Qué enunciado expresa *mejor* la idea principal del folleto?

A. Ver televisión en exceso puede dificultar el aprendizaje del niño.

B. Ver televisión en exceso puede hacer que el niño olvide cómo leer.

 Comprueba tu respuesta en la página 245.

Los folletos se suelen usar para dar información. Es posible que en una farmacia o en el consultorio de tu médico hayas visto folletos sobre temas relacionados con la salud como el que se muestra a continuación.

Datos sobre los antibióticos

¿Alguna vez tomaste **antibióticos** a causa de un dolor de oído? Es posible que después de algunas dosis, tu oído haya dejado de doler. Y después de algunas dosis más, es posible que te hayas sentido completamente curado. Tal vez dejaste de tomar el medicamento porque pensaste en guardarlo por si te volvías a enfermar. Aunque esta decisión parece razonable, los médicos alertan que esto podría afectar negativamente la salud.

Los antibióticos se recetan para combatir infecciones. Los dolores de garganta y de oído, entre otros **síntomas**, pueden ser el resultado de un crecimiento de bacterias en el cuerpo. Mientras los antibióticos luchan para destruir las bacterias, estas luchan para fortalecerse. Si no tomas el medicamento completo, es posible que las bacterias no se destruyan por completo. La infección podría volver a aparecer al poco tiempo, mucho más fuerte que antes.

Respeta siempre las indicaciones de tu médico. Pregunta a tu médico o farmacéutico el propósito del medicamento. Averigua exactamente qué debes hacer para que el tratamiento funcione. Los antibióticos ayudan solamente si los tomas en el momento adecuado y en la cantidad justa.

Sigue estos consejos:

- Toma todas las dosis indicadas aunque empieces a sentirte mejor.
- Toma el medicamento a la misma hora todos los días. Crea un horario. Si olvidas tomar una dosis, hazlo tan pronto lo recuerdes. Luego, vuelve a seguir el horario.
- Respeta las indicaciones especiales. Algunos antibióticos deben tomarse con alimentos o leche. Otros deben tomarse con el estómago vacío.
- Pregunta qué medicamentos, alimentos o bebidas debes evitar mientras tomas el medicamento que te recetaron.
- Algunas personas pueden ser **alérgicas** a determinados antibióticos. Pregunta a tu médico o farmacéutico cuáles son los efectos secundarios. Informa de inmediato a tu médico si observas un sarpullido o experimentas dificultades para respirar.

▶ **Identificar detalles fácticos** Los detalles de un folleto apoyan la idea principal o el propósito del folleto. Los detalles son datos o hechos relacionados con el tema. Los **detalles fácticos** responden preguntas sobre quién, qué, cuándo, dónde, por qué y cómo. El folleto de esta página da detalles sobre por qué es importante seguir cuidadosamente las indicaciones cuando se toman antibióticos.

1. Vuelve a leer el segundo párrafo. ¿Por qué debes seguir tomando los medicamentos que te recetó tu médico aunque ya te sientas bien?

A. Los antibióticos pueden eliminar las bacterias que provocan dolores de garganta y de oído.

B. Es posible que no se destruyan todas las bacterias si no tomas todo el medicamento.

2. Vuelve a leer la lista de consejos. ¿Qué debes hacer si olvidaste tomar una dosis de un medicamento?

A. Tomar dos dosis la vez siguiente.

B. Tomarla apenas lo recuerdes.

 Comprueba tus respuestas en la página 245.

Hay avisos publicitarios en todas partes. Puedes verlos en vallas publicitarias, periódicos, Internet, estadios, paradas de autobús y hasta dentro de los mismos autobuses. Es posible que hayas visto avisos como el que se muestra a continuación en una revista. Mientras lees, piensa cómo el autor intenta persuadirte de comprar el producto.

¡Usted merece lo mejor que la tecnología tiene para ofrecer!

¡Presentamos una versión optimizada del galardonado Reproductor de WAVE-AUDIO de MicroTech!

No se parece en nada a los demás reproductores de CD y MP3. Es exactamente lo que espera de MicroTech.

¡Ya está aquí! El nuevo Reproductor de WAVE-AUDIO **optimizado** de MicroTech. Cuando lo que importa es el sonido de alta calidad, confíe en MicroTech. Sabemos que busca tonos agudos nítidos y tonos graves cálidos. Le ofrecemos todo eso en un producto de diseño elegante, delgado y futurista. Llevamos sus sugerencias a nuestro laboratorio de sonidos y creamos el Reproductor de WAVE-AUDIO optimizado. Nuestro reproductor de CD y MP3 compacto ocupará solamente 18 por 22 pulgadas de su mesa, aunque su sonido puede llenar una sala de conciertos.

Viene equipado con un motor de audio C400 único en el mercado. ¡No querrá volver a escuchar música con ningún otro reproductor! Sea el primero de sus amigos en tener el reproductor que *El Mundo de la Música* llamó "el invento del año".

Viva la experiencia del Reproductor de WAVE-AUDIO optimizado en su distribuidor local o visite www.microtech.com hoy mismo. Se maravillará con una **claridad** de sonido que jamás había ofrecido un reproductor tan pequeño.

▶ **Comprender las técnicas persuasivas** Un aviso publicitario es un tipo de escritura persuasiva. En los textos persuasivos, los autores suelen aplicar **técnicas persuasivas,** como usar palabras muy emotivas, para convencerte de aceptar un determinado punto de vista. Lee los avisos publicitarios con atención para poder diferenciar los hechos de las afirmaciones emotivas sobre el producto.

1. ¿Cuáles son dos de las frases que intentan despertar las emociones del lector?

A. ¡Usted merece lo mejor!

B. Sea el primero de sus amigos en tener uno.

C. Nuestro diseño compacto ocupa muy poco espacio.

2. ¿Cuál de estas afirmaciones probablemente sea verdadera?

A. *El Mundo de la Música* llamó a este reproductor "el invento del año".

B. ¡No querrá volver a escuchar música con ningún otro reproductor!

 Comprueba tus respuestas en la página 245.

Pensar en los textos

Practicar el vocabulario

Las palabras a continuación están en negrita en los textos. Estudia la manera en que se usó cada palabra. Luego, completa cada oración con la palabra correcta.

hipnotizados	**antibióticos**	**síntomas**
alérgicas	**optimizado**	**claridad**

1. Como sus hijas estornudaron varias veces, la madre decidió que ellas podrían ser ______________ a los gatos.

2. El nuevo jabón para lavar ropa con fórmula mejorada tiene un poder de limpieza ______________.

3. Los/Las ______________ del paciente son fiebre y dolor de garganta.

4. Mis nuevos anteojos me permiten ver con mayor ______________.

5. Los niños parecían estar ______________ por las luces parpadeantes de los carros de la policía.

6. Los medicamentos que combaten las infecciones se llaman ______________.

Comprender lo que lees

Escribe la respuesta a cada pregunta.

7. Observa el folleto de la página 102. ¿Cuáles son dos de los motivos para limitar la cantidad de tiempo que dedica un niño a ver televisión?

____

8. Según el folleto de la página 102, ¿qué oirás cuando escuches el diálogo en un programa de televisión infantil?

____

9. Observa el folleto de la página 103. ¿Cómo actúan los antibióticos para eliminar algunos dolores de garganta y de oído?

____

10. Observa el aviso publicitario de la página 104. ¿Cuáles son dos de las afirmaciones sobre el reproductor de CD y MP3 que se hacen en el aviso?

____

Pasa a la página siguiente.

Aplicar tus destrezas

▶ **Encierra en un círculo la letra de la mejor respuesta para cada pregunta.**

11. Observa el folleto de la página 102. ¿Qué enunciado expresa *mejor* la idea principal del tercer párrafo?

A. Ver televisión puede debilitar las destrezas del lenguaje del niño.

B. Los niños suelen comunicarse con frases cortas y oraciones incompletas.

C. La televisión promueve el uso de la imaginación en los niños.

D. Los niños que ven televisión suelen tener períodos de concentración más largos.

12. Observa el folleto de la página 103. Según la lista de consejos, ¿cuál de estos enunciados sobre los antibióticos es verdadero?

A. Los antibióticos nunca deben tomarse con leche.

B. Debes dejar de tomar antibióticos tan pronto como tu dolor de garganta mejore.

C. Si te recuperas rápido, siempre desecha las pastillas que te hayan quedado.

D. Para que los antibióticos funcionen correctamente, debes tomarlos siguiendo un horario.

13. Observa el aviso publicitario de la página 104. ¿Cuál de estas frases persuasivas del aviso incluye un hecho sobre el reproductor de CD y MP3?

A. ¡Usted merece lo mejor que la tecnología tiene para ofrecer!

B. No se parece en nada a los demás reproductores de CD y MP3.

C. Cuando lo que importa es el sonido de alta calidad, confíe en MicroTech.

D. Nuestro reproductor de CD y MP3 compacto ocupará solamente 18 por 22 pulgadas de su mesa, aunque su sonido puede llenar una sala de conciertos.

Conectar con los textos

▶ **Escribe tu respuesta a cada pregunta.**

14. Piensa en un producto, como ropa, champú o cera para carros, que hayas comprado basándote en la información que leíste o escuchaste en un aviso publicitario. ¿Cómo te convenció el aviso de probar el producto? ¿Piensas que las afirmaciones que se hacían en el aviso eran verdaderas? ¿Por qué?

____

____

15. ¿Piensas que ver mucha televisión es malo para los adultos? ¿Por qué?

____

____

 Comprueba tus respuestas en la página 245.

FORMULARIOS Y DOCUMENTOS

Vocabulario

especificar

referencia

autorizar

certificar

constituir

introductorio

Los **formularios** son una forma de reunir y organizar información. Como empleado, ciudadano y consumidor, usas muchos tipos diferentes de formularios.

Los **documentos** están diseñados para comunicar información oficial o legal. Si lees y firmas un documento, estás de acuerdo con los términos que aparecen en él. Lee siempre los documentos detenidamente antes de firmarlos.

Cuando deseas obtener un empleo, generalmente debes completar un formulario de solicitud. Ya sea que debas completar la solicitud en línea o en forma impresa, la información que incluyas permitirá que otros conozcan más fácilmente tus destrezas y tomen una decisión sobre la contratación.

Solicitud de empleo

Sección 1: Información general Use tinta negra. Escriba respuestas precisas y completas.

Nombre (primero) (segundo) (apellido)	Número de Seguro social	Fecha
Dirección (calle, ciudad, estado, código postal)	Número de teléfono del domicilio	Número de teléfono celular
¿Tiene al menos 18 años de edad? Sí ☐ No ☐ Si no, ¿tiene un permiso de trabajo? Sí ☐ No ☐	¿Tiene evidencia de ciudadanía estadounidense o una visa estadounidense de residencia permanente? Sí ☐ No ☐	
Puesto deseado	Marque uno: Tiempo completo ☐ Medio tiempo ☐ A corto plazo ☐ Otros ☐	
Disponibilidad para trabajar: Cualquier horario ☐ Cualquier día ☐ Otros ☐ Por favor **especifique**:		

Sección 2: Experiencia laboral: Enumere sus empleos previos en orden. Comience con su empleador más reciente. Escriba su experiencia de trabajo adicional en una hoja aparte.

Fechas Desde	Hasta	Nombre y dirección del empleador	Puesto	Jornal o salario	Razón por la cual dejó de trabajar
		Compañía: Dirección: Supervisor:			
		Compañía: Dirección: Supervisor:			

Sección 3: Referencias Enumere dos **referencias**. No incluya familiares, personas empleadas en esta compañía, ni empleadores anteriores.

Nombre	Número de teléfono	Ocupación
Nombre	Número de teléfono	Ocupación

▶ **Comprender la organización** Para completar un formulario necesitas comprender cómo está **organizado**. La mayoría de los formularios están divididos en secciones. Cada sección tiene su propio tema o propósito. Busca los encabezados y las instrucciones. Usa las líneas o las casillas que separan las secciones para entender cómo está organizado el formulario.

Lee los encabezados y las instrucciones de las Secciones 2 y 3. ¿En qué sección mencionarías a un antiguo profesor?

A. Sección 2: Experiencia laboral

B. Sección 3: Referencias

Comprueba tu respuesta en la página 245.

Si tienes seguro de salud o un plan dental, es posible que tengas que completar formularios de solicitud de reembolsos. A menudo es tu empleador quien te da estos formularios. Siempre lee detenidamente los formularios de seguros. Es posible que el reembolso no se pague si el formulario se completó en forma incorrecta.

Formulario de reembolso de plan dental grupal

Instrucciones para el empleado

1. Por favor escriba a máquina o con letra imprenta; use tinta negra.
2. Por favor responda todas las preguntas de las casillas 1 a 12.
3. Firme y coloque la fecha en la "Autorización para brindar información" de la línea 13.
4. Si desea que sus beneficios se paguen directamente al odóntologo, firme y escriba la fecha en la línea 14.
5. Firme y escriba la fecha en la declaración certificada de la línea 15.
6. Adjunte este formulario a su factura y envíelo a Dental Health, Inc.

1. Nombre del paciente	2. Relación con el empleado Empleado ☐ Cónyuge ☐ Hijo ☐ Otro ☐	3. Sexo M ☐ F ☐	4. Fecha de nacimiento del paciente (m/d/a)
5. Nombre del empleado (primero, segundo, apellido)	6. Número de Seguro social del empleado	7. Fecha de nacimiento del empleado (m/d/a)	
8. Dirección del empleado (calle, ciudad, estado, código postal)			
9. Número de cuenta / póliza	10. Nombre y dirección del empleador		
11. ¿El paciente está cubierto por otro plan dental? Sí ☐ No ☐	12. Si es así, por favor indique: Nombre del plan dental:	Número de grupo:	
13. *Autorización para divulgar información* – **Autorizo** la divulgación de cualquier información sobre mi historial odontológico o este tratamiento al Asegurador con el propósito de determinar los beneficios a pagar.	Firma del paciente o padre	Fecha	
14. *Autorización para pagar beneficios al odontólogo* – Autorizo el pago de los beneficios a mi odontólogo en forma directa.	Firma del empleado	Fecha	
15. *Certificación* – **Certifico** que la información provista es verdadera y correcta.	Firma del empleado	Fecha	

▶ **Comprender instrucciones** Lee siempre las **instrucciones** antes de completar un formulario. Las instrucciones pueden estar escritas al comienzo o al final del formulario, o incluso en el reverso de la hoja. Cuando las instrucciones se refieren a una línea o casilla específicas, busca ese lugar en el formulario y piensa qué información pondrás allí.

Algunas instrucciones aparecen dentro del mismo formulario. La casilla 5 de este formulario se completa con el nombre del empleado. Las instrucciones que están entre paréntesis indican cómo escribir el nombre. Algunas instrucciones contienen abreviaturas. En la casilla 3, la letra *M* significa *masculino* y la *F* significa *femenino*. En la casilla 4 las letras *m/d/a* significan *mes, día* y *año*.

1. Observa la casilla 4. ¿Qué fecha debes escribir?
A. la fecha de hoy B. la fecha de nacimiento del paciente

2. Repasa las instrucciones que están al principio de la página. ¿Todos los pacientes deben firmar las líneas 13, 14 y 15?
A. sí
B. no

 Comprueba tus respuestas en la página 245.

Las compañías de tarjetas de crédito envían todo tipo de ofertas por correo. Una vez que aceptas una oferta, la compañía te enviará un documento legal que explica exactamente las responsabilidades que tienes con la compañía. Lee estos documentos cuidadosamente antes de firmarlos. Asegúrate de comprender lo que estás acordando.

CONTRATO DE TARJETA DE CRÉDITO: Entiendo que el uso de la tarjeta de crédito adjunta **constituirá** mi aceptación de los términos y condiciones que se enumeran a continuación.

TÉRMINOS Y CONDICIONES

A. Tasa de porcentaje anual

Con una transferencia de saldo desde otra cuenta de tarjeta de crédito: Acuerdo pagar una tasa **introductoria** del 5.9% por las compras y transferencias de saldo durante los primeros seis meses desde la apertura de la cuenta; luego, aplica una tasa del 12.9% sobre las compras y transferencias de saldos.

Sin una transferencia de saldo inicial: Acuerdo pagar una tasa fija del 12.9% por las compras y transferencias de saldos; la tasa por adelantos en efectivo es del 19.9%.

B. Atrasos

Si el pago se recibe en forma atrasada una vez durante el período introductorio, la tasa por las compras y transferencias de saldos se ajustará al 12.9%. Si el pago se recibe en forma atrasada dos veces durante cualquier período de seis meses, una tasa anual del 19.9% entrará en efecto en forma inmediata.

C. Período de gracia

Siempre que el último saldo haya sido abonado en forma completa, existirá un período de gracia de 20 a 25 días desde la fecha de la facturación para pagar cualquier saldo en concepto de compras. Si el pago se realiza durante el período de gracia, no se cobrará interés.

D. Cargos anuales

No hay.

E. Cargos de transacción por adelantos en efectivo

Si utiliza su tarjeta para solicitar efectivo en préstamo, se le cobrará un cargo del 3% del monto de cada adelanto en efectivo, pero no menor que $5 ni mayor que $45.

▶ **Usar las claves del contexto para comprender el significado** Los documentos a menudo contienen términos desconocidos. Cuando encuentras una palabra que no conoces, primero lee las palabras y frases que están cerca. Estas palabras que están cerca son las **claves de contexto**, y pueden ayudarte a comprender el significado de la palabra desconocida.

1. Vuelve a leer la sección C. Según las claves de contexto, ¿cuál es el significado de la expresión *período de gracia*?

A. un período de tiempo en el cual al cliente no se le cobrarán intereses

B. un período de tiempo en el cual el cliente pagará una tasa de interés menor

2. Vuelve a leer la sección A. Según las claves de contexto, ¿qué es una "transferencia de saldo"?

A. cambiar un monto de dinero que se debe a una tarjeta de crédito de esta a otra tarjeta

B. cambiar el monto de interés que se debe después de que termina el período introductorio

 Comprueba tus respuestas en la página 245.

Pensar en los textos

Practicar el vocabulario

Las palabras a continuación están en negrita en los textos. Estudia la manera en que se usó cada palabra. Luego, completa cada oración con la palabra correcta.

autorizo	**certifico**	**constituirá**
introductoria	**referencias**	**especifique**

1. No cumplir con una regla del club ______________ el fin de su membresía.

2. Cuando solicitó el trabajo, Pat enumeró dos amigos como ______________.

3. Un cliente se quejó de que había una cifra incorrecta en su factura. Por favor pídale que ______________ qué cifra es incorrecta.

4. Después de recibir su tarjeta de crédito, habrá una etapa ______________ de tres meses en la que no pagará intereses.

5. ¿Cómo ______________ una transferencia monetaria por teléfono? ¿Solo debo indicar mi número de cuenta y código de seguridad?

6. Al firmar un formulario de solicitud de empleo, ______________ que la información que brindé en el formulario es verdadera.

Comprender lo que lees

Escribe la respuesta a cada pregunta.

7. Lee la Sección 1 de la Solicitud de empleo de la página 107. ¿Quién debería responder la pregunta "¿Tiene un permiso de trabajo?"?

____

8. Observa el formulario de la página 108. ¿Cuál es el propósito de la casilla 2?

____

9. ¿Por qué la casilla 13 del Formulario de reembolso de plan dental grupal debe completarse con una firma?

____

10. Lee la sección B del Contrato de tarjeta de crédito de la página 109. ¿Qué hará que la tasa de interés del usuario de la tarjeta de crédito aumente al 19.9%?

____

Aplicar tus destrezas

Encierra en un círculo la letra de la mejor respuesta para cada pregunta.

11. Observa el formulario de Solicitud de empleo de la página 107. ¿Qué información incluirías en la Sección 2?

A. si buscas un empleo de tiempo completo o de medio tiempo

B. la ocupación de una de tus referencias

C. cuánto dinero ganabas en tu último empleo

D. si tienes un permiso de trabajo

12. Observa el Formulario de reembolso de plan dental grupal en la página 108. Según las instrucciones, ¿qué debe hacer el empleado para indicar a la compañía aseguradora que envíe el pago directamente al odontólogo?

A. El empleado debe completar las casillas 1 a 4.

B. El empleado debe firmar y poner la fecha en la línea 14.

C. El empleado debe tildar "Sí" en la casilla 11.

D. El empleado debe adjuntar el formulario a la factura odontológica.

13. Lee la sección E del Contrato de tarjeta de crédito de la página 109. ¿Qué clave de contexto sirve para conocer el significado de la expresión *adelanto en efectivo*?

A. se le cobrará un cargo

B. durante los primeros seis meses desde la apertura de la cuenta

C. si el pago se realiza durante el período de gracia

D. si utiliza su tarjeta para solicitar efectivo en préstamo

Conectar con los textos

Escribe tu respuesta a cada pregunta.

14. Imagina que tienes un amigo que comienza una búsqueda laboral. ¿Qué consejos le darías sobre cómo completar solicitudes de empleo?

____

____

____

15. ¿Crees que las compañías deberían esforzarse más por escribir los documentos en un lenguaje cotidiano? Explica tu respuesta.

____

____

____

Comprueba tus respuestas en las páginas 245 y 246.

MANUALES Y GUÍAS

Vocabulario

de prueba

reincorporado

candidato

desperfecto

pegar

contaminado

Por lo general, los manuales y las guías no se leen de principio a fin. Se usan, en cambio, para hallar información específica. Para averiguar las normas de etiqueta de tu empresa, tendrías que consultar la guía del empleado para ese tema en particular. Para averiguar cómo programar la hora en tu horno de microondas, tendrías que consultar el manual del usuario para ese procedimiento en particular.

La mayoría de los lugares de trabajo tienen una guía del empleado que explica las políticas de personal de la empresa. A los empleados se les suele dar una copia de la guía cuando comienzan a trabajar.

Políticas de personal

Período de prueba

Sus primeros seis meses de empleo son un período **de prueba**. Durante este tiempo, su supervisor trabaja de cerca con usted para que pueda aprender sus funciones. Después de seis meses, su supervisor le hará una evaluación escrita. Si su trabajo es satisfactorio para este período de seis meses, pasa a ser un empleado permanente con beneficios en asistencia médica y de retiro.

Beneficios en asistencia médica

Como empleado permanente, tiene derecho a afiliarse a un plan de salud médico y odontológico. Su supervisor le dará un cuadernillo en el que se explican los distintos planes de seguro grupal disponibles para los empleados permanentes. Por favor, elija un plan de salud y diríjase a la Oficina de Recursos Humanos, Sala 201, para completar la documentación necesaria.

Tipos de licencia

1. Licencia por enfermedad: Cada empleado permanente a tiempo completo obtiene ocho horas de licencia por enfermedad al mes. Para empleados a tiempo parcial, la licencia por enfermedad se basa en la cantidad habitual de horas asignadas para trabajar. Puede usar una licencia por enfermedad para cualquier enfermedad, por embarazo, o por visitas al médico o dentista. También puede acceder a una licencia por enfermedad cuando hay un caso de enfermedad entre sus familiares directos (padre, madre, hermano, hermana, esposo, esposa, hijo o hija).
2. Licencia por maternidad: Se le puede otorgar licencia por maternidad si piensa regresar al trabajo tan pronto como lo permita su médico. Por ley, si regresa al trabajo dentro de los cuatro meses de iniciada su licencia, debe ser **reincorporada** en el cargo que tenía antes de la licencia.
3. Licencia familiar: Después de un año de empleo, es **candidato** a gozar de licencia familiar para ocuparse de asuntos familiares urgentes. La licencia familiar se limita a cuatro meses durante un período de veinticuatro meses.
4. Licencia por vacaciones: Los empleados a tiempo completo reciben diez horas de licencia por vacaciones por cada mes trabajado, con un máximo de 15 días por año. La licencia por vacaciones de empleados a tiempo parcial se basa en la cantidad promedio de horas trabajadas por mes. La licencia por vacaciones debe ser autorizada por su supervisor.

▶ Usar títulos y subtítulos Un **título** es el encabezamiento de una sección. Expresa la idea principal de la sección. Los **subtítulos** dividen la sección principal en partes más pequeñas.

1. ¿Cuál de las siguientes es una clase de licencia descrita en esta guía del empleado?

A. Licencia familiar B. Licencia sin goce de sueldo

2. ¿La sección correspondiente a qué título mirarías para averiguar acerca de tus beneficios en materia odontológica?

A. Licencia por enfermedad B. Beneficios en asistencia médica

Comprueba tus respuestas en la página 246.

La mayoría de los artículos electrónicos vienen con un manual. El manual brinda instrucciones de uso y explica lineamientos de seguridad.

Manual para usar su nuevo reproductor de DVD

Gracias por adquirir este producto PARKER ELECTRONICS. Por favor, lea detenidamente estas instrucciones para usar correctamente su reproductor de DVD. Una vez que termine de leer las instrucciones, consérvelas para referencia futura.

Insertar las baterías en el control remoto

Al presionar la cubierta posterior, jale hacia afuera en el sentido que indica la flecha e inserte baterías PR6 de celdas de alta seguridad. Asegúrese de que coincidan los signos de positivo (+) y negativo (–) de las baterías con los signos de positivo y negativo dentro del compartimento de las baterías.

Manipular los discos

- Nunca reproduzca un disco rayado o combado. Esto podría dañar el reproductor o generarle un **desperfecto.** Asimismo, evite **pegar** papel o sellos en el disco.
- Guarde los discos con cuidado. Si guarda los discos apilados uno sobre otro, pueden combarse incluso si están dentro de su estuche.
- Las huellas digitales en el disco pueden afectar la calidad de las imágenes. Para quitar suciedad o huellas digitales, limpie suavemente desde el centro del disco hacia los bordes exteriores. Nunca limpie el disco con movimientos circulares.

Usar el reproductor de DVD

Presione el botón START (INICIO) para que salga la bandeja del disco. Luego, cargue el disco con el lado de la etiqueta hacia arriba, valiéndose de la guía de la bandeja del disco para alinearlo. Presione START nuevamente para cerrar la bandeja del disco. La reproducción comenzará automáticamente.

▶ **Ojear y dar un vistazo para hallar información** **Ojear** significa revisar el texto para determinar la idea principal. **Dar un vistazo** significa mirar rápidamente el texto en busca de detalles específicos, como números, fechas, cantidades y palabras importantes. Los manuales y las guías suelen dividirse en secciones o capítulos. Cada una de estas secciones tiene un título. Si sabes cuál es la información que deseas buscar en un manual o una guía, puedes revisar dentro del título de la sección que necesitas.

1. Según este manual, ¿de qué tamaño son las baterías que se necesitan para el control remoto?

A. PR6

B. D-cell

2. Según este manual, ¿cuál es el modo adecuado de quitar huellas digitales de un disco DVD?

A. limpiar el disco con movimientos circulares

B. limpiar el disco desde el centro hacia los bordes exteriores

Comprueba tus respuestas en la página 246.

Todo lugar de trabajo, incluso una oficina, tiene procedimientos de seguridad que ayudan a los empleados a manejarse en situaciones de emergencia. Los procedimientos de seguridad pueden publicarse en tableros de anuncios o guardarse en cuadernos especiales para uso del empleado. Los procedimientos de seguridad que aparecen a continuación podrían encontrarse en una guía de procedimientos de emergencia para un centro de salud, un centro comunitario o una oficina escolar.

LIMPIEZA DE DERRAMES RELACIONADOS CON ENFERMEDADES O HERIDAS

Objetivo: Evitar la propagación de enfermedades en el lugar de trabajo.

Información general: Para aquellos fluidos que puedan contener sangre o derivados de la sangre, se requieren procedimientos de manipulación y limpieza especiales. El personal capacitado debe limpiar todo el equipamiento y superficies de trabajo que hayan entrado en contacto con sangre o materiales peligrosos.

Siga los siguientes procedimientos de limpieza:

Paso 1: Colóquese ropa y equipamiento de protección adecuados, incluidos guantes de vinilo, máscara con filtro y/o protector facial, y delantal plástico u overol desechable.

Paso 2: Limpie cualquier fluido con papeles toalla y deséchelos en una bolsa de basura de color rojo con el símbolo de advertencia de riesgo biológico (que se muestra a la derecha).

Paso 3: Limpie primero todas las áreas y materiales **contaminados** con jabón y agua.

Paso 4: Siga con una solución de lejía nueva (1 parte de lejía en 9 partes de agua fría).

Paso 5: Deje descansar la solución de lejía sobre la superficie contaminada durante 5 a 10 minutos. Luego enjuague profundamente el área con agua para evitar daños a la superficie debido a la lejía.

Nota: Si el derrame ocurre afuera, use una manguera con el agua abierta por completo para lavar el área completamente.

Paso 6: Si para la limpieza se usaron trapeadores, escobas, palas recogedoras u otros instrumentos, enjuáguelos con la solución de lejía.

Para más información, comuníquese con el Departamento de Salud y Seguridad Ambiental.

▶ **Seguir una secuencia de pasos** Un procedimiento es una manera de hacer algo. La mayoría de los procedimientos constan de una serie de pasos que deben seguirse para lograr un resultado deseado. Por lo general, los pasos deben seguirse en un orden determinado, o **secuencia**. Cuando leas un procedimiento, asegúrate de comprender la secuencia de pasos. Ciertos pasos pueden contener una o más tareas relacionadas. A medida que leas, trata de imaginarte en cada acción. Intenta comprender por qué la secuencia es de esa manera.

1. ¿Qué enunciado describe la secuencia correcta de pasos para limpiar un derrame relacionado con enfermedades o heridas?

A. Después de limpiar la superficie contaminada con papeles toalla, colóquese ropa de protección.

B. Después de colocarse ropa de protección, limpie la superficie contaminada con papeles toalla.

2. ¿Cuándo debería usarse la solución de lejía?

A. antes de limpiar el área con jabón y agua

B. después de limpiar el área con jabón y agua

 Comprueba tus respuestas en la página 246.

Pensar en los textos

Practicar el vocabulario

Los términos a continuación están en negrita en los textos. Estudia la manera en que se usó cada término. Luego, completa cada oración con el término correcto.

contaminados	**candidato**	**desperfecto**
de prueba	**reincorporada**	**pegar**

1. Cuando un reproductor de MP3 no se carga correctamente, hay un(a) ______________ en el mecanismo de la batería.
2. El trabajo del nuevo empleado durante el período ______________ fue bueno.
3. Antes de enviar la carta, debes ______________ una estampilla en el sobre o, de lo contrario, el correo no la entregará.
4. Las bacterias del pollo crudo dejaron los azulejos de la cocina ______________.
5. Después de dos años, serás ______________ para nuestro plan de retiro.
6. Después de tomarse una licencia para cuidar a su anciano padre, Kyle fue ______________ en su antigua función.

Comprender lo que lees

Escribe la respuesta a cada pregunta.

7. Observa las Políticas de personal de la página 112. Después de seis meses, ¿de qué manera un supervisor le dará una opinión de su desempeño a un empleado nuevo?

____

8. Según las Políticas de personal, ¿cuándo puede un empleado acceder a la licencia por enfermedad?

____

____

9. Observa el manual de DVD de la página 113. ¿Qué razón se da para explicar por qué los discos de DVD no deberían guardarse apilados uno sobre otro?

____

Pasa a la página siguiente.

Aplicar tus destrezas

Encierra en un círculo la letra de la mejor respuesta para cada pregunta.

10. Observa las Políticas de personal de la página 112. Tu amiga necesita ayudar a su madre a mudarse a un hogar de ancianos. Quiere averiguar cuánto tiempo puede tomarse de licencia sin perder su trabajo. ¿La sección correspondiente a qué título le dirías a tu amiga que mire para hallar la información que necesita?

A. Período de prueba

B. Beneficios en asistencia médica

C. Licencia por maternidad

D. Licencia familiar

11. Da un vistazo al manual de DVD de la página 113. ¿Cuál es el modo adecuado de insertar las baterías en el control remoto?

A. asegurarse de que los signos de positivo y negativo de ambas baterías apunten en la misma dirección

B. asegurarse de que los signos de positivo de las baterías apunten en direcciones opuestas

C. alinear los signos de positivo y negativo de las baterías y del compartimento de las baterías

D. asegurarse de que las celdas de alta seguridad de las baterías apunten en la misma dirección

12. Observa los procedimientos de seguridad de la página 114. Una niña pequeña en una guardería se corta el labio. Una pequeña cantidad de sangre cae sobre una mesa. Una vez que el empleado de la guardería se coloque guantes y limpie la mesa con papeles toalla, ¿qué debe hacer luego?

A. limpiar la mesa con jabón y agua

B. sacar la mesa afuera y lavarla con una manguera de jardín

C. hacer una solución nueva de lejía

D. desechar los papeles toalla en una bolsa de basura de color rojo

Conectar con los textos

Escribe tu respuesta a cada pregunta.

13. Imagina que estás comenzando un nuevo trabajo. Tu supervisor te da una guía del empleado de 100 páginas. ¿Deberías leer toda la guía? Explica tu respuesta.

____

____

14. Si estuvieras escribiendo el manual de instrucciones perfecto, ¿qué elementos (como dibujos o pasos) incluirías?

____

____

 Comprueba tus respuestas en las páginas 246 y 247.

DOCUMENTOS JURÍDICOS

Vocabulario

citado

exento

retenido

incurrir

potencial

responsabilidad

Los **documentos jurídicos** reproducen contratos específicos entre las personas. Detallan con precisión lo que cada persona, o parte, está obligada a hacer. Como estos documentos te obligan legalmente a hacer algo, es muy importante que los leas con atención antes de firmarlos. Algunos ejemplos de documentos jurídicos comunes son: préstamos automotores, créditos hipotecarios y contratos de trabajo.

Muchas personas reciben un documento oficial en el que se les informa que deben presentarse como miembros de un jurado. Este documento, que se llama citatorio, en general llega al correo de un votante inscrito.

Citatorio judicial

Por medio del presente, se le notifica que usted ha sido **citado** para formar parte del jurado del Tribunal del Condado de Bell, Texas. Debe presentarse en los tribunales de Lakesville el día 18 de octubre de 2014 a las 9:00 a. m. *A menos que estos tribunales le notifiquen que no es necesaria su asistencia, si no se presenta, usted será declarado en desacato al tribunal y se le cobrará una multa de hasta quinientos dólares ($500.00) más gastos judiciales.*

Boletín informativo del Servicio de jurados

Felicitaciones, usted ha sido seleccionado miembro del jurado del condado de Bell. Su servicio es esencial para la administración de la justicia, y su participación es muy valorada por los jueces, los abogados y las partes.

Duración del servicio: Su función durará 5 días. No se exigirá su presencia en los tribunales todos los días, pero deberá llamar cada día a las 8:00 a. m. y una grabación le informará si es necesaria su presencia.

Retribución por parte de los tribunales: El miembro del jurado recibirá $40 por cada día de asistencia.

Exención de servicio: Un miembro del jurado solo estará **exento** de prestar el servicio si el obrar como tal le causare dolencias físicas o dificultades financieras excesivas o extremas. Un miembro del jurado puede ser exceptuado de sus funciones si padece alguna condición mental o física que le impida ejercer dicha función, o si el jurado:

(1) tuviera que abandonar a una persona que está bajo su cuidado o supervisión por la imposibilidad de contar con un sustituto apropiado para su cuidado durante el período en que se requiere su participación en el grupo de potenciales jurados o del jurado seleccionado;

(2) tuviera que **incurrir** en gastos que impacten negativamente en su medio de vida o en el de aquellos para los que el jurado es su principal fuente de manutención;

(3) sufriera dolencias físicas que pudieran derivar en enfermedad o discapacidad; o

(4) se viera privado de remuneración debido a que el empleador del potencial jurado no está obligado por ley a remunerar a los jurados y se niega a hacerlo voluntariamente.

▶ **Usar claves de contexto** Recuerda que las **claves de contexto** te pueden ayudar a comprender el significado de las palabras desconocidas. En la sección "Exención de servicio", ¿cuál de las siguientes opciones da una clave para saber el significado de la palabra *exento?*

A. dolencias

B. exceptuado de

Comprueba tu respuesta en la página 247.

Las personas que compran carros nuevos a menudo ofrecen sus carros usados como parte del pago. Lee el siguiente fragmento de un documento jurídico que detalla el contrato entre el vendedor (el comerciante de carros) y la persona que ofrece su carro usado como parte del pago (el comprador del carro nuevo).

Contrato de compraventa con toma de carro usado como parte del pago

El valor del carro que se entrega en el canje y que figura en la primera página de este documento se basa en la *Guía de carros usados* de la Asociación Nacional de Concesionarias de Vehículos o en cualquier guía aprobada por la Comisión de Vehículos Motorizados. Este valor podría ajustarse según el millaje, las mejoras realizadas o cualquier desperfecto mecánico de importancia.

Acepto los siguientes términos:

El saldo del canje puede variar. Acepto que, si al momento de hacer entrega de mi vehículo al vendedor, el valor de mi carro hubiera disminuido como consecuencia de un daño físico, alteración o deterioro mecánico fuera del uso y desgaste normal, el vendedor tiene derecho a volver a valuarlo. Como consecuencia de la revaluación, entiendo que el valor de canje de mi vehículo podría reducirse.

Canje: Obligaciones del comprador. Al momento de la entrega, me comprometo a firmar una factura de venta y un certificado de millaje y a entregar un certificado de propiedad. Garantizo que no debo dinero por el vehículo o por reparaciones del vehículo, que los dispositivos de control de emisión de gases no han sido alterados y que no ha sido quitada ninguna de las partes, incluidos los cinturones de seguridad.

No aceptación de compra por parte del comprador. Entiendo que el depósito de dinero que he entregado al vendedor puede ser **retenido** para compensar los daños en caso de que yo me niegue a completar la compra. También entiendo que puedo resultar responsable de los gastos en los que el vendedor pudiera **incurrir** si no cumplo con mis obligaciones según los términos de este contrato.

▶ Resumir **Resumir** significa reunir información en una sola idea general. Para comprender mejor un documento jurídico, puede resultarte útil resumir cada párrafo a medida que lo lees.

1. ¿Cuál de las siguientes opciones resume la idea principal del primer párrafo?

A. El valor del carro se basa en el millaje y en los defectos o mejoras que pueda tener.

B. El valor del carro se basa en una guía de carros usados y en otros factores.

2. ¿Cuál de las siguientes opciones es un resumen de la sección que tiene el título "Canje: Obligaciones del comprador"?

A. El comprador se compromete a demostrar que es el dueño legítimo del carro y a encargarse de cualquier problema evidente del carro.

B. El comprador se compromete a demostrar que es el dueño legítimo del carro y asegura que no le ha quitado nada ni ha hecho cambios.

 Comprueba tus respuestas en la página 247.

Un contrato de arrendamiento incluye toda la información que un inquilino debe saber antes de firmar el contrato legal con el dueño del apartamento. Lee el siguiente contrato de arrendamiento.

Contrato de arrendamiento de apartamento

Este contrato de arrendamiento permanecerá vigente por un año a partir de la fecha aquí indicada. El inquilino es responsable del pago de la renta durante todo el año y no podrá subarrendarla. Si el inquilino debe abandonar la propiedad antes de finalizado el período del contrato, el propietario debe recibir una notificación con dos meses de antelación.

La renta debe abonarse a partir del primer día de cada mes y nunca después del quinto día del mes. Si el quinto día es feriado o fin de semana, la renta podrá abonarse el siguiente día laboral. El inquilino es responsable del pago de todos los servicios, incluidos el gas, la electricidad y el teléfono. El inquilino no es responsable de quitar la nieve de la entrada o de cualquier otro trabajo que sea necesario en el exterior del edificio.

DEPÓSITO EN GARANTÍA El inquilino deberá pagar al propietario un depósito en garantía equivalente a un mes de renta, el cual será utilizado en caso de daños provocados por el inquilino a la propiedad u otros inconvenientes no previstos en este contrato pero estipulados por la ley. El depósito en garantía será depositado en una cuenta de terceros hasta el día final del contrato.

ACCESO DEL PROPIETARIO A LA PROPIEDAD Sujeto al consentimiento del inquilino (quien no deberá negarse de manera injustificada), el propietario tiene derecho a ingresar a la propiedad para realizar inspecciones, brindar los servicios necesarios o mostrar la unidad a **potenciales** compradores o trabajadores. El propietario no asume **responsabilidad** por el cuidado de la propiedad. En el caso de una emergencia, el propietario podrá entrar sin el consentimiento del inquilino. Durante los últimos tres meses del contrato, el propietario podrá mostrar la propiedad a potenciales inquilinos, pero no podrá concertar más de tres visitas en un período de veinticuatro horas, o un total de seis visitas por semana.

▶ Comprender la información Comprender lo que lees es especialmente importante cuando se trata de documentos jurídicos, como el contrato que se muestra arriba. Tanto el inquilino como el propietario deben entender los términos del contrato que se aplican a situaciones específicas. De acuerdo con lo que entendiste del contrato, decide qué harías en las siguientes situaciones.

1. Imagina que eres el propietario del apartamento. La inquilina te avisa que la han transferido y que debe mudarse un mes antes de que el contrato termine. Se va sin pagar el último mes de renta. ¿Qué puedes hacer?

A. nada, porque la inquilina te avisó con un mes de antelación

B. quedarte con su depósito en garantía como pago del último mes de renta

2. Imagina que eres el inquilino. Traes un nuevo sillón al apartamento y, al entrarlo, rayas el piso de madera por accidente. Según el contrato, ¿qué puede hacer el dueño?

A. nada, porque en el contrato no se contempla esta posibilidad

B. quedarse con parte o con todo el depósito en garantía para pagar los daños

Comprueba tus respuestas en la página 247.

Pensar en los textos

Practicar el vocabulario

Las palabras a continuación están en negrita en los textos. Estudia la manera en que se usó cada palabra. Luego, completa cada oración con la palabra correcta.

citado	**exento**	**retenido**
incurrir	**potenciales**	**responsabilidad**

1. Él no estaba ____________________ de pagar impuestos por las propinas que obtenía como mesero.

2. Devolvió el video tres días tarde y sabía que iba a ____________________ en un gasto adicional de $3.00.

3. Mack no tenía ____________________ en el accidente de carros.

4. Un abogado fue ____________________ para que nos representara.

5. Como ____________________ estudiante, esperaba que la Universidad Estatal Central aceptara su solicitud de admisión.

6. Ángel fue ____________________ en la oficina del supervisor.

Comprender lo que lees

Escribe la respuesta a cada pregunta.

7. Observa el Citatorio judicial de la página 117. ¿Cuáles son dos razones justificadas para excusarse de ser jurado?

____

____

8. Observa en la página 118 el Contrato de compra venta con toma de carro usado como parte del pago. ¿Qué razón podría tener el vendedor de carros para cambiar de opinión sobre el valor del carro usado que se toma como parte del pago?

____

____

9. Observa el Contrato de arrendamiento de la página 119. ¿En qué situación podría el dueño del apartamento usar legalmente el dinero del depósito en garantía?

____

____

Aplicar tus destrezas

Encierra en un círculo la letra de la mejor respuesta para cada pregunta.

10. Observa la sección con el título "Retribución por parte de los tribunales" de la página 117. ¿Qué palabra o frase podría ser una clave de contexto de la palabra *retribución*?

A. jurado

B. asistencia

C. recibirá $40

D. cada día

11. ¿Cuál de los siguientes enunciados es el *mejor* resumen de la sección con el título "No aceptación de compra por parte del comprador" de la página 118?

A. El vendedor retiene el depósito en efectivo si el comprador no compra el carro, pero no se agregará ningún otro cobro adicional.

B. El comprador puede suspender el contrato de compra por cualquier razón, incluida la negación a cumplir los términos del contrato.

C. Si el comprador no compra el carro nuevo, el vendedor puede exigir una compensación por daños.

D. Si el comprador no compra el carro nuevo o no cumple los términos del contrato, el vendedor puede retener el depósito y, de ser necesario, cobrar un dinero adicional al comprador.

12. De acuerdo con el Contrato de arrendamiento de la página 119, ¿qué se espera que haga el propietario si desea ingresar al apartamento?

A. llamar al inquilino y pedirle permiso para entrar

B. entrar al apartamento cuando el inquilino está en el trabajo

C. llamar al abogado del inquilino para arreglar una hora para entrar al apartamento

D. entrar al apartamento solamente por la noche o durante el fin de semana

Conectar con los textos

Escribe tu respuesta a cada pregunta.

13. ¿Alguna vez compraste o vendiste un carro usado? ¿Leíste y comprendiste la totalidad del documento de compraventa? ¿Por qué?

____

14. Piensa en un contrato que tú o alguien que conozcas haya firmado. ¿Hubo algo en el contrato que consideraste injusto? Explica tu respuesta.

____

____

Comprueba tus respuestas en las páginas 247 y 248.

REPASO DE LA UNIDAD
TEXTOS INFORMATIVOS

▶ **Lee la solicitud. Luego, responde las preguntas.**

Solicitud de adopción de un perro

Gracias por su interés en adoptar un perro. Queremos asegurarnos de que cada animal adoptado vaya a un hogar en el que lo cuiden. Nuestra solicitud formula una serie de preguntas detalladas. Por favor, responda cada una en forma completa.

Nombre del perro en el que está interesado:

Información personal

Nombre:	Teléfono del hogar:	Edad:
Domicilio:		
Ciudad:	Estado:	Código postal:

Sobre su hogar

Por favor, complete esta sección en relación con la casa donde residiría su perro.

1. Tipo de residencia ☐ casa ☐ condominio ☐ apartamento	2. Usted: ☐ es propietario ☐ es inquilino ☐ vive con sus padres	3. Si es inquilino o vive en un condominio, ¿el dueño/la asociación permite tener perros? sí ☐ no ☐	4. Nombre del dueño o de la asociación de condominio: Número de teléfono:
5. ¿Qué haría si se mudara a una residencia en la que no se permite tener perros?			

Sobre su familia

1. ¿Cuántos adultos viven en la casa?	¿Cuántos niños viven en la casa?	Edades de los niños que viven en la casa	2. ¿Para quién adoptaría este perro?
3. ¿Quién será la principal persona encargada de cuidarlo?		4. ¿Quién será responsable económicamente por el perro?	
5. ¿Cuán a menudo viaja usted?	¿Cómo cuidará al perro cuando usted no esté en casa?	6. En caso de una emergencia, ¿quién cuidaría a su perro o cómo lo resolvería?	

Sobre su(s) mascota(s) actual(es)

Nombre	Especie/Raza	Edad	Sexo	Esterilizado/Castrado

1. Si tiene un gato, ¿se lleva bien con los perros?	2. Si tiene un perro, ¿se lleva bien con otros perros?	3. ¿A qué veterinaria lleva a sus animales? Número de teléfono:

Referencias

Nombre:	Teléfono:
Nombre:	Teléfono:
Nombre:	Teléfono:

Encierra en un círculo la letra de la mejor respuesta para cada pregunta.

1. ¿En qué sección de la solicitud escribirías el nombre de tu gato?

A. Sobre su(s) mascota(s) actual(es)

B. Referencias

C. Sobre su familia

D. Sobre su hogar

2. ¿En qué sección escribirías el nombre de un vecino que te conoce?

A. Sobre su(s) mascota(s) actual(es)

B. Referencias

C. Sobre su familia

D. Sobre su hogar

Escribe tu respuesta a las siguientes preguntas en el espacio dado.

3. ¿Por qué piensas que esta solicitud formula preguntas sobre los niños que habitan en la casa?

____

____

4. ¿Por qué piensas que esta solicitud pregunta sobre los viajes?

____

____

5. ¿Cómo responderías a la pregunta "¿Qué haría si se mudara a una residencia en la que no se permite tener perros?"?

____

____

6. ¿Qué tipo de personas debes incluir en la sección de referencias? ¿Qué debes hacer antes de nombrar a alguien como referencia en una solicitud?

____

____

____

Comprueba tus respuestas en la página 248.

MINIPRUEBA

Esta es una prueba de práctica de 15 minutos de duración. Transcurridos los 15 minutos, marca el último número que terminaste. Luego, completa la prueba y comprueba tus respuestas. Si la mayoría de tus respuestas son correctas pero no pudiste terminar a tiempo, intenta trabajar más rápidamente la próxima vez.

Instrucciones: Elige la mejor respuesta para cada pregunta.

Las **preguntas 1 a 3** se refieren al siguiente pasaje.

LA RUTA DE LA SEDA

(1) Los seres humanos siempre han viajado de un lugar a otro, intercambiando bienes, destrezas e ideas con otras personas que conocían en el camino. Recientemente, las rutas por las que viajaban las personas se han comenzado a conocer como las Rutas de la Seda, ya que la seda y otros bienes y servicios se intercambiaban entre los viajeros y las personas que vivían a lo largo de la ruta.

(2) Una de las Rutas de la Seda más extensas y conocidas unía China, en Oriente, con el mar Mediterráneo, en Occidente. Se comenzó a usar ya en el año 200 a. C., cuando los aventureros chinos arriesgaban su vida para extender la ruta. Una parte de esta estaba en lo que hoy en día es el oeste de Irán. Se dividía en ramales y rodeaba los bordes norte y sur del desierto de Taklamakán. Los ramales se volvían a unir en la ciudad de Tunhuang en el noroeste de China.

(3) La Ruta de la Seda era una ruta a lo largo de la cual las personas solían intercambiar seda y muchos otros bienes. Sin embargo, no solo era una ruta que servía para el comercio, sino que también era una manera en la que las personas intercambiaban ideas sociales y culturales. Durante siglos, los viajeros compartieron costumbres políticas, sociales, artísticas y religiosas. En consecuencia, se desarrollaron idiomas, religiones y culturas que se influyeron entre sí a lo largo de la Ruta de la Seda.

(4) El uso de la Ruta de la Seda decayó en gran medida cuando se abrió una ruta marítima entre Europa y la India en el siglo XV.

1. ¿Cuál de las siguientes opciones resume *mejor* la idea principal del pasaje?

A. La Ruta de la Seda se extendía entre el oeste de Irán y el noroeste de China.

B. La Ruta de la Seda era una antigua ruta de intercambio que unía China y Occidente.

C. La Ruta de la Seda era una ruta para el comercio.

D. El uso de la Ruta de la Seda comenzó a decaer en el siglo XV.

2. La última oración da a entender que en el siglo XV

A. muchos europeos visitaron la India.

B. se destruyó la Ruta de la Seda.

C. los viajeros preferían usar rutas marítimas.

D. China dejó de comerciar con Occidente.

3. Además del comercio, ¿con qué otra finalidad se usaba la Ruta de la Seda?

A. turismo entre Oriente y Occidente

B. despliegue rápido de ejércitos hacia países en conflicto

C. ruta alternativa para las personas a las que no les gustaba viajar en barco

D. intercambio de ideas sociales y culturales

Las **preguntas 4 a 7** se refieren al pasaje y al diagrama siguientes.

LAS FASES DE LA LUNA

Desde la Tierra, la Luna se puede ver como un disco brillante. Sin embargo, la Luna no emite luz propia; refleja la luz del Sol. Durante un período de 29.5 días, la apariencia de la Luna desde la Tierra cambia. En algunos meses, hay dos lunas llenas. A la segunda luna llena en un mes se la llama luna azul.

Las ocho fases de la Luna

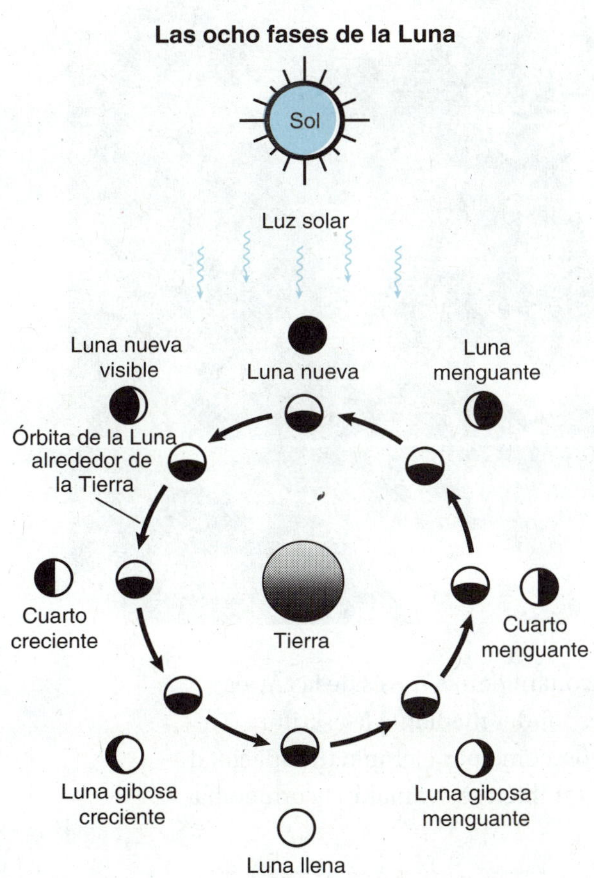

4. ¿Qué fase de la Luna ocurre justo antes de una luna llena?

A. luna menguante

B. luna creciente

C. luna gibosa menguante

D. luna gibosa creciente

5. ¿Qué fase de la Luna aparecería primero en un mes con luna azul?

A. luna nueva

B. luna llena

C. cuarto menguante

D. luna gibosa menguante

6. ¿Qué fase de la Luna ocurre justo después de una luna azul?

A. luna menguante

B. cuarto creciente

C. cuarto menguante

D. luna gibosa menguante

7. ¿Por qué no vemos la Luna durante una luna nueva?

A. La cara iluminada de la Luna está mirando hacia el Sol.

B. La cara iluminada de la Luna está mirando hacia el otro lado de la Tierra.

C. Toda la Luna se oscurece durante una luna nueva.

D. El cielo siempre está nublado cuando hay luna nueva.

Comprueba tus respuestas en la página 248.

UNIDAD 4

ESCRITURA

En la sección de escritura de la Prueba de Razonamiento a través de las Artes del lenguaje de GED®, tendrás que leer textos y responder mediante la escritura. Tu respuesta será calificada según criterios específicos, como por ejemplo tu capacidad para escribir de una manera lógica y organizada. También se evaluarán la ortografía y la gramática.

¿Cómo te sientes con respecto a tu capacidad para escribir? ¿Cómo te sientes cuando debes escribir?

____

____

¿Qué áreas de la escritura crees que debes mejorar?

____

____

Pensar en la escritura

Quizá no sepas cuánto sabes ya sobre la escritura y el proceso de escritura. Piensa en algo que hayas escrito últimamente, desde correos electrónicos o cartas hasta entradas en diarios y ensayos.

Tilda la casilla para cada actividad que hayas realizado en relación con la escritura.

- ☐ ¿Pensaste en lo que ibas a escribir antes de comenzar a escribir?
- ☐ ¿Creaste un esquema antes de comenzar a escribir?
- ☐ ¿Creaste un borrador de tu texto?
- ☐ ¿Volviste a leer tu texto para asegurarte de que era lógico y estaba bien organizado?
- ☐ ¿Volviste a leer tu texto para revisar la ortografía o corregir errores de gramática?
- ☐ ¿Preparaste una versión final de tu texto, corrigiendo los problemas de organización y los errores que encontraste?

Un vistazo a la unidad

En esta unidad, aprenderás:

- a preparar tus ideas antes de comenzar a escribir
- a redactar un primer borrador de tu texto
- a corregir y editar tu texto
- a preparar una versión final de tu texto y publicarlo
- a escribir la respuesta a un tema de escritura que te pide analizar otros tipos de texto

EL PROCESO DE ESCRITURA

La escritura no es algo que simplemente sucede. La buena escritura es un proceso, con pasos que deben seguirse en un orden. El proceso de escritura completo consiste en los siguientes cinco pasos:

Paso 1: Preparación para la escritura
Paso 2: Escribir el primer borrador
Paso 3: Corregir y editar
Paso 4: Escribir la versión final
Paso 5: Publicar (Compartir la versión final)

Paso 1: Preparación para la escritura

La **preparación para la escritura** significa planear antes de comenzar a escribir. El primer paso del proceso de escritura consiste en definir el tema, generar ideas sobre ese tema y organizar esas ideas.

Definir el tema

Para definir el tema, primero debes definir tu **propósito** de escritura y el **público** al que está dirigido tu texto.

- **Identificar el propósito** Pregúntate: *¿Por qué estoy escribiendo?* Algunas respuestas pueden ser: contar una historia, describir, explicar o persuadir.
- **Identificar al público** Pregúntate: *¿Quién leerá lo que estoy escribiendo?* La respuesta puede ser: un amigo, un colega, un maestro o un potencial empleador.

EJEMPLO Melissa Sánchez asistió a una clase de Pre GED® en un establecimiento educativo de nivel terciario. La primera noche, el profesor pidió a los estudiantes que escribieran un ensayo. El tema del ensayo era "¿Cómo puedo tener éxito en esta clase?". Melissa pensó en lo que podría escribir. Primero, definió su propósito y su público.

Propósito: Explicar **Público:** El profesor y yo

Luego, preparó la siguiente lista de posibles temas.

1. Práctica diaria de matemáticas
2. Buenos hábitos de estudio
3. Mejorar mi lectura

Melissa eligió "Mejorar mi lectura" como su tema.

Elige un tema que no sea ni muy general ni muy específico. Por ejemplo, imagina que debes escribir un ensayo de dos páginas sobre los pasatiempos. Este es un tema general que puede llenar un libro. Pero algunos temas que puedes tratar en un ensayo breve son "restauración de muebles antiguos" o "primeros pasos en la fotografía".

Escribir sobre un tema muy reducido o limitado también es difícil, porque te puedes quedar sin nada que decir. Por ejemplo, el tema "herramientas para restauración de la madera" puede ser demasiado limitado para un ensayo de dos páginas sobre los pasatiempos.

Elige un tema sobre el cual tengas información o que te resulte interesante. Esto hará que tu tarea de escritura sea más sencilla.

▶ PRÁCTICA DE LA DESTREZA **Debajo de cada tema general, enumera dos temas sobre los que puedes escribir. El primero ya está empezado.**

1. Tema general: Deportes
Propósito: Explicar
Público: Un grupo de niños
Tema 1: Cómo jugar fútbol
Tema 2: ______

2. Tema general: Trabajos
Propósito: Describir
Público: Tus amigos
Tema 1: ______
Tema 2: ______

3. Tema general: Películas
Propósito: Describir
Público: Tus amigos
Tema 1: ______
Tema 2: ______

4. Tema general: Animales
Propósito: Persuadir
Público: Compañeros
Tema 1: ______
Tema 2: ______

Generar ideas

Una vez que el propósito, el público y el tema están definidos, ya puedes generar ideas sobre el tema.

- **Explora tus pensamientos sobre el tema.** ¿Qué te interesa del tema? ¿Qué interesaría a los lectores?
- **Hacer una lluvia de ideas.** Para hacer una lluvia de ideas, deja que tu mente piense sin restricciones y un pensamiento llevará a otro. Escribe todo lo que te venga a la cabeza, sin decidir qué ideas son buenas o malas. (Eso vendrá después).
- **Hazte preguntas.** Intenta utilizar las preguntas básicas de los periodistas: ¿Quién? ¿Qué? ¿Cuándo? ¿Dónde? ¿Por qué? ¿Cómo? Escribe todo lo que te venga a la cabeza y sigue escribiendo si una idea lleva a otra.
- **Usa lo que ya sabes.** Tus observaciones, conocimientos y experiencias personales son las mejores fuentes de ideas. Aprendes todos los días con solo vivir, observar a las personas, navegar en Internet y mirar televisión. ¿Qué más puedes decir sobre este tema?

Comprueba tus respuestas en la página 248.

Organizar tus ideas

A medida que generas ideas, escríbelas. Puedes hacer referencia a esas ideas cuando comiences a escribir. Primero, haz una lista de tus ideas. Luego, organiza tus ideas en el orden en que quieras escribir sobre ellas. Preparar un **esquema** y hacer un **mapa de ideas** son dos formas de organizar tus ideas.

EJEMPLO Melissa pensó en diferentes formas en las que podría mejorar sus destrezas de lectura. Enumeró sus ideas. Luego, hizo un esquema para organizarlas.

Cómo puedo mejorar mis destrezas de lectura

I. **Leer todos los días**
   A. destinar un tiempo para leer todos los días
   B. leer 10 minutos antes de levantarme
   C. leer 10 minutos antes de ir a dormir

II. **Leer con otras personas**
   A. unirme a un club de lectura
   B. leerle a mi hija
   C. ofrecerme como voluntaria para leer libros a personas ciegas

III. **Leer muchos tipos diferentes de textos**
   A. retirar libros de la biblioteca
   B. suscribirme a una revista
   C. encontrar sitios de Internet interesantes
   D. leer el periódico

En lugar de un esquema, Melissa podría haber creado un mapa de ideas como el siguiente.

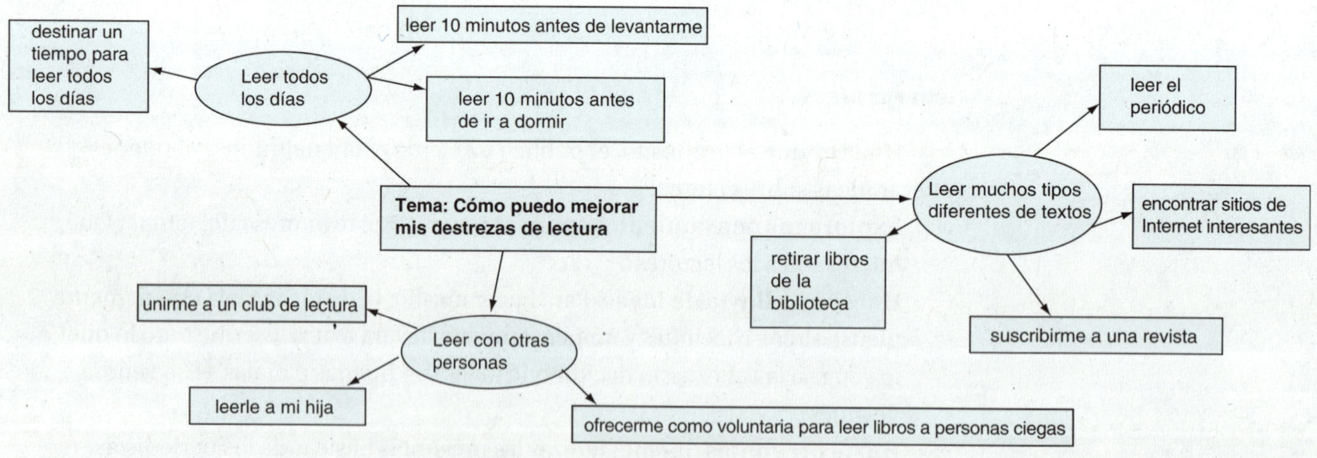

PRÁCTICA DE LA DESTREZA **Haz una lluvia de ideas y enumera tus ideas sobre este tema: ¿Cuáles son las ventajas (o desventajas) de una familia pequeña (o grande)? Haz un esquema para organizar tus ideas. Luego, haz un mapa de ideas. ¿Cuál de estas maneras de organizar ideas prefieres? Escribe tu respuesta en una hoja aparte.**

 Comprueba tus respuestas en la página 249.

Paso 2: Escribir el primer borrador

En el Paso 1 del proceso de escritura, creaste un plan sobre lo que escribirás. En el Paso 2, seguirás tu plan y escribirás el primer borrador. Un **primer borrador** es la primera versión de tu texto. A veces, necesitarás escribir dos o tres borradores antes de obtener el texto final. Con cada borrador, revisarás tu texto para controlar problemas de contenido, organización, gramática, uso y mecánica del lenguaje. Mejorarás tu escritura corrigiendo este tipo de problemas en el paso de corrección y edición.

Cuando escribes un primer borrador, el objetivo principal es plasmar tus ideas en un papel de una manera organizada. Elige las palabras y forma oraciones que expresen tus ideas. En este paso, no te preocupes por la elección perfecta de palabras, la ortografía y la puntuación.

El primer borrador del ensayo tendrá varios párrafos. Cada párrafo tendrá una oración principal y detalles de apoyo. La **oración principal** expresa la idea principal que desarrollarás en el párrafo. Los **detalles de apoyo** son oraciones que se relacionan con la idea principal.

Escribir una oración inicial

Una oración inicial expresa la **idea principal** de tu ensayo. Indica al lector el propósito que tiene tu ensayo. Si escribes una buena oración inicial, podrás referirte a ella mientras escribes para asegurarte de que no te has alejado de tu idea.

Una buena oración inicial debe ser un claro resumen escrito de la idea principal. Debe ser lo suficientemente general para introducir los puntos que tratarás en el resto del texto. Evita hacer afirmaciones iniciales vagas o que simplemente anuncien el tema.

EJEMPLO Melissa repasó su esquema. Luego, escribió su idea principal.

Puedo tener exito y mejorar mi lectura con unos pocos cambios.

Melissa escribió tres oraciones iniciales posibles.

1. *Este ensayo trata sobre cómo mejorar mi lectura.*
2. *Mejorar mi lectura no será tan difícil.*
3. *Puedo tener exito y mejorar mi lectura haciendo algunos cambios en mi vida cotidiana.*

La oración 1 solo menciona el tema del ensayo en términos generales. La oración 2 indica la idea principal, pero es vaga. Puesto que el objetivo de Melissa era mostrar que podía lograr un cambio en sus destrezas de lectura fácilmente, decidió que la tercera oración sería la mejor oración inicial.

▶ PRÁCTICA DE LA DESTREZA **Cada tema que sigue está acompañado de tres oraciones iniciales. Coloca una X en la mejor oración para introducir cada tema.**

1. Tema: El argumento contra el control de armas

_____ A. La posesión de armas es un derecho constitucional de todos los estadounidenses.

_____ B. Algunas personas están a favor del control de armas pero otras, no.

_____ C. Escribiré sobre el control de armas.

2. Tema: Todos los ciudadanos deberían votar

_____ A. Votar no es un derecho; es un deber de todos los ciudadanos.

_____ B. El derecho a votar se ha extendido para incluir a casi todos los adultos.

_____ C. Algunas personas no creen en la votación.

3. Tema: Evitar la exposición solar

_____ A. A muchas personas les gusta pasar los días de verano al aire libre.

_____ B. No tienes que quedarte adentro para evitar recibir muchos rayos solares.

_____ C. Existen muchos protectores solares en el mercado.

Desarrollar detalles de apoyo

Tu esquema o mapa de ideas te guiará a través de los puntos principales del ensayo. Cuando llegas a un punto importante, debes comenzar un nuevo párrafo. Cada párrafo de un ensayo tiene una oración principal y otras oraciones que apoyan la oración principal. Puedes escribir varios tipos de oraciones con detalles para apoyar una oración principal.

Los detalles pueden:

- ser **hechos** o **razones** que validen o refuten el argumento.
- ser **ejemplos** que expliquen o validen la idea principal.
- estar enumerados en **orden cronológico** según el orden en que ocurrieron.
- estar enumerados **en orden de importancia,** de los más importantes a los menos importantes, o de los menos importantes a los más importantes.
- mostrar **causa y efecto,** cómo una cosa hace que pase otra cosa.
- **comparar o contrastar** para mostrar en qué se parecen o se diferencian las cosas.

A medida que escribas los párrafos, usa varios tipos de detalles para apoyar tus oraciones principales.

En la página 133, encontrarás los primeros dos párrafos del primer borrador de Melissa. Compara estos párrafos con su esquema y con su mapa de ideas. Observa que escribió una oración principal para cada punto principal y escribió detalles de apoyo para explicar esas afirmaciones. Sin embargo, cometió algunos errores que repasaremos en la sección de corrección y edición.

 Comprueba tus respuestas en la página 249.

EJEMPLO A continuación, se encuentran el párrafo introductorio y el primer párrafo del texto de Melissa.

Puedo tener exito y mejorar mis destrezas de lectura haciendo algunos cambios en mi vida cotidiana. Leer es fundamental para alcanzar mi meta. Al principio, pensé que podría ser difícil llegar a ser mejor lectora pero luego, pensándolo mejor, me di cuenta de que no tiene por qué serlo.

Mi primer objetivo es leer todos los días. Puedo leer el texto de las cajas de cereales, el correo basura y cupones. Leeré durante 10 minutos antes de prepararme por la mañana. Puedo postergar la actividad física. También puedo leer en la cama. No hay nada más placentero. Leeré durante otros 10 minutos antes de irme a dormir por la noche. Puedo aprender mucho si leo junto a otras personas. Podría unirme a un club de lectura en un centro comunitario. También puedo leerle a mi hija. ¡Los libros para niños son divertidos! Finalmente, si tengo tiempo, y mientras mis destrezas mejoran, hasta podría ofrecerme como voluntaria para leer.

▶ **PRÁCTICA DE LA DESTREZA** **Tilda cada detalle que puedas utilizar en un párrafo que incluya esta oración principal: Nuevos deportes están llamando la atención de los estadounidenses en todas partes.**

_____ **1.** Los canales de televisión por cable nos han acercado deportes que nunca habíamos visto.

_____ **2.** El fútbol americano aún tiene sus seguidores incondicionales.

_____ **3.** En la actualidad, los estadounidenses están encantados con el fútbol.

_____ **4.** El snowboard y el skateboard se están volviendo muy populares.

_____ **5.** No deberíamos descartar un favorito de siempre como el béisbol.

_____ **6.** En la actualidad, el patinaje artístico sobre hielo tiene la mayor audiencia televisiva durante los Juegos Olímpicos.

▶ **ESCRIBIR** **Escribe un párrafo sobre un tema relacionado con los deportes.**

Preparación para la escritura:

A. Anota una lista de temas posibles relacionados con los deportes. Elige uno.

B. Prepara una lista de posibles detalles de apoyo.

- Piensa en ejemplos, hechos y razones.
- Busca una manera lógica de incluir detalles para comparar y contrastar.
- Observa si puedes mostrar relaciones de causa y efecto.

Escribir: Escribe una oración principal que exprese la idea principal de tu párrafo. Intenta que esa oración sea lo más específica posible para expresar la idea que intentas desarrollar. Luego, escribe al menos tres oraciones usando detalles de tu lista que apoyen tu oración principal.

Corregir: ¿Cómo decidiste el orden de tus detalles de apoyo? Asegúrate de que estén en un orden que ayude a los lectores a comprender el párrafo.

Comprueba tus respuestas en la página 249.

Organizar los detalles

Cuando escribas detalles de apoyo, organízalos de la manera más clara y lógica posible. De esta manera, el lector puede seguir el hilo de tu razonamiento.

PRÁCTICA DE LA DESTREZA **A. Todos los siguientes grupos de oraciones tienen una oración principal y detalles de apoyo, que conforman un párrafo. Halla la oración principal y escribe *OP* al costado. Luego, enumera los detalles de la manera más clara y lógica posible. El primer párrafo ya está empezado.**

Párrafo 1

_____ Primero, asegúrate de que tienes todos los ingredientes que necesitas.

__OP__ Vale la pena desarrollar buenos hábitos en la cocina.

_____ Mientras trabajas, sigue cada paso de la receta cuidadosamente.

_____ Luego, lee todas las instrucciones de la receta antes de comenzar.

_____ Por último, mantén tu área de trabajo despejada apartando lo que ya no utilizarás.

Párrafo 2

_____ Si no comes antes de una entrevista, podrías sentirte débil y tener menos ganas de hablar.

_____ No permitas que los nervios te quiten el apetito.

_____ Asegúrate de dormir bien e ingerir una comida completa antes de una entrevista laboral.

_____ De lo contrario, puedes distraerte durante la entrevista.

_____ La noche anterior, acuéstate temprano.

B. Encierra en un círculo el tipo o los tipos de detalles de apoyo utilizados en la Práctica A.

Párrafo 1	ejemplos	orden cronológico	causa/efecto
Párrafo 2	hechos/razones	comparar/contrastar	causa/efecto

ESCRIBIR **Escribe en una hoja aparte un párrafo sobre uno de los siguientes temas.**

- Las personas que madrugan y las que están más activas durante la noche son muy diferentes.
- Aprender a organizar tu tiempo cambiará tu vida.
- La amistad es una de las cosas más importantes de la vida.

Preparación para la escritura: Enumera detalles de apoyo. Decide cómo organizarlos.

Escribir: Escribe la oración principal y luego las oraciones con los detalles de apoyo.

 Comprueba tus respuestas en las páginas 249 y 250.

Escribir la conclusión

El último párrafo de tu ensayo es la **conclusión.** La oración principal del último párrafo debe indicar que el ensayo está por terminar. Las otras oraciones deben destacar lo que deseas que el lector recuerde.

Determinadas palabras y frases indican la conclusión. Las más utilizadas son *en conclusión, para terminar, finalmente, por último, como resultado, como consecuencia* y *por lo tanto.* A continuación, se indican cuatro métodos para escribir conclusiones.

Termina con un resumen y un pensamiento final.

EJEMPLO Como he explicado, no creo que vaya a ser muy difícil mejorar mis destrezas de lectura. Puedo mejorar aplicando cambios pequeños a mis hábitos cotidianos. ¡Quiero empezar ya!

Termina con una predicción sobre el futuro.

EJEMPLO Si puedo seguir mi plan, sé que me convertiré en una mejor lectora. De hecho, presiento que pronto comenzaré a notar una mejora en mis destrezas de lectura.

Termina con una recomendación.

EJEMPLO Por último, te recomiendo que también consideres mejorar tus destrezas de lectura. Piensa qué métodos te serían más útiles: quizás algunos de los míos; quizás algunos tuyos propios. Luego, comienza a desarrollar tus destrezas enseguida.

Termina con una pregunta.

EJEMPLO Ahora que tengo un plan para mejorar mis destrezas de lectura, quiero empezar ya mismo. ¿Qué tipo de información aprenderé mientras mi lectura mejora?

▶ PRÁCTICA DE LA DESTREZA **Elige uno de los temas del ejercicio de Práctica de la página 134. Luego, utiliza uno de los cuatro métodos que vimos para escribir una conclusión del tema.**

Comprueba tu respuesta en la página 250.

Paso 3: Corregir y editar

El próximo paso del proceso de escritura es la corrección y evaluación de tu trabajo. Esta es tu oportunidad de mejorar el primer borrador. Cuando **corriges,** revisas el **contenido** de tu texto. ¿Contiene buenos detalles de apoyo? ¿Están bien organizados? ¿Pueden ser más claros? Cuando **editas,** observas minuciosamente las oraciones y las palabras. Revisas la elección de las palabras, el uso, la estructura de las oraciones y la mecánica del lenguaje, es decir, la ortografía, la puntuación y el uso de las mayúsculas.

Marcas de edición

Puedes utilizar símbolos de edición para marcar cambios en tu texto. Estas marcas te ayudan a ubicar los cambios que quieres aplicar cuando vuelves a escribir o teclear tu versión final. A continuación, se muestran algunas marcas básicas.

Marcas de edición

b B	cambiar por la letra en mayúscula
B b	cambiar por la letra en minúscula
rojo blanco y azul	colocar una coma o un punto
¿Irás	colocar un signo de interrogación
con Sue ¿Irán?	insertar palabra(s)
el cárro ortografía	revisar la ortografía
¶ fin. Nosotros	insertar sangría en un párrafo nuevo
Yo, voy.	suprimir una palabra o un signo de puntuación
# yla mitad	insertar un espacio entre palabras

Corregir

Cuando corriges, verificas el contenido, la organización y la claridad de tu texto. La siguiente lista de control para corregir te indica lo que debes buscar cuando corriges un texto.

Lista de control para corregir	SÍ	NO
¿El contenido cumple con el propósito?	☐	☐
¿El contenido es el correcto para tu público?	☐	☐
¿Has expresado la idea principal claramente?	☐	☐
¿Todos los párrafos tienen una oración principal?	☐	☐
¿Las oraciones principales están apoyadas por detalles?	☐	☐
¿Los detalles están escritos en un orden lógico?	☐	☐
¿Se incluye la cantidad necesaria de información? (Verifica los detalles que faltan o los que no son necesarios).	☐	☐
¿El texto despertará el interés del lector?	☐	☐
¿Los pensamientos y las ideas se han expresado claramente?	☐	☐

EJEMPLO A continuación, se encuentra el párrafo inicial del primer borrador del ensayo de Melissa de la página 133. Puedes observar cómo Melissa utilizó la lista de control para corregir. También utilizó las marcas de edición para indicar las correcciones que realizó.

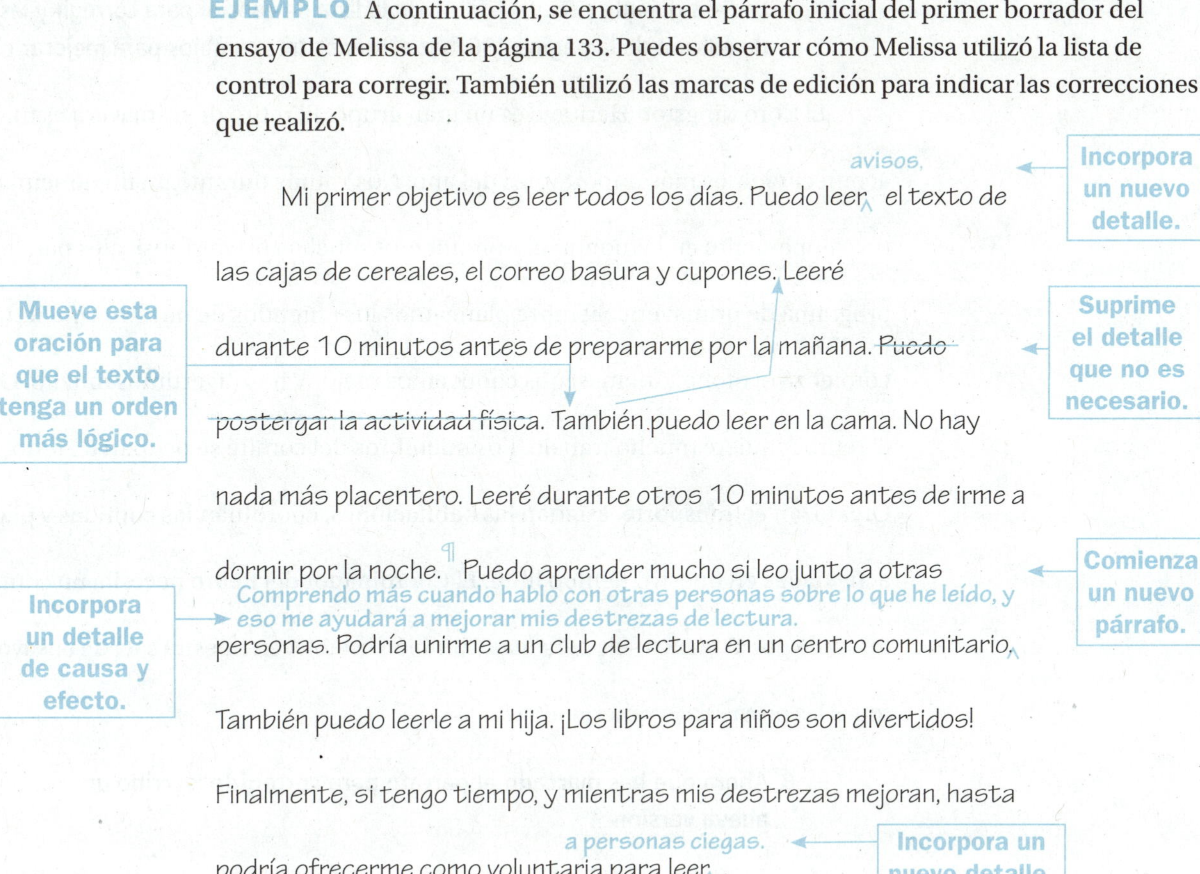

EJEMPLO A continuación, se encuentra la versión corregida de los párrafos. Lee la nueva versión y compárala con la anterior.

Mi primer objetivo es leer todos los días. Puedo leer avisos, el texto de las cajas de cereales, el correo basura y cupones. También puedo leer en la cama. No hay nada más placentero. Leeré durante 10 minutos antes de prepararme por la mañana. Leeré durante otros 10 minutos antes de irme a dormir por la noche.

Puedo aprender mucho si leo junto a otras personas. Podría unirme a un club de lectura en un centro comunitario. Comprendo más cuando hablo con otras personas sobre lo que he leído, y eso me ayudará a mejorar mis destrezas de lectura. También puedo leerle a mi hija. ¡Los libros para niños son divertidos! Finalmente, si tengo tiempo, y mientras mis destrezas mejoran, hasta podría ofrecerme como voluntaria para leer textos a personas ciegas.

▶ PRÁCTICA DE LA DESTREZA **A. Lee el siguiente párrafo. Utilizando la lista de control para corregir y las marcas de edición de la página 136, haz al menos tres cambios para mejorar el párrafo.**

El Coro Kingston Heritage es un gran grupo. El retiro de primavera es uno de los acontecimientos más importantes del año. Nos vamos durante un fin de semana a un campamento en la montaña. Aprendemos muchas piezas musicales para nuestro programa de primavera. Siempre planeamos los atuendos de nuestro concierto cuando comienza el otoño. Además, nos conocemos mejor y nos divertimos mucho. Organizar el retiro requiere mucho trabajo. Los miembros del comité se ocupan de todo. Organizan el transporte, asignan las habitaciones, coordinan las comidas y planean actividades en nuestro tiempo libre. El Coordinador del Retiro necesita un comité formado por al menos seis personas. También establecen nuestra sala de ensayo y traen todas las provisiones y meriendas.

B. Ahora que has marcado el párrafo para corregirlo, escribe una nueva versión.

▶ ESCRIBIR **Utilizando la lista de control para corregir y las marcas de edición de la página 136, corrige la conclusión que escribiste en la página 135. Luego, escribe el párrafo corregido.**

Editar

Cuando editas, modificas y corriges palabras, oraciones y la mecánica del lenguaje. La siguiente lista de control para editar te indica lo que debes buscar cuando editas un texto.

Lista de control para editar	SÍ	NO
¿Se repiten algunas ideas?	☐	☐
¿Hay palabras que se repiten muchas veces?	☐	☐
¿Se utilizan palabras precisas y un lenguaje original?	☐	☐
¿Están completas todas las oraciones?	☐	☐
¿Hay oraciones demasiado largas y difíciles de comprender?	☐	☐
¿Hay oraciones muy cortas y desparejas?	☐	☐
¿Se han utilizado correctamente los sustantivos y los pronombres?	☐	☐
¿Se han utilizado correctamente los verbos?	☐	☐
¿Se han utilizado correctamente los adjetivos y los adverbios?	☐	☐
¿Es correcta la ortografía?	☐	☐
¿Se han utilizado correctamente los signos de puntuación?	☐	☐
¿Es correcto el uso de las mayúsculas?	☐	☐

 Comprueba tus respuestas en la página 250.

EJEMPLO Ahora, Melissa Sánchez está editando el párrafo introductorio de su ensayo (página 133). Observa cómo ha utilizado las marcas de edición para mostrar dónde debe hacer cambios.

éxito

Puedo tener ~~exito~~ y mejorar mis destrezas de lectura haciendo algunos

simples

^ cambios en mi vida cotidiana. Leer es fundamental para alcanzar mi meta.

convertirme en

Al principio, pensé que podría ser difícil ~~llegar a ser~~ mejor lectora^, pero luego,

pensándolo mejor, me di cuenta de que no tiene por qué serlo.

PRÁCTICA DE LA DESTREZA **A. Escribe la nueva versión de la introducción de Melissa en una hoja aparte. Haz los cambios que marcó.**

B. Edita la conclusión que escribiste en la página 135. Usa las marcas de edición de la página 136.

Paso 4: Escribir la versión final

Tu **versión final** incorporará todos los cambios que has marcado mientras corregías y editabas.

Cuando termines de escribir tu versión final, debes leer tu ensayo una vez más. Cuando leas, asegúrate de que realmente has realizado todos los cambios y las correcciones que marcaste. También asegúrate de no haber cometido nuevos errores. Si tu versión final ha sido tecleada, busca errores tipográficos, como por ejemplo, letras mal colocadas, palabras que faltan, espacios faltantes, entre otros.

Paso 5: Publicar (Compartir la versión final)

El último paso del proceso de escritura implica **publicar** o **compartir la versión final.** Antes de compartir tu versión final, léela en voz alta. Mientras lees, piensa en lo que más te gustó del proceso de escritura y cuál te pareció la parte más difícil. Toma notas.

Luego, lee tu ensayo a un compañero o pídele que lo lea. Pregúntale: *¿Es claro? ¿Te resulta interesante? ¿Queda claro el mensaje? ¿Qué partes debo mejorar?* Toma notas. Usa las notas para mejorar tu escritura.

Coloca la fecha en tu versión final y en las notas, y guárdalas en una carpeta o cuaderno especial. Lleva siempre un registro de todo lo que escribes. Repasa tu trabajo semanalmente e incorpora los mejores textos a tu **portafolios de escritura.**

 Comprueba tus respuestas en la página 250.

Pautas para la respuesta extendida de GED®

En la sección de escritura de la Prueba de Razonamiento a través de las Artes del lenguaje de GED®, tendrás que analizar uno o más pasajes. En algunos casos, se pueden presentar dos pasajes con dos opiniones opuestas sobre un tema controvertido, como por ejemplo si el uso de uniformes en las escuelas públicas debería ser obligatorio o no, o si los juegos de video incitan a la violencia o no. En otros casos, se te puede mostrar un breve fragmento de un documento original y uno o dos pasajes de opinión relacionados con el documento. Tendrás que leer y analizar los pasajes y luego determinar qué posición está mejor justificada. Tendrás que utilizar la evidencia pertinente y específica de ambos pasajes para apoyar tu respuesta. Tendrás 45 minutos para planear y escribir tu respuesta.

Se evaluarán las siguientes tres características de tu respuesta extendida de la Prueba de GED®:

- Creación de argumentos y uso de evidencia
- Desarrollo de ideas y estructura organizativa
- Claridad y dominio de las convenciones de uso del español

Creación de argumentos y uso de evidencia

Para obtener el mejor puntaje en esta área, tu respuesta debe mostrar que puedes hacer lo siguiente:

1) Crear un argumento que trate el tema de escritura. Esto significa que tu respuesta debe mostrar que has leído con atención y analizado el pasaje.

2) Usar evidencia relevante del texto para apoyar el argumento. Esto significa que tu respuesta debería utilizar evidencia que esté relacionada con el pasaje para apoyar tus comentarios o afirmaciones sobre el tema.

3) Analizar el tema y la validez de la información presentada en el texto. Esto significa que tu respuesta debería centrarse en qué tan bien los autores de los textos originales apoyan sus argumentos.

Desarrollo de ideas y estructura organizativa

Para obtener el mejor puntaje en esta área, tu respuesta debe mostrar que puedes hacer lo siguiente:

1) Pensar una explicación lógica que esté bien desarrollada. Si bien el apoyo de tus ideas debería provenir de los pasajes, debes desarrollar esas ideas por completo con evidencia complementaria formada a partir de la idea central.

2) Establecer una estructura organizativa que exprese el mensaje y el propósito de la respuesta. Tu respuesta debe contener una secuencia razonable de ideas con conexiones claras y transiciones entre los detalles y los puntos principales.

3) Mantener un estilo formal y un tono apropiado que demuestre un conocimiento del público y el propósito de la tarea. Debes elegir palabras específicas para expresar las ideas claramente.

Claridad y dominio de las convenciones del uso del español

Para obtener el mejor puntaje en esta área, tu respuesta debe mostrar que puedes hacer lo siguiente:

1) Usar estructuras gramaticales mayoritariamente correctas con varios tipos de oraciones. Esto significa que tu respuesta incluye una variedad de oraciones que muestran claramente cómo se relacionan las ideas. También significa que tu respuesta no contiene oraciones extrañas o que entorpezcan la comprensión, oraciones demasiado extensas o fragmentos de oraciones.

2) Usar palabras de transición, adverbios conjuntivos y otras palabras que aporten lógica y claridad. Esto significa que tu respuesta tiene sentido y muestra claramente la relación entre las ideas.

3) Demostrar una aplicación competente de las convenciones. Esto significa que tu respuesta contiene una correcta concordancia entre sujeto y verbo, un uso adecuado de los pronombres y una colocación precisa de modificadores. También significa que tu respuesta contiene un uso correcto de la ortografía, mayúsculas y puntuación.

TEMA DE ESCRITURA

Los dos pasajes siguientes son similares a los que pueden aparecer en la sección de escritura de la Prueba de Razonamiento a través de las Artes del lenguaje de GED®. Los dos pasajes defienden distintas posturas sobre un tema controvertido. Lee los pasajes y analiza la evidencia de cada uno.

Las bolsas de plástico deberían prohibirse

Esta es una carta al editor que apareció en un periódico de una comunidad de la costa del océano Pacífico.

Creo que el uso generalizado de bolsas de plástico en nuestra comunidad está dañando nuestro medio ambiente, sobre todo nuestros océanos y los animales cuyo hogar es el agua. Cuanto más dañamos el océano, más nos dañamos a nosotros mismos. Por lo tanto, creo que nuestra comunidad, como tantas otras comunidades de todo el país, debería prohibir el uso de bolsas de plástico.

Nuestra comunidad depende del océano. Los pescadores necesitan peces sanos para venderlos a sus clientes. Las agencias de turismo necesitan aguas limpias y playas hermosas para sobrevivir. Para sostener nuestra comunidad, necesitamos atraer a nuevas personas que vengan en busca de la belleza de las playas y el agua. Sin embargo, nuestro espantoso hábito de usar bolsas de plástico es una amenaza para todo eso. Cuando miro a mi alrededor, veo bolsas de plástico por todos lados: colgando de los árboles, desechadas sobre el césped y la arena y flotando en el agua. Las personas casi nunca reciclan las bolsas y son totalmente irresponsables al deshacerse de ellas. Las bolsas de plástico son horribles, sin duda, pero también son peligrosas para nuestra salud y nuestro estilo de vida.

Las bolsas de plástico amenazan nuestra vida marina. Las bolsas que se dejan en el suelo y en el agua fácilmente pueden terminar asfixiando a mamíferos marinos y aves marinas. He leído que más de un millón de animales marinos mueren cada año debido a las bolsas de plástico.

Además, las bolsas de plástico dañan la vida marina de otras maneras. Están hechas de polietileno de alta densidad y cloruro de titanio, es decir, carbonos y metales de transición en su totalidad. En el agua, las bolsas se desintegran y se convierten en trozos diminutos. Los investigadores han estudiado muestras de agua tomadas del océano Pacífico. Hallaron seis veces más plástico que plancton en el agua: ¡seis veces más! Los expertos en salud ya nos advierten de que nuestros peces y mariscos pueden estar contaminados con mercurio y otros contaminantes. Creo que el plástico podría perjudicar nuestra salud más aun.

Por las razones que he enumerado antes, insto a nuestra comunidad a prohibir las bolsas de plástico. No es difícil abandonar este hábito tan perjudicial. Existe una gran alternativa: las bolsas reutilizables. Son baratas, fáciles de llevar y mucho más resistentes que las bolsas de plástico. Tienen mucha capacidad y están hechas para guardar desde un galón de leche hasta ropa o martillos y clavos. Además, también se pueden usar para muchos propósitos y diversos tipos de salidas cotidianas. Las podemos llevar a la playa, en el avión o al trabajo.

Creo que prohibir las bolsas de plástico contribuiría a garantizar nuestro futuro como comunidad costera. Los insto a difundir estas ideas y hacer saber al ayuntamiento que ustedes apoyan el movimiento para prohibir las bolsas de plástico.

—John Smith

Archivemos la prohibición de las bolsas de plástico

Esta carta fue publicada como respuesta a la carta anterior.

Escribo para responder a John Smith, que dice que el ayuntamiento debería prohibir las bolsas de plástico en nuestra comunidad. Creo que la suya es una reacción exagerada a un problema menor, y la solución que propone no es mejor que las bolsas de plástico. Por otra parte, si prohibimos las bolsas de plástico, estaremos ante otro ejemplo de intervención del gobierno en nuestras vidas privadas, diciéndonos qué podemos hacer y qué no.

No creo que el Sr. Smith respalde su argumento en contra de las bolsas de plástico con evidencia sólida. Investigué el tema y encontré un estudio de 2011 que analizaba el efecto de diferentes tipos de bolsas en distintos aspectos del medio ambiente, incluso en la vida marina. El estudio había comprobado que las bolsas de papel tienen un efecto peor en el medio ambiente que las bolsas de plástico. Es más: el estudio llegó a la conclusión de que un comprador típico debería volver a usar la misma bolsa de algodón entre 100 y 150 veces antes de que produjera menos impacto en el medio ambiente que el número de bolsas de plástico requeridas para transportar la misma cantidad de provisiones.

La cantidad de veces que habría que usar las bolsas reutilizables para que fueran una mejor opción para el medio ambiente varía según qué aspecto del medio ambiente se estudie. Por ejemplo, los investigadores comprobaron que habría que volver a usar una bolsa de algodón 350 veces antes de que causara menos toxicidad en el agua que todas las bolsas plásticas que reemplazaría en el mismo período. Pero, además, una bolsa de algodón reutilizable solo se espera que dure unos 52 usos. ¡Así que habría que reemplazar esa bolsa siete veces! También debe mencionarse que las bolsas de tela reutilizables pueden albergar bacterias provenientes del goteo de algunos alimentos si no se lavan después de cada uso.

El Sr. Smith también sostiene que las personas casi nunca reciclan sus bolsas de plástico. Sin embargo, las personas usan gran parte de las bolsas de plástico que reciben en las tiendas para poner en los contenedores de basura, recoger los excrementos de sus perros, etc. Al reutilizar estas bolsas de plástico, dejan de comprar y usar otras bolsas de plástico que podrían ser aun más dañinas para el medio ambiente.

Yo me preocupo por nuestra comunidad, el océano y los peces y mariscos que comemos tanto como el Sr. Smith. Creo que debemos hacer todo lo que podamos para protegerlos. Sin embargo, creo que prohibir las bolsas de plástico es un error. Sencillamente, la medida no provocaría el cambio significativo que el Sr. Smith espera. Los insto a pedir al ayuntamiento que ¡boten a la basura la prohibición de las bolsas de plástico!

—Sarah Goldberg

Tema

Estas dos cartas al editor adoptan posturas opuestas en un debate sobre la prohibición de bolsas de plástico en una comunidad costera. El Sr. Smith cree que las bolsas de plástico deberían ser prohibidas, mientras que la Sra. Goldberg está en desacuerdo.

En tu respuesta, analiza ambas cartas para determinar cuál de las posturas está mejor respaldada. Usa evidencia relevante y específica de ambas cartas para respaldar tu respuesta.

Escribir respuestas

Tendrás 45 minutos para completar tu respuesta escrita en la Prueba de GED®. Es importante que practiques cómo teclear una respuesta en esa cantidad de tiempo. Asegúrate de leer el/los pasaje(s) y el tema cuidadosamente. Luego, piensa en el mensaje que quieres dar en tu respuesta. Aquí te convendrá recordar y usar los pasos del proceso de escritura que aprendiste en la Lección 27: Preparación para la escritura, Escribir el primer borrador, Corregir y editar y Escribir la versión final.

Desde luego, en 45 minutos tendrás que avanzar de un paso al próximo bastante rápido. Por eso, es una buena idea que practiques completar esos pasos con un cronómetro. Con la práctica, los pasos pueden convertirse en algo que haces de manera automática.

Antes de comenzar a escribir, vuelve a leer el/los pasaje(s). Luego, piensa cuidadosamente sobre la argumentación presentada en el/los pasaje(s). La argumentación es el conjunto de suposiciones, afirmaciones, fundamentaciones, razonamiento y credibilidad en que se basa una postura. Presta mucha atención a la manera en que el/los autor(es) usa(n) estas estrategias para transmitir su postura con respecto al tema. Luego, comienza el proceso de escritura.

Preparación para la escritura

Primero, define tu propósito y tu público.

Propósito:
Determinar qué postura está mejor respaldada y proveer evidencia del pasaje.

Público:
Calificador de la Prueba de GED®

Recuerda que la postura mejor respaldada no es necesariamente la postura con la que estás de acuerdo. Indica acerca de qué postura escribirás abajo.

____

A continuación, necesitas planear tu explicación de por qué la postura que elegiste es la mejor respaldada; esta será la parte principal de tu respuesta. Planea defender tu postura con al menos tres evidencias del/de los pasaje(s). Asegúrate de incluir detalles, ejemplos, hechos o razones relacionados que hicieron que cada evidencia te ayudara a optar por esta postura como la mejor respaldada. Puedes usar un mapa de ideas como el siguiente.

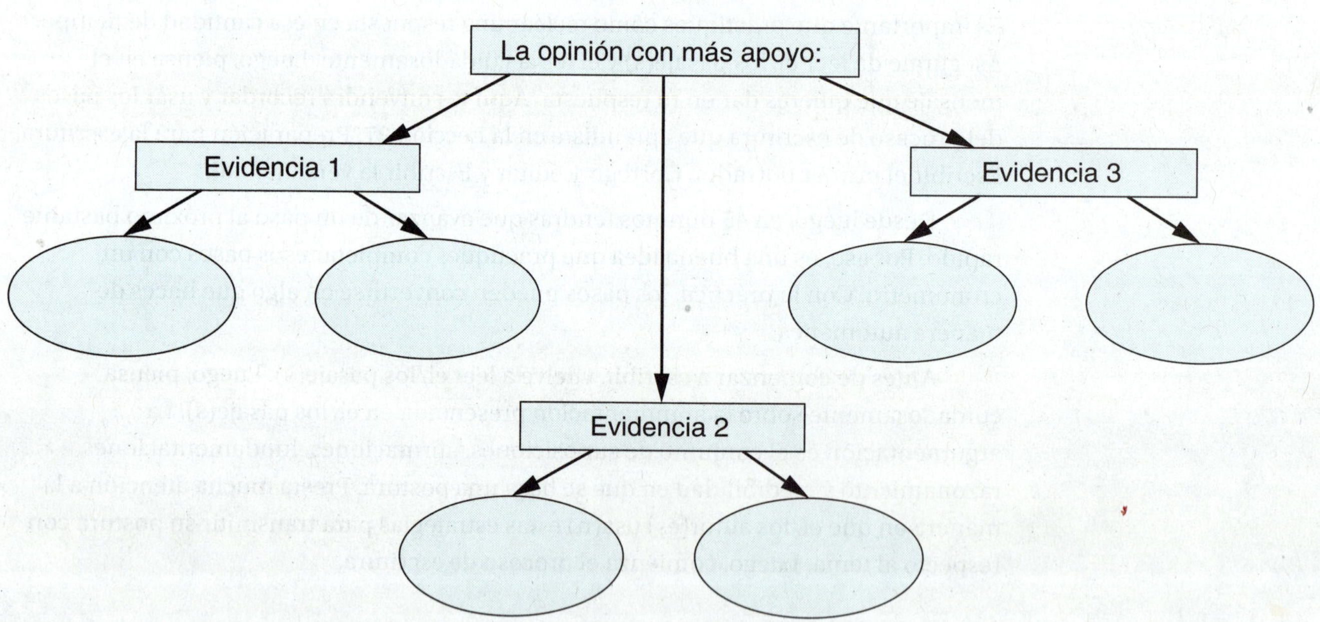

Escribir el primer borrador

Una vez que has establecido tus ideas principales y detalles en un mapa de ideas, puedes comenzar a escribir tu primer borrador.

Recuerda incluir un párrafo introductorio que identifique tu postura, los párrafos del cuerpo que respalden tu posición y citen evidencia de los textos y un párrafo final que resuma las cuestiones que planteaste.

Ten presentes los siguientes puntos mientras escribes:

- Forma tus ideas principales cuidadosamente.
- Coloca tus ideas principales en orden lógico y relaciona tus detalles con tus ideas.
- Cita evidencia de los textos para respaldar tus ideas.
- Organiza tu respuesta con atención y ten en cuenta tu mensaje y propósito.
- Usa palabras y frases de transición para conectar oraciones, párrafos e ideas.
- Elige cuidadosamente las palabras para expresar tus ideas con claridad.
- Varía la estructura de tus oraciones para reforzar la fluidez y claridad de tu respuesta.
- Vuelve a leer y revisa tu respuesta para corregir posibles errores de gramática, uso o puntuación.

Corregir y editar

Después de escribir tu primer borrador, repasa lo que has escrito. Usa la Lista de control para corregir de la página 136 para mejorar el contenido de tu trabajo. Luego, usa la Lista de control para editar de la página 138 para pulir tu escritura.

Escribir la versión final

Una vez que hayas incorporado los cambios a tu versión final, imprímela y pide a un maestro o a un compañero que la revise y te dé su opinión usando las pautas de calificación de la página 140 como guía.

UNIDAD 4

REPASO DE LA UNIDAD
ESCRITURA

Hay cinco pasos en el proceso de escritura. En las líneas de abajo, enumera cada paso y da una breve explicación de cada uno.

1. Paso 1: ______________________________

____

2. Paso 2: ______________________________

____

3. Paso 3: ______________________________

____

4. Paso 4: ______________________________

____

5. Paso 5: ______________________________

____

A continuación, encontrarás temas generales. Menciona dos temas sobre los que podrías escribir en cada caso.

6. Tema: El medio ambiente
Propósito: Persuadir
Público: Tus amigos/familiares/compañeros de trabajo

Tema 1: ______________________________

Tema 2: ______________________________

7. Tema: El espacio exterior
Propósito: Explicar
Público: Un grupo de niños

Tema 1: ______________________________

Tema 2: ______________________________

Comprueba tus respuestas en la página 251.

Planea un ensayo de cinco párrafos sobre el siguiente tema. Escribe una oración o un párrafo inicial, haz un esquema del cuerpo del ensayo y escribe una conclusión.

8. Un viejo refrán dice "Más vale pájaro en mano que ciento volando". Significa que es mejor conservar lo que uno tiene que arriesgarse para conseguir algo más. ¿Estás o no de acuerdo con ese refrán? Da hechos, razones y ejemplos que apoyen tu respuesta.

Presentación ______________________________

____

____

____

I. ______________________________

A. ______________________________

B. ______________________________

C. ______________________________

II. ______________________________

A. ______________________________

B. ______________________________

C. ______________________________

III. ______________________________

A. ______________________________

B. ______________________________

C. ______________________________

Conclusión ______________________________

____

____

____

____

Comprueba tus respuestas en la página 251.

Lee el siguiente artículo. Usa la lista de control para editar que sigue al artículo para hacer al menos tres modificaciones que lo mejoren. Consulta las marcas de edición en la página 136.

La mayoría de las personas conocen esa cinta ancha e impermeable color plateado conocida como cinta americana. La puedes comprar en cualquier ferretería puedes usarla para casi cualquier cosa. Por ejemplo: ¿Te sientes demasiado perezoso para reparar una ventana correctamente? Si usas un pedazo de cinta plateada adhesiva para sellar la filtración en el marco de tu ventana seguro que el arreglo dura más que tu casa.

Resulta que la cinta plateada adhesiva es buena para las verrugas. En el estudio, las personas usaron parches de cinta plateada adhesiva sobre sus verrugas durante períodos prolongados. El estudio no consideró el acné u otras afecciones de la piel. El tratamiento también implicaba remojar y raspar las verrugas. El tratamiento con cinta adhesiva plateada resultó ser menos doloroso y más eficaz que el congelado.

Lista de control para editar	**SÍ**	**NO**
¿Se repiten algunas ideas?	☐	☐
¿Hay palabras que se repiten muchas veces?	☐	☐
¿Se usan palabras precisas y un lenguaje original?	☐	☐
¿Están completas todas las oraciones?	☐	☐
¿Hay oraciones demasiado largas y difíciles de comprender?	☐	☐
¿Hay oraciones muy cortas y desparejas?	☐	☐
¿Se han utilizado correctamente los sustantivos y los pronombres?	☐	☐
¿Se han utilizado correctamente los verbos?	☐	☐
¿Se han utilizado correctamente los adjetivos y los adverbios?	☐	☐
¿Es correcta la ortografía?	☐	☐
¿Se han utilizado correctamente los signos de puntuación?	☐	☐
¿Es correcto el uso de las mayúsculas?	☐	☐

 Comprueba tus respuestas en la página 251.

MINIPRUEBA

Este es un ejercicio de respuesta extendida para desarrollar en 45 minutos. En tu respuesta, analiza las dos posturas que se presentan en el artículo. Usa los 45 minutos, la cantidad de tiempo que tendrás en la prueba de GED®, para planificar tu respuesta, hacer un borrador y editarlo. Si no terminas, intenta trabajar más rápidamente la próxima vez.

Lee este breve artículo. Luego, completa el tema de escritura.

LOS PROS Y CONTRAS DE INFORMAR SOBRE LAS CALORÍAS EN LOS MENÚS DE LOS RESTAURANTES

La ciudad de Nueva York aprobó una ley que exige a todas las cadenas de restaurantes con más de diez establecimientos, como McDonald's y Burger King, informar sobre las calorías de todos sus platos en el menú. Más ciudades y algunos estados están considerando seguir los pasos de Nueva York. Esto puede parecer un tema simple pero, en realidad, es bastante polémico.

Nuestro país tiene un problema muy grave de obesidad, con una tasa récord de casi el 40 por ciento de la población. A esto se le suma el hecho de que cada vez más personas comen en restaurantes, por lo que, a menudo, no saben lo que están consumiendo realmente. Parece lógico pensar que, cuanta más información puedan tener los consumidores sobre los productos que adquieren, mejor será. Si tienen información sobre los alimentos que compran en los restaurantes, por ejemplo, pueden tomar mejores decisiones para el cuidado de su salud. Es más, esta ley, de hecho, incluso podría alentar a los restaurantes a esforzarse más a la hora de elaborar alimentos sabrosos sin depender exclusivamente de grasas, sal y azúcar para hacer que sus alimentos tengan un mejor sabor.

Por otro lado, obligar a los restaurantes a hacer pública la cantidad de calorías no es gratuito. Ahora se verán obligados a analizar sus productos alimenticios para determinar esta información calórica. ¿Y quién paga por estos costos más altos? Básicamente, el consumidor, y eso no es justo. ¿Corresponde al gobierno interferir entre los consumidores y lo que comen en los restaurantes? Si estas leyes se aprueban de forma universal, ¿qué será lo siguiente? ¿El gobierno no permitirá ciertos alimentos más altos en calorías en un menú, como malteadas, hamburguesas dobles con queso y salsa de carne, porque se consideran no "saludables" para el público en general? Quizá sea mejor poner un límite ahora, antes de que sea tarde.

TEMA DE ESCRITURA

Este artículo trata sobre los pros y los contras de exigir a los restaurantes que publiquen la cantidad de calorías de los platos de sus menús.

En tu respuesta, analiza las dos posturas que se presentan en el artículo para determinar cuál se encuentra mejor respaldada. Usa evidencia relevante y específica del artículo para respaldar tu respuesta.

Vuelve a leer el artículo detenidamente y luego prepara y escribe la respuesta en una hoja aparte. Muestra tu preparación para la escritura con un esquema o un mapa de ideas. A continuación, haz un borrador, corrígelo y edítalo, y luego prepara una versión final. Cuando estés listo para comenzar, programa una alarma para que suene en 45 minutos.

Comprueba tus respuestas en la página 251.

UNIDAD 5

DESTREZAS DEL LENGUAJE

Desarrollar buenas destrezas del lenguaje es esencial para tener éxito cuando escribes en el trabajo, en la escuela o en tu vida personal. Escribir buenas oraciones, no cometer errores de ortografía, usar los signos de puntuación correctos y organizar los párrafos en forma efectiva son todas destrezas del lenguaje que te ayudarán a comunicar tus ideas. La impresión que causes depende no solo de lo que escribes, sino de cómo lo escribes: desde correspondencia laboral hasta informes de accidentes o respuestas extendidas de la Prueba de GED®.

¿Con qué destrezas del lenguaje te sientes seguro cuando escribes?

____

¿Con qué destrezas del lenguaje sientes que necesitas ayuda cuando escribes?

____

Pensar en las destrezas del lenguaje

Todos los días aplicas destrezas del lenguaje, a veces sin darte cuenta siquiera. Piensa en tus actividades cotidianas.

Tilda la casilla para cada actividad que hayas realizado.

- ☐ ¿Observaste algún error de ortografía en una revista o en un cartel?
- ☐ ¿Corregiste algo que habías escrito porque tenía errores?
- ☐ ¿Buscaste una palabra en el diccionario para ver cómo se escribía?
- ☐ ¿Revisaste algún texto escrito por un compañero de trabajo o un amigo para ver si tenía errores?
- ☐ ¿Te costó decidir si una oración que habías escrito necesitaba una coma?

Escribe otras actividades en las que hayas usado destrezas del lenguaje recientemente.

____

____

____

Un vistazo a la unidad

En esta unidad, aprenderás:

- a usar las partes básicas del discurso, como pronombres, verbos y adverbios, para expresarte en forma clara y correcta
- a escribir oraciones variadas, interesantes y correctas
- las reglas básicas de puntuación, ortografía y el uso de mayúsculas

Lecciones 29–37: Gramática y uso

Lecciones 38–43: Convenciones

HOMÓFONOS, PARÓNIMOS Y PALABRAS QUE SUELEN CONFUNDIRSE

Homófonos

Los **homófonos** son palabras que se pronuncian de la misma manera, pero su ortografía y significado son diferentes. Para distinguirlos, debes prestar atención a su ortografía y al contexto en el que se usan. Estudia esta lista de homófonos comunes como ayuda para usar cada palabra correctamente.

Palabra	Significado
abría habría	del verbo *abrir* del verbo *haber*
arte harte	expresión de la actividad humana del verbo *hartar*
as has	campeón del verbo *haber*
basto vasto	áspero extenso, amplio
bello vello	hermoso pelo

Palabra	Significado
meces meses	del verbo *mecer* plural de *mes*
peces peses	plural de *pez* del verbo *pesar*
senado cenado	cuerpo legislador del verbo *cenar*
verás veraz	del verbo *ver* que dice la verdad, verdadero
ves vez	del verbo *ver* ocasión

▶ PRÁCTICA DE DESTREZAS **Completa cada oración con la palabra correcta de las tablas de arriba.**

1. El perro ________ fácilmente las puertas de la casa.
2. Una manera sana de expresarse es a través del ________.
3. Julio es un ________ al mando de cualquier vehículo.
4. Brenda ganó el concurso porque su conocimiento es ________.
5. Cuando hace frío se nos eriza el ________.
6. Si ________ la cuna suavemente, el bebé se dormirá pronto.
7. Cuando ________ la mercancía, deberás anotar los valores exactos.
8. Varios miembros del ________ abandonaron la sala como protesta.

Escribe una oración con cada palabra.

9. (veraz) ________________________________
10. (vez) ________________________________

 Comprueba tus respuestas en las páginas 251 y 252.

Parónimos

Los **parónimos** son palabras que se pronuncian de manera similar, pero tienen un significado y una ortografía diferentes. Estas palabras también pueden distinguirse por el contexto en el que se usan. A continuación, se presentan algunos ejemplos de parónimos comunes.

Ejemplos de parónimos	
acceso (entrada)	exceso (abundancia)
parecer (semejar)	perecer (dejar de existir)
provenir (tener origen en)	prevenir (evitar, advertir)
deferencia (cortesía)	diferencia (discrepancia)
hartura (abundancia)	altura (elevación)
notario (escribano público)	notorio (evidente)
prendado (encantado)	prendido (encendido)

PRÁCTICA DE LA DESTREZA

Encierra en un círculo la palabra correcta para completar cada oración.

1. En verano hay **(acceso, exceso)** de lluvia en esta región.
2. No me gusta **(parecer, perecer)** presuntuoso.
3. Para **(prevenir, provenir)** accidentes de tránsito, se debe manejar sin distracciones.
4. El caballero tuvo la **(deferencia, diferencia)** de ceder su paraguas a la anciana dama.
5. Estamos a poca **(hartura, altura)** sobre el nivel del mar.

Completa cada oración con la palabra correcta de la tabla de arriba.

6. El interés del maestro por el bienestar de sus alumnos es ________.
7. El niño quedó ________ con el regalo de su tío.

Comprueba tus respuestas en la página 252.

Palabras que suelen confundirse

Además de los parónimos y los homófonos, hay otras palabras y expresiones que suelen confundirse tanto en el lenguaje hablado como en el lenguaje escrito. Puedes consultar un diccionario si tienes dudas sobre la ortografía y el significado de una palabra o expresión. A continuación, se incluyen algunos ejemplos.

Palabra	Ejemplo de uso
a sí mismo	Eduardo se dijo **a sí mismo** que debía ser valiente.
asimismo	Miguel va a explicar su postura. **Asimismo**, Juana explicará la suya dentro de unos minutos.
tan poco	Me avisaste con **tan poco** tiempo que no he podido preparar nada para cenar.
tampoco	Mi madre no sabía nada de ese asunto, ni **tampoco** mi padre.
tan bien	Mi hermana leyó **tan bien** su poema que todo el público se levantó para aplaudir.
también	Yo **también** tengo muchas ganas de volver a verte.
sin fin	El ciclo de la vida es un ciclo **sin fin**.
sinfín	Tengo que contarte un **sinfín** de aventuras de mis vacaciones.
si no	**Si no** vienes hoy al partido, el entrenador se enfadará mucho.
sino	No me encontré con Luisa, **sino** con Patricia.
entre tanto	**Entre tanto** juguete tirado por el suelo, no conseguía encontrar mis gafas.
entretanto	Mi madre cocinaba la cena; **entretanto**, mi padre arreglaba la puerta del garaje.

▶ **PRÁCTICA DE LA DESTREZA**

Encierra en un círculo la palabra correcta para completar cada oración.

1. Richard se votó **(a sí mismo, asimismo)** en las elecciones escolares.
2. Tengo muchas ganas de viajar, pero tengo **(tan poco, tampoco)** dinero...
3. El servicio meteorológico anunció fuertes lluvias y **(tan bien, también)** emitió una alerta de tornado.
4. Mi casa tiene un **(sin fin, sinfín)** de desperfectos que necesitan reparación.
5. Podría reprobar esta materia **(si no, sino)** consigo terminar el trabajo a tiempo.
6. **(Entre tanto, Entretanto)**, la vida discurría feliz en aquel pueblo.

 Comprueba tus respuestas en la página 252.

CONCORDANCIA ENTRE SUJETO Y VERBO

El sujeto y el verbo siempre deben coincidir en persona y en número. Un sujeto en singular debe tener un verbo en singular. Un sujeto en plural debe tener un verbo en plural.

Sujeto y verbo en singular: Un barco grande navega hacia el puerto.

Sujeto y verbo en plural: Nosotros estamos en un barco grande.

1. Las palabras que están entre el sujeto y el verbo no afectan la concordancia.

Los insectos que están sobre el roble son dañinos. (El sujeto es *insectos,* no *roble.* El verbo es *son.* La frase *que están sobre el roble,* situada entre el sujeto y el verbo, no afecta la concordancia).

2. Usa un verbo en plural para un sujeto compuesto por dos o más elementos unidos con *y.*

La puerta y la ventana están atascadas.

3. Usa un verbo indistintamente en singular o en plural para un sujeto compuesto por dos o más elementos unidos con *o.* No obstante, es preferible usar el plural cuando los sujetos preceden al verbo.

Puede/Pueden salir Ana o Andrés.

Todas las mañanas, un hombre o una mujer llama/llaman por teléfono.

4. Si *o* indica dos maneras de nombrar la misma cosa, el verbo debe ir en singular.

El ají o chile picante es un condimento típico de México.

La flor bellis perennis o margarita crece naturalmente en los prados.

▶ PRÁCTICA DE LA DESTREZA

Encierra en un círculo el verbo correcto para completar cada oración.

1. El cielo **(parece, parecen)** azul cuando lo miramos desde la Tierra.

2. La Luna y el planeta Venus **(brillan, brilla)** por la noche.

3. Sin embargo, Plutón o Saturno no **(es, son)** fácil(es) de encontrar.

4. Los meteoros que atraviesan el cielo **(es, son)** algo especial.

Escribe una oración usando cada palabra o frase como el sujeto de la oración.

Ejemplo: (Tony o Leo) Tony o Leo van a ayudarnos a pintar.

5. (los carros) ____________________

6. (los autobuses o el tren) ____________________

____

Comprueba tus respuestas en la página 252.

Otros temas sobre la concordancia entre el sujeto y el verbo

1. Algunas veces, en una oración, el sujeto aparece después del verbo. Puedes cambiar el orden de las palabras de la oración para decidir cuál es la concordancia correcta entre el verbo y el sujeto.

En la pared (¿está colgado o están colgados?) el retrato de la familia de Ray.

El retrato de la familia de Ray está colgado en la pared.

2. En muchas oraciones que comienzan con *aquí, allí* o *dónde,* el sujeto aparece después del verbo. Ten cuidado de no comenzar una oración con *aquí está, allí está* o *dónde está* cuando el sujeto es plural.

Incorrecto: Aquí está los rollos de papel para la caja registradora.
Correcto: Aquí están los rollos de papel para la caja registradora.
Correcto: Los rollos de papel para la caja registradora están aquí.

Incorrecto: Allá va los temas de la agenda de la reunión.
Correcto: Allá van los temas de la agenda de la reunión.
Correcto: Los temas de la agenda de la reunión van allá.

Incorrecto: ¿Dónde está el destornillador y la llave inglesa?
Correcto: ¿Dónde están el destornillador y la llave inglesa?
Correcto: ¿El destornillador y la llave inglesa dónde están?

3. Recuerda que un sustantivo colectivo nombra un grupo de personas, lugares o cosas. Aunque el grupo esté formado por varios miembros, el verbo generalmente va en singular. No obstante, si el sujeto compuesto está formado por un sustantivo colectivo y un sustantivo en plural, el verbo puede ir en singular o en plural.

Un grupo de aficionados saltó/saltaron al campo.

PRÁCTICA DE LA DESTREZA **Encierra en un círculo el verbo correcto para completar cada oración.**

1. Nuestra familia **(prepara, preparan)** una gran fiesta.
2. Todo el grupo **(quiere, quieren)** honrar a nuestro abuelo, que cumple 75 años.
3. Aquí **(está, están)** las cosas para decorar el lugar.
4. Arriba de esa repisa **(está, están)** las tazas que necesito.
5. Todavía **(está, están)** llena de migas la mesa.

Completa cada oración. Usa la concordancia correcta del sustantivo y el verbo.

6. ¿Dónde ______________________________ ______________________________?
7. El jurado ______________________________ ______________________________.

 Comprueba tus respuestas en la página 252.

PRONOMBRES

Un **pronombre** es una palabra que toma el lugar de un sustantivo.

Los vecinos se mudaron. Ellos alquilaron una compañía de mudanzas para que los ayudara. (Los pronombres *ellos* y *los* toman el lugar del sustantivo *vecinos*).

Los pronombres pueden ser singulares o plurales. Los **pronombres en primera persona** se refieren al/los hablante(s); los **pronombres en segunda persona** se refieren a la(s) persona(s) a la(s) que se le(s) habla; los **pronombres en tercera persona** se refieren a la(s) persona(s) o cosa(s) de la(s) que se habla.

	Singular	**Plural**
Primera persona:	yo, me, mí, conmigo, mío(a), míos(as)	nosotros(as), nos, nuestro(a), nuestros(as)
Segunda persona:	tú, te, ti, contigo, tuyo(a), tuyos(as)	suyo(as), se, ustedes
Tercera persona:	él, ella, se, sí, consigo, lo, la, le, suyo(a), suyos(as)	suyos(as), ellos(as), se los, las, les

Estos pronombres personales se pueden dividir en tres tipos básicos: sujeto, objeto y posesivos.

Pronombres sujeto

Un **pronombre sujeto** puede actuar como sujeto de una oración. Un sujeto indica de quién o de qué trata la oración. Los pronombres sujeto son *yo, tú, él/ella, nosotros(as)* y *ellos(as)*. A menudo se omiten y se reflejan en el verbo.

Nos vamos a casar. (*Nosotros* es el sujeto implícito).

Necesito rentar un camión. (*Yo* es el sujeto implícito).

▶ PRÁCTICA DE LA DESTREZA

Reemplaza la(s) palabra(s) subrayada(s) con pronombres sujeto.

_______ **1.** Mi novio y yo también tenemos que encontrar una banda.

_______ **2.** Mike quiere que una banda toque los éxitos.

_______ **3.** Mi madre no sabe mucho de música.

_______ **4.** Mis padres pagarán parte de la boda.

Escribe una oración que combine con la dada. Usa un pronombre sujeto implícito e indica entre paréntesis cuál es.

Ejemplo: Mi vecina Ana es muy amable. (Ella) Siempre me ayuda con las compras.

5. Mis vecinos algunas veces me ayudan.

____

6. Mis vecinos y yo generalmente nos llevamos bien.

____

Comprueba tus respuestas en la página 252.

Pronombres objeto

Los **pronombres objeto** se usan como objeto de un verbo o de una preposición. Los pronombres objeto son *me, mí, conmigo, nos, te, ti, contigo, lo/la, los/las, le/les, se, sí* y *consigo.*

1. Un pronombre objeto puede ser un **pronombre de complemento directo.** Un pronombre de complemento directo recibe la acción del verbo de la oración.

   Hoy trajeron los libros nuevos y ya los he ordenado. (¿Qué has ordenado? *los, los libros nuevos*)

   Toma la taza y ponla sobre la mesada. (¿Qué debes poner sobre la mesada? *la, la taza*)

2. Un pronombre objeto puede ser un **pronombre de complemento indirecto.** Un pronombre de complemento indirecto indica *a quién* o *para quién* se realiza la acción del verbo.

   Mi hermana me envió un regalo para mi cumpleaños. (¿A quién le envió ella un regalo? *me, a mí*)

3. Un pronombre objeto puede ser el **objeto de una preposición.** El objeto de una preposición es simplemente el sustantivo o el pronombre que está después de la preposición. Algunas preposiciones comunes son *sobre, en, entre, hacia, a, enfrente de, dentro, contra* y *con.*

   Todavía no hablé con él.

Recuerda usar un pronombre objeto correctamente incluso cuando forma parte de un objeto compuesto.

A Ricardo y a mí nos dieron el premio a la asistencia perfecta.

PRÁCTICA DE LA DESTREZA **Escribe el pronombre objeto correcto para completar cada oración.**

1. Mi abuela nos dijo a mi primo y a ____________ **(yo, mí)** que una vez escuchó hablar a Martin Luther King Jr.
2. Ella ____________ **(lo, le)** escuchó cuando era pequeña.
3. Mi hermano y yo nos entusiasmamos cuando ____________ **(nos, nosotros)** contó cómo sonaba.
4. En un momento, ella pensó que él miraba directamente hacia ____________ **(ella, sí).**
5. Él hablaba tan bien que todas las personas del público pensaron que estaba ____________ **(hablándole, hablándoles)** directamente a ellos.

Escribe una oración con cada pronombre objeto.

Ejemplo: (te) Si necesito ayuda, te llamaré a ti.

6. (me) ____________________
7. (los) ____________________
8. (mí) ____________________

 Comprueba tus respuestas en la página 252.

Pronombres y adjetivos posesivos

Los **pronombres** y los **adjetivos posesivos** indican propiedad.

1. Los **adjetivos posesivos son** *mi(s), tu(s), su(s)* y *nuestro(s)*. Solo se usan antes de los sustantivos. Los adjetivos posesivos cumplen funciones similares a las de los demás pronombres, por lo que también se los puede considerar pronombres.

   Nick dejó su guante en nuestro carro. Su perro enterró sus huesos.

2. Observa que, en español, se prefiere usar artículos antes que adjetivos posesivos para hablar de ropa o partes del cuerpo.

   Las manos le temblaban de miedo.

   Como hace calor, me quitaré el abrigo.

3. Usa los **pronombres posesivos** *mío, tuyo, suyo* y *nuestro,* con sus formas femeninas y plurales para indicar propiedad cuando ya se ha nombrado el sustantivo o para reemplazarlo.

   ¿Este saco es tuyo? El mío está en el guardarropas.

   ¿Esos papeles son nuestros? No, son suyos (de ellos).

▶ PRÁCTICA DE LA DESTREZA **Encierra en un círculo la palabra correcta para completar cada oración.**

1. Parece que a Antonio le molestaban **(sus, los)** ojos.
2. **(Su, Suya)** miopía ya era obvia para todos.
3. —Nos preocupa **(tu, tuya)** vista —le dije.
4. —Mis ojos son **(míos, los míos)**, no **(suyo, suyos)** —contestaba de mala gana.
5. Finalmente entendió **(nuestra, suya)** preocupación y fue a un oculista.

Lee las oraciones sobre un hombre llamado Kim. Escribe dos oraciones comparándote con Kim. Usa las formas correctas de *mío* en una oración y de *mi* en la otra.

Ejemplo: Los hijos de Kim son pequeños. Los míos son grandes.

Mis hijos son grandes.

6. La casa de Kim está muy desordenada. ______

   ______

7. La ciudad natal de Kim es grande. ______

   ______

Comprueba tus respuestas en la página 252.

Antecedentes del pronombre

Un pronombre toma su significado del sustantivo al que se refiere. Este sustantivo se llama **antecedente.** Los pronombres generalmente tienen antecedentes específicos.

1. Un antecedente es la palabra a la que se refiere un pronombre. En general, el antecedente está ubicado antes del pronombre.

Luisa olvidó comprar su pase semanal de autobús. (Ella) Tuvo que pagar con efectivo todos los días. (*Luisa* es el antecedente de *su* y de *Ella*, que está implícito).

Cada gato del refugio recibió sus vacunas. (*Gato* es el antecedente de *sus*).

Carolyn y yo dejamos nuestras llaves sobre el escritorio. (Nosotras) Nos dimos cuenta muy tarde. (*Carolyn y yo* es el antecedente de *nuestras* y de *Nosotras*, que está implícito).

2. Algunas veces, el antecedente está ubicado después del pronombre, que puede estar implícito.

Desde que (ellos) se mudaron, Donna y Jim no nos han llamado. (*Donna y Jim* es el antecedente del pronombre implícito *ellos*).

Debido a su clima, San Diego es mi ciudad favorita. (*San Diego* es el antecedente de *su*).

▶ **PRÁCTICA DE LA DESTREZA** **Encierra en un círculo el antecedente del pronombre subrayado en cada oración.**

1. Las ciudades en donde nieva mucho deben mantener su barredora de nieve en buenas condiciones.
2. En enero, cuando dos tormentas azotaron la ciudad de mis mejores amigos, sus habitantes casi quedaron atrapados en sus casas.
3. En su primera página, el periódico publicó una foto de una barredora de nieve atascada en la nieve.
4. La alcaldesa sabía que ella tenía que actuar rápidamente para quitar la nieve.
5. Aunque era su día libre, el jefe de la policía se reunió con la alcaldesa para idear un plan.
6. Mis amigos trabajaron horas extra. Ellos fueron dos de las cincuenta personas que ayudaron a quitar la nieve de la ciudad.

Escribe una oración con cada pronombre. Encierra en un círculo su antecedente.

Ejemplo: (lo) Cuando el teléfono sonó a las 7:00 a. m., lo apagué.

7. (ellos) ____________________

8. (les) ____________________

 Comprueba tus respuestas en la página 253.

Concordancia de pronombres

Los pronombres y los antecedentes deben coincidir, o concordar.

1. Un pronombre debe concordar con su antecedente en número, persona y género. El *número* indica si las palabras son singulares o plurales. La *persona* se refiere a primera persona, segunda persona o tercera persona. El *género* indica si las palabras son masculinas, femeninas o neutras.

   Lucy dio su cuenta al empleado. (El antecedente, *Lucy*, está en tercera persona; por eso el pronombre *su* es de tercera persona. Además, "la cuenta" es femenino y singular, y así concuerda con el pronombre).

2. Usa un pronombre en plural con dos o más antecedentes unidos por *y*.

   Mi compañero de habitación y yo no estamos de acuerdo sobre nuestras responsabilidades.

3. Usa un pronombre en plural con antecedentes en singular unidos por *o* o *ni*. Usa un pronombre en plural con antecedentes en plural unidos por *o* o *ni*.

   Ni Steve ni Ricardo deberían gastar su dinero en otro teléfono inteligente.

   Habla con tus hermanos o tus amigos e invítalos a la fiesta.

4. Asegúrate de que el pronombre coincida con la persona del antecedente.

   Incorrecto: Si los estudiantes quieren triunfar, tú debes esforzarte mucho. (El antecedente está en tercera persona, pero *tú* es segunda persona).

   Correcto: Si los estudiantes quieren triunfar, (ellos) deben esforzarse mucho. (El antecedente y el pronombre están en tercera persona. Puedes dejar el pronombre implícito).

▶ PRÁCTICA DE LA DESTREZA **Encierra en un círculo el pronombre para completar cada oración.**

1. Mi hermana y yo tenemos **(mi, nuestra)** propia visión sobre las mujeres en el deporte.
2. En mi opinión, las atletas no obtienen el reconocimiento que **(tú, ellas)** merecen.
3. Si una atleta es muy talentosa, **(ella, ellas)** puede hacerse famosa.
4. Sin embargo, los atletas tienen más posibilidades de ser reconocidos por **(su, sus)** destrezas.
5. Mi tío o mi hermano estará feliz de dar **(su, sus)** opinión.

Escribe una oración con un pronombre que concuerde con cada antecedente. Subraya el pronombre y su antecedente.

Ejemplo: (hombre) El hombre trajo a su pareja a ver la película.

6. (actriz) ____________________

7. (pollo o jamón) ____________________

Comprueba tus respuestas en la página 253.

Concordancia entre el pronombre y el verbo

Un pronombre que se usa como sujeto debe concordar con el verbo en persona y número.

1. Estos tres pronombres solo se usan en singular, no se refieren nunca a un conjunto de elementos y designan una persona o cosa sin determinación de género: *nadie, alguien, nada.*

Alguien ha estado en la casa.

Nada cambió últimamente por aquí.

2. Se prefiere que los siguientes pronombres lleven verbos en singular siempre: *alguno/a, ninguno/a.*

Tengo varios relojes viejos. Alguno debe funcionar.

Alguno de los relojes debe funcionar.

3. El pronombre *cualquiera* suele ir acompañado de un verbo en singular. Sin embargo, si va seguido de *de nosotros/ustedes,* puede también concordar con el verbo en plural.

Cualquiera de nosotros puede/podemos resultar herido(s).

4. *Todo* es singular si se refiere a algo incontable. Es plural *(todos, todas)* si se refiere a personas y cosas contables.

Estudié *todo.* (*Todo* es el contenido que se estudió). *Todas* estamos de acuerdo. (*Todas* son las personas que están de acuerdo).

▶ PRÁCTICA DE LA DESTREZA **Encierra en un círculo el verbo correcto para completar cada oración.**

1. Mis tres hijos están de paseo en Nueva York por primera vez. Todos **(quieren, queremos)** ver a alguien famoso.

2. Alguien les **(han, ha)** dicho que pueden ver a los actores cuando salen del teatro.

3. A las 11:00 p. m., alguno **(saluda, saludan)** por última vez al público y se va del teatro.

4. Cada uno de los actores **(sonríe, sonríen)** a mis hijos y les firma un autógrafo.

5. Pocos **(es, son)** así de amables.

6. Desde entonces, algunos de nosotros **(hemos, han)** recibido cartas de ellos.

Completa cada oración. Usa *es/son* o *tiene/tienen.*

Ejemplo: Varios de mis amigos tienen mellizos.

7. En mi familia todos ______.

8. En mi familia nadie ______.

9. Todos mis amigos ______.

10. Varios de mis compañeros de trabajo ______.

 Comprueba tus respuestas en la página 253.

LECCIÓN 32

TIEMPOS VERBALES

Los sucesos se ubican en una línea cronológica. Cuando escribes un texto, debes indicar los sucesos cronológicamente, es decir, en el orden correcto. Para eso usas los **tiempos verbales**. El tiempo verbal describe cuándo ocurre una acción o cuándo una condición es verdadera.

Los **tiempos verbales simples** se usan para acciones o condiciones que generalmente son verdaderas.

El **presente** indica que un suceso ocurre ahora o una condición es verdadera ahora.

> La Sra. Jones *despierta* todos los días a las 7:30 a. m.
>
> El clima *es* muy diverso en los Estados Unidos.

El **pretérito** indica un suceso que ocurrió en el pasado o una condición que fue verdadera en el pasado.

> Ayer, en la escuela, *vimos* un documental sobre los océanos.
>
> En la década de 1970, aún no *existía* internet.

El **futuro** indica un suceso que ocurrirá en el futuro o una condición que será verdadera en el futuro.

> El próximo verano, *iremos* de vacaciones a las playas de California.
>
> En el futuro, solo *habrá* aparatos electrónicos inteligentes.

Los tiempos verbales dentro de una oración o un párrafo deben tener **uniformidad**; es decir, deben estar todos en pretérito, en presente o en futuro (a menos que el significado exija un cambio en el tiempo verbal).

> Incoherente: Ayer *fui* al mercado y <u>*compro*</u> patatas, zanahorias y huevos.
>
> Coherente: Ayer *fui* al mercado y <u>*compré*</u> patatas, zanahorias y huevos.
>
> Incoherente: Todas las noches, antes de dormir, *leo* un poco y <u>*escuché*</u> música.
>
> Coherente: Todas las noches, antes de dormir, *leo* un poco y <u>*escucho*</u> música.
>
> Incoherente: El próximo jueves, *iremos* al cine y <u>*comimos*</u> hamburguesas.
>
> Coherente: El próximo jueves, *iremos* al cine y <u>*comeremos*</u> hamburguesas.

Busca palabras o frases clave que indiquen el tiempo verbal, como *ahora, pasado, próximo, en este momento, el año próximo,* etc.

▶ PRÁCTICA DE LA DESTREZA

Vuelve a escribir cada oración de la manera correcta.

1. En la actualidad, nuestra ciudad será una de las más modernas del país.

   ____

2. En el pasado, el desarrollo urbano de las principales ciudades es escaso.

   ____

3. Hoy en día, la vida nocturna ofreció muchas opciones atractivas.

   ____

Comprueba tus respuestas en la página 253.

4. En los próximos años, se construyeron más edificios inteligentes.

____

Más sobre tiempos verbales

Los **tiempos verbales compuestos** se usan para relaciones de tiempo más complejas en las que se da por finalizada la acción.

El **pretérito perfecto** indica una acción que comenzó en el pasado y ya se ha concluido. Expresa una acción pasada pero cercana al presente. Se usa el verbo auxiliar *haber (he, has, ha, hemos, han)* con el participio del verbo principal.

Hemos visto muchas estrellas fugaces esta noche.

Guillermo ya *ha barrido* la acera.

Los estudiantes *han regresado* de su clase de gimnasia.

El **pretérito pluscuamperfecto** indica una acción que se concluyó en el pasado antes de que comenzara otra acción en el pasado. Se usa el verbo auxiliar *haber (había, habías, habíamos, habían)* con el participio del verbo principal.

Cuando llegamos al teatro, la obra *había comenzado*.

Invité a mi hermana al cine, pero su amiga la *había invitado* antes.

Cuando por fin atendieron nuestro llamado, ya *habíamos solucionado* el problema.

El **futuro perfecto** indica una acción futura que comienza y termina antes del comienzo de otra acción futura. Se usa el verbo auxiliar *haber (habré, habrás, habrá, habremos, habrán)* con el participio del verbo principal.

Para fines de agosto, ya *habremos regresado* de las vacaciones de verano.

Cuando Pat concluya su viaje en carro, *habrá conducido* unos 300 km.

Cuando la lavadora complete su tarea, yo *habré horneado* dos pasteles.

▶ **PRÁCTICA DE LA DESTREZA** **Escribe *C* si la oración es correcta. Escribe *E* si hay un error en el tiempo verbal.**

______ **1.** La conferencia había terminado antes de que llegáramos.

______ **2.** Para el mediodía de mañana, ya hemos enviado las solicitudes al ministerio.

______ **3.** Cuando nuestros padres volvieron a casa, habremos terminado la tarea.

______ **4.** Cuando lleguemos a Boston esta noche, habremos recorrido 200 km.

______ **5.** Todos mis compañeros han leído el último libro de mi autora favorita.

______ **6.** Para fines de este año, habíamos aprendido muchas cosas.

______ **7.** Recientemente hemos recibido a muchos turistas extranjeros en nuestro hotel.

______ **8.** Mi hermano habrá ordenado la casa antes de que llegaran las visitas.

 Comprueba tus respuestas en la página 253.

MODIFICADORES AMBIGUOS Y MAL COLOCADOS

Un **modificador** es una palabra o frase descriptiva.

1. Coloca un modificador lo más cerca posible de la palabra o frase que describe.

La mujer que entregó el paquete le habló al hombre.

El bateador con la camiseta roja bateó un jonrón.

2. Un **modificador mal colocado** es un modificador que está en el lugar incorrecto de la oración. Si el modificador está lejos de la palabra que describe, la oración puede cambiar de significado o carecer de sentido.

Modificador mal colocado: La mujer le habló al hombre que entregó el paquete. (La oración ahora significa que el hombre, no la mujer, entregó el paquete).

Modificador mal colocado: El bateador bateó un jonrón con la camiseta roja. (La oración ahora significa que el bateador usó la camiseta roja para lanzar la pelota).

▶ PRÁCTICA DE LA DESTREZA

Escribe *C* si el modificador subrayado está en el lugar correcto de la oración. Escribe *M* si el modificador está mal colocado.

_____ **1.** Vimos muchas casas destrozadas conduciendo durante la tormenta.

_____ **2.** La tormenta incluso destrozó las aceras.

_____ **3.** Las personas podían creer lo que veían difícilmente.

_____ **4.** La tormenta apenas había terminado cuando la gente se acercó a ayudar.

_____ **5.** Casi todos dieron una mano.

_____ **6.** Primero, se dio una lista a cada dueño con muchos artículos.

_____ **7.** Luego Marta recogió las prendas para los niños que habían quedado en la caja.

_____ **8.** La casa fue reconstruida por la familia propietaria destruida por la tormenta.

En una hoja aparte, describe una tormenta grave que hayas experimentado. Puedes inventar los detalles, si lo necesitas. Usa al menos tres oraciones que tengan modificadores colocados correctamente.

 Comprueba tus respuestas en la página 253.

3. Cada modificador debe describir una palabra específica de una oración.

   Subiendo las escaleras, María oyó que el reloj daba las seis. (*Subiendo las escaleras* describe a *María.*)

4. Una oración no tiene sentido si falta la palabra modificada. Un **modificador ambiguo** es un modificador que no describe nada que esté expresado en la oración. Presta atención a los modificadores ambiguos y vuelve a escribirlos.

   Modificador ambiguo: Conduciendo por la ruta, ocurrió un grave accidente. (¿Quién conducía por la ruta?)

   Correcto: Conduciendo por la ruta, (ellos) vieron un grave accidente.

   Correcto: Mientras (ellos) conducían por la ruta, ocurrió un grave accidente.

▶ PRÁCTICA DE LA DESTREZA **Vuelve a escribir cada oración para corregir el modificador ambiguo.**

1. Atravesando un gran valle, un trueno me hizo gritar.

   ____

2. Navegando por el puerto, se vio el muelle.

   ____

3. Sobrevolando la ciudad, los carros y casas parecían de juguete.

   ____

4. Al armar la silla, se perdió el tornillo.

   ____

5. Al abrir el frasco, la salsa se derramó por el suelo.

   ____

6. Subiendo las escaleras, se cayeron los paquetes.

   ____

Completa cada oración. Incluye una palabra que pueda ser modificada por la frase que ya está escrita.

Ejemplo: Ansioso de oír las novedades, salté en cuanto sonó el teléfono.

7. Yendo a mi clase, ______________________________.

8. Enojada con su esposo, ______________________________.

9. Ya con hambre, ______________________________.

10. Sin pensar, ______________________________.

 Comprueba tus respuestas en la página 254.

Orden ilógico

Un escritor puede colocar incorrectamente los modificadores de diferentes maneras, lo que puede llevar a que una oración suene rara o incluso ilógica.

Los **adjetivos** mal colocados están incorrectamente separados de los sustantivos a los que modifican y casi siempre cambian el sentido buscado de la oración. Observa estos ejemplos de adjetivos que se encuentran ordenados de manera ilógica.

Orden ilógico: Hoy al mediodía disfruté de un puré frito con huevo.

Orden lógico: Hoy al mediodía disfruté de un puré con huevo frito.

Orden ilógico: El juguete del niño roto estaba en el suelo.

Orden lógico: El juguete roto del niño estaba en el suelo.

Los **adverbios** también pueden estar ubicados ilógicamente en una oración, lo que puede prestarse a confusión.

Orden ilógico: Fuimos caminando a ver la película que se estaba dando lentamente.

Orden lógico: Fuimos caminando lentamente a ver la película que se estaba dando.

La ubicación de adverbios también puede cambiar el significado de una oración.

Solo Clay fue elegido para jugar al fútbol. (*Solo Clay* significa que solamente Clay puede jugar).

Clay fue elegido para jugar solo al fútbol. (*Solo al fútbol* significa que Clay fue elegido para jugar solamente al fútbol, y no a otro deporte).

Clay solo fue elegido para jugar al fútbol. (*Solo fue elegido* significa que Clay fue elegido solamente para jugar al fútbol, y no para otra cosa).

▶ **PRÁCTICA DE LA DESTREZA** **Lee cada oración. Escribe *L* si la oración es lógica. Escribe *I* si es ilógica.**

_______ **1.** El collar del perro azul se rompió cuando jaló de él.

_______ **2.** Sam casi manejó el carro durante dos horas al día.

_______ **3.** Joni desaprobó casi todos los exámenes que dio.

_______ **4.** Solamente papá me dio un dólar para rastrillar el césped.

_______ **5.** Las personas que tienen gatos los pueden pasear casi nunca con correa.

 Comprueba tus respuestas en la página 254.

COORDINACIÓN Y SUBORDINACIÓN

La **coordinación** es una manera de combinar dos oraciones completas para crear una oración compuesta. Hay dos maneras de combinar oraciones en una sola oración.

1. Unir las oraciones completas con una coma y una **conjunción coordinante** (*pero, aunque, así que*) o con una **conjunción coordinante sin coma** (*y, e, o, u, ni*).

Jill quería el trabajo, pero no sabía si contaba con las destrezas requeridas.
Podía aceptar el trabajo o podía rechazarlo.

2. Unir las oraciones completas con un punto y coma. Usa este método cuando no necesitas una palabra de enlace para mostrar cómo están relacionadas las ideas.

Martin leyó el libro en dos horas; escribió su ensayo en tres.

A Jess le gustó la película; la vio el viernes pasado.

▸ PRÁCTICA DE LA DESTREZA

Escribe *OC* si la oración es una oración compuesta. Escribe *OS* si no lo es.

_______ **1.** Los reality shows se han ganado mala fama, pero no siempre la merecen.

_______ **2.** Algunas personas miran demasiada televisión; otras se toman demasiado en serio lo que miran.

_______ **3.** Esto no hace que los programas en sí sean malos.

Agrega otra oración completa a estas oraciones completas para crear una oración compuesta. Usa una conjunción coordinante, acompañada de coma cuando corresponda.

4. James mira reality shows por televisión todos los días.

____

____

5. Algunos reality shows se han transmitido durante muchos años.

____

____

3. Usa una oración compuesta para unir ideas relacionadas. La oración no tendrá sentido a menos que las dos ideas estén relacionadas.

No relacionadas: Las computadoras se hicieron populares en la década de 1970, dado que la música disco era popular.

Relacionadas: Las computadoras se hicieron populares en la década de 1970, dado que tenían muchos usos diferentes.

4. Usa una conjunción coordinante que ayude a mostrar la relación entre las partes de una oración compuesta. Cada una de estas palabras de enlace tiene un significado. Usa la palabra que muestre una relación lógica.

Palabra de enlace	Significado	Función
y, e	además	Une ideas.
pero, aunque	por otro lado	Contrasta.
o, u	una opción	Muestra una opción.
así que	por lo tanto	Muestra un resultado.
como	porque	Muestra una razón.
ni	no	Une ideas negativas.

PRÁCTICA DE LA DESTREZA **Combina las dos oraciones para crear una oración compuesta lógica.**

1. Mi primera semana en el trabajo fue un desastre. Mi jefe me lo dijo.

2. Estaba muy angustiado. Sabía que las cosas tenían que mejorar.

3. Intenté lo más que pude. Realmente deseaba conservar el trabajo.

4. Mi compañero de trabajo me aconsejó bien. Me sentí más confiado.

5. La próxima semana tiene que ser mejor. ¡Consideraré la idea de dejar el trabajo!

 Comprueba tus respuestas en la página 254.

Subordinación

1. Una **cláusula** es un grupo de palabras que tienen su propio sujeto y verbo. Una cláusula que por sí sola puede ser una oración se llama **cláusula independiente.**

   Se despertó a las siete para poder ir a pescar.

2. Una cláusula que por sí sola no puede ser una oración se llama **cláusula dependiente.**

   Se despertó a las siete para poder ir a pescar.

3. La **subordinación** es otra manera de combinar oraciones completas. La subordinación usa **conjunciones subordinantes** para convertir cláusulas independientes en cláusulas dependientes. Aquí se muestran algunas de las conjunciones subordinantes más comunes.

después	a pesar de que	como	como si	porque
antes	si bien	si	desde	de modo que
pese a que	a menos que	hasta	cuando	mientras

4. Una oración con una cláusula independiente y una cláusula dependiente es una **oración compleja.** La cláusula dependiente puede aparecer al comienzo o al final de la oración. Ubícala donde te ayude a plantear tu idea más claramente. Si la cláusula dependiente está al comienzo de la oración, coloca una coma luego de ella.

   Si bien su alarma no sonó, se despertó a las siete.

   Se despertó a las siete si bien su alarma no sonó.

▶ **PRÁCTICA DE LA DESTREZA** **Traza una línea debajo de la cláusula dependiente en cada oración compleja. Esta es la cláusula que no puede aparecer sola. Luego añade una coma si es necesario.**

1. Aunque tengo carro suelo tomar el autobús.
2. Prefiero el autobús porque me preocupa el medio ambiente.
3. Si no ayudamos a reducir la contaminación el problema va a ser peor.
4. Actuemos antes de que sea demasiado tarde.

Escribe instrucciones para caminar de un lugar a otro en tu vecindario. Incluye tus atajos favoritos. Usa al menos dos cláusulas dependientes.

___

___

___

 Comprueba tus respuestas en la página 254.

LECCIÓN 35

PARALELISMO

Tu escritura será más clara si las ideas dentro de cada oración están escritas de forma similar. Colócalas en una forma **paralela**, o similar. Por ejemplo, todos los verbos deberían estar en la misma forma y tiempo verbal. Para tener **paralelismo**, usa sustantivos, verbos, adjetivos y adverbios que coincidan en forma si estás enumerando algo.

No paralelo: La tienda es buena para fruta, carne y para comprar queso.
Paralelo: La tienda es buena para comprar fruta, carne y queso. (sustantivos)

No paralelo: Los doctores dicen que debería correr, nadar y salir a caminar.
Paralelo: Los doctores dicen que debería correr, nadar y caminar. (verbos)

No paralelo: La comida era sabrosa, rápida y hacía bien a tu salud.
Paralelo: La comida era sabrosa, rápida y saludable. (adjetivos)

No paralelo: Bajo la lluvia conduzco calmo, con cuidado y cautelosamente.
Paralelo: Bajo la lluvia conduzco con calma, con cuidado y con cautela. (adverbios)

▶ PRÁCTICA DE LA DESTREZA

Escribe *P* si la oración tiene paralelismo. Escribe *NP* si la oración no tiene paralelismo.

_______ **1.** Comer las comidas adecuadas te ayudará a sentirte más saludable, más atractivo y con más fuerza.

_______ **2.** Frutas, verduras y cereales son importantes en una dieta balanceada.

_______ **3.** Proveen vitaminas, minerales y son bajos en grasa.

_______ **4.** La carne, el pescado y las aves de corral proporcionan zinc, hierro y vitamina B.

_______ **5.** La fibra, que ayuda a la digestión, puede hallarse en plantas como frijoles, guisantes y cereales integrales.

_______ **6.** Para perder peso, come porciones más pequeñas y evitando repetir.

_______ **7.** Come lentamente y sé cuidadoso; asegúrate de masticar bien tu comida.

Completa cada oración. Usa paralelismo.

Ejemplo: Tres pasos importantes para una buena salud son dieta, descanso y ejercicio.

8. Puedes comprar comida en una tienda, en un mercado o _______________.

9. Cuando estás enfermo, debes quedarte en casa, tomar líquidos y _______________.

Comprueba tus respuestas en la página 255.

Además de usar palabras paralelas en listas, usa frases paralelas en tu escritura. Escribe cada idea paralela con la misma estructura gramatical.

No paralelo: Los miembros del consejo leyeron la carta, discutieron sus puntos y la decisión fue ignorarla.

Paralelo: Los miembros del consejo leyeron la carta, discutieron sus puntos y decidieron ignorarla.

No paralelo: Entonces, los miembros del consejo, la persona que escribió la carta y el público comenzaron a discutir a los gritos.

Paralelo: Entonces, los miembros del consejo, el autor de la carta y el público comenzaron a discutir a los gritos.

▶ PRÁCTICA DE LA DESTREZA **Vuelve a escribir cada oración para que tenga paralelismo.**

1. Escribir ayuda a las personas a pensar, a hablar y los ayuda a aprender.

2. Los que pueden escribir bien serán en el futuro líderes en su comunidad, en su estado y nacionalmente.

3. Al escribir frecuentemente, leer a menudo y si buscan consejo, los escritores pueden mejorar.

4. El objetivo es aprender a escribir de manera clara, correcta y siendo eficaz.

Responde cada pregunta con una oración completa. Usa paralelismo.

5. ¿Qué cosas diferentes puedes escribir?

6. ¿Cuáles son tres cualidades de la buena escritura?

 Comprueba tus respuestas en la página 255.

CORREGIR ORACIONES

Exceso de palabras

Después de escribir, corrige tus oraciones para que su significado sea lo más claro posible. Elimina cualquier palabra innecesaria que le dificulte al lector comprender tu idea. Si estás diciendo lo mismo dos veces, necesitas cortar algunas palabras.

Exceso de palabras: Por favor, repite tu comentario nuevamente.
Corrección: Por favor, repite tu comentario.

Exceso de palabras: ¿Es la verdad verdadera?
Corrección: ¿Es la verdad?

▶ PRÁCTICA DE LA DESTREZA

Corrige cada oración para eliminar las palabras innecesarias.

1. El partido de béisbol fue a las 3 p. m. por la tarde del sábado.

2. Cuando el partido comenzó a arrancar, los jugadores se relajaron y ya no había más tensión.

3. El lanzador él no sabía hacia dónde lanzar la pelota.

4. Después de cada entrada, repetían sus señales nuevamente.

5. En la última entrada, el partido terminó con un jonrón con las bases cargadas.

6. Hasta ahora, nadie sabe dónde será el próximo partido en qué lugar.

En una hoja aparte, describe un deporte o juego que conozcas muy bien. Incluye detalles. Cuando hayas terminado, revisa tu texto en busca de palabras innecesarias.

Comprueba tus respuestas en la página 255.

Estructura forzada

En la sección de lenguaje de la Prueba de Razonamiento a través de las Artes del lenguaje de GED®, necesitarás reconocer la mejor manera de volver a escribir oraciones que contengan problemas comunes con la estructura, incluyendo oraciones incompletas y modificadores ambiguos. Algunas preguntas presentarán una oración que se deberá volver a escribir corrigiendo su estructura. Para responder estas preguntas, analiza detalladamente el proceso de cambiar una oración.

1. Identifica a la persona o cosa principal de la que trata la oración. Haz que sea el sujeto de la oración. Colócalo al principio.
2. Identifica la acción principal. Haz que sea el verbo. Colócalo a continuación.
3. Coloca palabras y frases modificadoras cerca de las palabras a las que modifican.
4. Combina ideas relacionadas con una estructura paralela.
5. Elimina palabras innecesarias.

Oración confusa: Tú mismo puedes organizar una venta de garaje para deshacerte de las cosas que ya no quieres, y también puedes ganar algo de dinero con las cosas que ya no quieres.

Oración corregida: Tú mismo puedes organizar una venta de garaje para deshacerte de las cosas que ya no quieres y también ganar algo de dinero.

La oración corregida tiene un sujeto claro: *Tú*. El verbo está en voz activa: *puedes organizar*. Se usa una estructura paralela: *para deshacerte* y *ganar*. Se eliminan las palabras repetidas: *las cosas que ya no quieres*.

▶ PRÁCTICA DE LA DESTREZA **Encierra en un círculo la letra de la mejor manera de corregir cada oración.**

1. Las ventas de garaje tienen cosas de bajo costo, y hay gente que necesita comprar estas cosas.
   A. Las ventas de garaje tienen cosas de bajo costo que necesitan algunos, por eso las compran.
   B. Hay personas que recurren a las ventas de garaje para comprar a bajo costo las cosas que necesitan.

2. Se disfruta de curiosear y regatear por parte de las personas que van a las ventas de garaje.
   A. Las personas disfrutan de ir a las ventas de garaje para curiosear y regatear.
   B. Las personas que disfrutan de curiosear y regatear son otras que van a las ventas de garaje.

Corrige esta oración para que sea clara y directa. Conserva el mismo significado.

3. Las cosas que no necesitas o algunas cosas que ya no quieres probablemente las encuentres en tu propia casa.

____

____

 Comprueba tus respuestas en la página 255.

Repetición

A veces, oraciones muy relacionadas repiten palabras. La repetición no ayuda a aclarar el significado. Por el contrario, solo hace que la redacción suene redundante. Estas oraciones se pueden combinar al eliminar las palabras repetidas.

Repetición: La presentadora dio su informe en las noticias de las 10. Su informe dio las cifras de desempleo con respecto al año pasado.

Mejorada: En las noticias de las 10, la presentadora informó las cifras de desempleo con respecto al año pasado.

Cuando combines oraciones para eliminar la repetición y el exceso de palabras, asegúrate de conservar toda la información importante de las oraciones originales.

Repetición: Nuestra directora creó un plan y lo debatió con el equipo. El equipo es el grupo responsable de redactar las políticas de la compañía.

Incompleta: Nuestra directora debatió un plan con el equipo que es responsable de redactar las políticas de la compañía.

Completa: Nuestra directora creó un plan y lo debatió con el equipo responsable de redactar las políticas de la compañía.

▶ **PRÁCTICA DE LA DESTREZA** **Encierra en un círculo la letra de la mejor corrección de cada par de oraciones.**

1. Hago un espectacular pan con una receta especial. Es una receta para pan que hacía mi bisabuela.

A. Hago un espectacular pan con una receta especial que hacía mi bisabuela.

B. Hago un espectacular pan usando una receta especial, y la hacía mi bisabuela.

2. Este es mi pedido. Deseo que mi pedido sea tomado en cuenta, y deseo que se respete lo que pido.

A. Este es mi pedido y debería ser tomado en cuenta y respetado.

B. Deseo que mi pedido sea tomado en cuenta y respetado.

Combina las oraciones para eliminar la repetición.

3. El testigo dijo que el accidente ocurrió la semana pasada, y que fue el domingo. El testigo dijo que en el accidente estuvo involucrado un carro deportivo rojo. También estuvo involucrada una bicicleta.

____

____

Comprueba tus respuestas en las páginas 255 y 256.

PALABRAS DE TRANSICIÓN

Una manera de explicar tus ideas con claridad es incluir palabras de transición en tus textos. Las **palabras de transición** conectan ideas de maneras específicas. Por ejemplo, las **palabras de transición de tiempo/orden** muestran el orden de las ideas a través del tiempo. A continuación, se muestra una lista de palabras de transición de tiempo/orden comunes.

primero	a continuación	antes	mientras tanto
segundo	entonces	pronto	cuando
tercero	por último	más tarde	mientras
cuarto	después	durante	anteriormente

Sin palabras de transición: Maneja dos millas hacia el norte por Main Street.
Dobla a la izquierda en King Street.
Dobla a la izquierda en el parque.

Palabras de transición: Primero, maneja dos millas hacia el norte por Main Street.
A continuación, dobla a la izquierda en King Street.
Por último, dobla a la izquierda en el parque.

▶ PRÁCTICA DE LA DESTREZA

Escribe palabras de transición de tiempo/orden para completar el párrafo. Usa cada palabra una sola vez.

cuando **segundo** **por último** **entonces** **primero**

__________________, ve hacia el norte hasta la esquina. __________________, dobla a la derecha en la tienda de comida. Busca el letrero de Smith Street. __________________ veas el letrero, camina una cuadra más. __________________ dobla a la izquierda. __________________, detente en la tienda de ropa. Nuestro apartamento está en el segundo piso.

En una hoja aparte, escribe instrucciones que un amigo pueda usar para ir desde tu casa o apartamento hasta la tienda de comestibles más cercana. Asegúrate de escribir palabras de transición de tiempo/orden para que las instrucciones sean claras. Comienza tus instrucciones con la palabra *primero*.

 Comprueba tus respuestas en la página 256.

Adverbios conjuntivos

Otra forma de explicar tus ideas con claridad es incluir adverbios conjuntivos en tus textos. Aquí hay algunos ejemplos de adverbios conjuntivos.

también	por lo tanto	por otra parte	del mismo modo
por consiguiente	sin embargo	de todas formas	luego
finalmente	de hecho	de cualquier modo	por ende
además	asimismo	de lo contrario	así

1. Los adverbios conjuntivos indican una conexión entre dos cláusulas independientes de una oración. En este caso, el adverbio conjuntivo debe ser precedido por un punto y coma y seguido por una coma.

   Voy a alquilar un pequeño apartamento en Brooklyn; por lo tanto, no voy a tener mucho dinero extra para gastar.

2. Los adverbios conjuntivos conectan las ideas de dos o más oraciones. De nuevo, una coma sigue al adverbio conjuntivo.

   El pronóstico para hoy es de 12 pulgadas de nieve. De cualquier modo, no cancelaremos nuestra excursión.

3. Los adverbios conjuntivos muestran una relación entre ideas dentro de una cláusula independiente.

   Roger sostiene, sin embargo, que no te pagará.

▶ **PRÁCTICA DE LA DESTREZA** **Completa cada oración con un adverbio conjuntivo. Usa cada uno una sola vez.**

finalmente **sin embargo** **además**
de todas formas **por lo tanto**

1. Sam esperó ayuda durante una hora; ______________________, alguien lo ayudó.
2. No tengo mucha hambre, ______________________ voy a almorzar contigo.
3. Hay muchas razones para aceptar el trabajo; ______________________, realmente necesito el dinero.
4. Realmente quiero tomarme vacaciones; ______________________, ahorraré dinero.
5. Sara realmente quería un cachorrito; ______________________, su casero no permitía mascotas.

Escribe una oración usando cada adverbio conjuntivo.

6. (por otra parte) ____
7. (de hecho) ____
8. (por consiguiente) ____

 Comprueba tus respuestas en la página 256.

Palabras de lógica/claridad

Usar palabras y frases que establecen claridad y lógica ayuda al lector a entender mejor la relación entre las ideas y a seguir el desarrollo de lo que se expone. Pueden usarse entre oraciones o entre párrafos completos.

Propósito	**Palabras**
para presentar ejemplos	por ejemplo, por caso, en efecto, en particular, a saber, particularmente, específicamente, como, es decir, para dar un ejemplo
para expresar un propósito	para ello, de modo que, con este fin, con este propósito, por esa razón, debido a ello
para comparar objetos o ideas	también, en comparación, de igual manera, asimismo, del mismo modo
para contrastar objetos o ideas	aunque, pero, sin embargo, por contraste, de todas formas, por el contrario, por otro lado, por otra parte, más bien, aun, a diferencia de, si bien
para agregar pensamientos o ideas	y, y entonces, sin embargo, además, también, más aun, sumado a eso, aparte de
para concluir o resumir	en resumen, en conclusión, en otras palabras, en síntesis, para resumir

Al decidir qué palabras usar, piensa en la relación entre tus ideas.

Ir en carro al trabajo puede ser más rápido *pero* tomar el tren es mucho mejor para el medio ambiente.

▶ **PRÁCTICA DE LA DESTREZA** **Usa cada una de las opciones solo una vez para completar el texto.**

por ejemplo **sumado a eso** **en síntesis**
por otro lado **del mismo modo**

Deberíamos comenzar un programa de reciclaje en la oficina. Hay muchas formas en las que podemos reciclar. ____________________, podemos colocar un cesto para papel reciclado cerca de la impresora. ____________________, podemos hacer cambios en la cafetería. Podemos animar a la gente a traer sus almuerzos en bolsas reutilizables. ____________________, podemos animarlos a reciclar poniendo cestos para el reciclaje de latas y botellas. ____________________, podemos no hacer nada y simplemente contribuir a la contaminación del planeta. ____________________, me preocupa el planeta y me gustaría ver que hacemos algo al respecto iniciando un programa de reciclaje en la oficina.

 Comprueba tus respuestas en la página 256.

MAYÚSCULAS

La manera en la que escribes crea una impresión de ti en la mente de quien lee lo que escribiste. Si eres empleado de una compañía y estás escribiendo una carta o un correo electrónico en su nombre, esto también crea una impresión de la compañía. Para todo lo que escribes, desde un correo electrónico personal hasta una respuesta formal a un tema de escritura en la Prueba de GED®, querrás usar correctamente las mayúsculas. Hay varias reglas para las mayúsculas.

Mayúscula para la primera palabra

1. Usa mayúscula para la primera palabra de una oración.

¿**H**uelo algo que se quema? ¡**E**se papel se prendió fuego! ¡**A**yuda!

Mayúscula para los nombres de personas

1. Usa mayúscula para cada parte del nombre de una persona. No uses mayúscula para los sustantivos comunes.

Louise **C**. **G**uccione
S. **M**. **J**ohnstone
Sin mayúscula: El hombre vive al lado de mi casa.

2. Usa mayúscula para los títulos y abreviaturas que estén antes y después de los nombres de personas. No uses mayúscula cuando el título va solo.

Sr. **Z**ell **D**. **M**oore **J**r.
Dra. **K**atherine **L**ord
Sin mayúscula: El doctor tiene una consulta en el centro.

3. Usa mayúscula en las palabras que reemplazan al nombre de una persona cuando se usan como apodos.

El **T**iburón, como le decían a Juan, nadaba, pero la **H**ormiguita **H**acendosa de Ana estaba, como siempre, limpiando.
Sin mayúscula: Un tiburón supera varias veces en tamaño a una hormiga.

Mayúscula para lugares

1. Usa mayúscula para los nombres de ciudades, estados y regiones del país.

Ciudad y estado: Chicago, **I**llinois
Región: Medio **O**este

2. Usa mayúscula para los nombres de países y regiones.

País: Arabia Saudita
Región geográfica: Occidente
Región geopolítica: Oriente Medio
Región histórica: el Nuevo Mundo
Nombres aceptados de lugares geográficos: las Praderas

3. Usa mayúscula para los nombres de calles, carreteras, masas de agua, islas, edificios, monumentos, monumentos naturales, puentes y atracciones turísticas.

Calle: calle West
Masa de agua: océano Atlántico
Isla: isla Príncipe Eduardo
Edificio: edificio Empire State
Carretera: autopista de peaje New Jersey
Monumento: Estatua de la Libertad
Monumento natural: Gran Cañón
Puente: puente Golden Gate
Atracciones turísticas: Seis Banderas, Parque Nacional Yellowstone

PRÁCTICA DE LA DESTREZA **Usa las marcas de edición para mostrar dónde se necesitan mayúsculas (a = A) o dónde las letras deberían ser minúsculas (A = a).**

1. el escritor ed j. smith informa que la gente hace viajes más baratos en Verano.
2. el sr. y la sra. mott fueron a orlando, florida, y acamparon.
3. el año pasado, los Mott fueron a mundo marino.
4. este año, el dr. ortega y su familia hicieron senderismo en vez de ir al monte rushmore en dakota del sur.
5. la sra. wills visitó a su amiga en Wisconsin en vez de viajar en avión a la Isla de san kitts.
6. la srta. e. k. link de newtown, long island, pasó dos días en maine.
7. ella fue al lago mead el año pasado.
8. busch gardens en tampa, florida, todavía está muy concurrido.
9. Mi Médico quiere ir a israel y ver el mar muerto.

Completa cada oración. Usa las letras mayúsculas correctamente.

Ejemplo: Mi perro se llama ______Fido______. (nombre)

10. Mi dentista es el ____________________. (título + nombre)
11. Me encantaría ir a ____________________. (nombre de lugar)
12. Nací en ____________________. (país)

Mayúscula para las cosas

1. Usa mayúscula para las siglas, los números romanos y los días feriados. No uses mayúscula para las estaciones del año.

   Sigla: ONU
   Números romanos: MCMXXIII
   Días feriados: **D**ía de **A**cción de **G**racias
   Sin mayúsculas: Mi cumpleaños es en primavera.

2. Usa mayúscula para los nombres de compañías y organizaciones.

   Compañía: Adams-**C**larke y **A**sociados
   Organización: Sociedad de **V**eteranos

▶ **PRÁCTICA DE LA DESTREZA** **Vuelve a escribir cada oración usando las letras mayúsculas correctas.**

1. el año pasado trabajé en la campaña del senador smith.

   ____

2. la oficina de la campaña estaba en la avenida lexington, en el edificio chrysler.

   ____

3. un grupo llamado votantes independientes de los estados unidos patrocinó un debate en sus oficinas sobre el río hudson.

   ____

4. laura washington, la vicepresidenta de la organización, dio un discurso.

   ____

Usa las marcas de edición para mostrar dónde se necesitan mayúsculas (a = A) o dónde las letras deberían ser minúsculas (A = a).

5. Este año, el Lunes 18 de Enero, el día del dr. martin luther king jr., será un día feriado pagado.
6. este día feriado reemplaza al día de colón, que tomamos libre el 10 de Octubre.
7. La planta, por supuesto, estará cerrada los días feriados habituales de Otoño e Invierno: día de acción de gracias, navidad y víspera de año nuevo.
8. Si alguno de estos días feriados es un Lunes o un Viernes, tendrán un fin de semana largo.
9. Este año, el picnic del día de la independencia de la Compañía será el Domingo 7 de Julio.

Comprueba tus respuestas en la página 257.

10. Regresaré al trabajo el martes 6 de Septiembre, el día después del día del trabajo.

11. Algunas personas, en cambio, quieren tomarse el día de la bandera, que es el 14 de Junio.

12. También se habló de una fiesta para halloween, el 31 de Octubre, que cae en Jueves este año.

13. Podríamos hacer la fiesta el Viernes 25 de Octubre, si les parece mejor.

Responde cada pregunta con una oración completa. Usa las letras mayúsculas correctamente.

14. ¿Cuáles son tus días feriados favoritos?

____

15. ¿Cuál es el mejor día de la semana para ti?

____

16. ¿Cuál es tu estación del año favorita?

____

Usa la marca de edición para mostrar dónde se necesitan letras mayúsculas (a = A).

harriet quimby fue la primera mujer en obtener una licencia de piloto. ella era escritora en nueva york antes de volar en avión. se enamoró de los aeroplanos en 1910 cuando vio su primer torneo de aviación. harriet se hizo piloto y voló por méxico con un equipo de pilotos. decidió que sería la primera mujer en cruzar el canal de la mancha. despegó el 16 de abril de 1912, sentada sobre una canasta de mimbre en la cabina de mando. después de un vuelo escalofriante, aterrizó en una playa francesa.

 Comprueba tus respuestas en la página 257.

Responde cada pregunta con una oración completa. Usa las letras mayúsculas correctamente.

17. ¿En qué ciudad (o pueblo) y estado vives?

____

18. ¿Dónde te gusta hacer tus compras? (usa nombres de tiendas)

____

Usa la marca de edición para mostrar dónde se necesitan letras mayúsculas (a = A).

Agencia de Publicidad Bradley
Calle Capital 45
Columbus, OH 43225

20 de mayo de 2014

supreme computer, inc.

calle alexander 958

river tower

Columbus, oh 43221

estimado sr. Potter:

mi supervisora, doris healy, que es la directora de ventas aquí en bradley y asociados, me pidió que le enviase el folleto que adjunto en el que se detallan los servicios que brinda nuestra compañía a tiendas de computación como la suya. si le interesa, puede aprovechar nuestra prueba gratuita llamando antes del 31 de mayo. cerramos el próximo lunes debido al día de los caídos.

Atentamente,

James Hobson

james hobson

asistente de ventas

Comprueba tus respuestas en la página 258.

FRAGMENTOS DE ORACIONES Y ORACIONES SEGUIDAS

Un **fragmento de oración** es un grupo de palabras que no expresa una idea completa. Aunque un fragmento comience con mayúscula y termine con un punto, no es una oración, le falta información. Para que una oración sea completa, debe tener un sujeto y un verbo (a veces, el sujeto de una oración está implícito), expresar una idea completa y comenzar y terminar con signos de puntuación (un punto, signos de interrogación o signos de exclamación).

Fragmento: Corriendo con el hueso. (falta un sujeto)
Correcto: El perro salió corriendo con el hueso.

Fragmento: Ayudarla a conseguir un trabajo de cajera. (falta un sujeto)
Correcto: Su amigo de la cafetería se ofreció a ayudarla a conseguir un trabajo de cajera.

Fragmento: Los trapos debajo del fregadero. (falta un verbo)
Correcto: Los trapos debajo del fregadero están sucios.

▶ PRÁCTICA DE LA DESTREZA

Escribe *C* si el grupo de palabras es una oración completa. Escribe *F* si es un fragmento.

_____ **1.** Las "riñas de tránsito" son un acto de violencia similar a una agresión.

_____ **2.** Cuando dos conductores no están de acuerdo.

_____ **3.** Seguir de cerca al otro vehículo, maldecir, y prender y apagar los focos delanteros.

_____ **4.** También se incluyen en esta categoría.

_____ **5.** Porque conducir puede ser muy estresante.

_____ **6.** Algunos conductores no pueden controlarse.

_____ **7.** A menudo, estos conductores ya están enojados por un problema en su casa o en el trabajo.

Convierte cada fragmento en una oración completa.

Ejemplo: Una norma de seguridad.

Una norma de seguridad vial es usar el cinturón de seguridad.

8. La edad mínima para manejar.

____

9. Manejar demasiado rápido.

____

 Comprueba tus respuestas en la página 258.

Hay tres maneras de saber si un grupo de palabras es un fragmento. Si respondes *no* a una de las siguientes preguntas, tienes un fragmento.

1. **¿Hay un verbo?** Si no hay verbo, el grupo de palabras es un fragmento. Todas las partes del verbo (verbo principal y verbo auxiliar) deben estar presentes para que una oración esté completa. Para corregir este tipo de fragmento, agrega o completa el verbo.

   Fragmento: Mark tomando una clase de GED®.

   Correcto: Mark está tomando una clase de GED®.

2. **¿Hay un sujeto?** Para saber si una oración tiene sujeto, pregunta quién o qué está haciendo la acción. Si no hay sujeto, el grupo de palabras es un fragmento. Recuerda que, en ocasiones, el sujeto puede estar implícito, pero se sobreentiende por la terminación del verbo. Para corregir este tipo de fragmentos, agrega un sujeto.

   Fragmento: Estudiar mucho para la prueba. (¿Quién tenía que estudiar?)

   Correcto: Mark tenía que estudiar mucho para la prueba.

3. **¿El grupo de palabras expresa una idea completa?** Aunque el grupo de palabras tenga un sujeto y un verbo, no será una oración completa si no expresa una idea completa. Para corregir esta clase de fragmentos, completa la idea.

   Fragmento: Porque estudiamos mucho. (¿Cuál es la idea completa?)

   Correcto: Nos fue bien en la prueba porque estudiamos mucho.

▶ PRÁCTICA DE LA DESTREZA **Explica por qué cada uno de los siguientes grupos de palabras es un fragmento.**

1. Durante los últimos veinte años, el número de familias con hijos adultos que viven en la casa.

   Esto es un fragmento porque ______________________.

2. Aumentado un 4 por ciento.

   Esto es un fragmento porque ______________________.

3. Comparados con la generación pasada, menos adultos jóvenes.

   Esto es un fragmento porque ______________________.

4. Formar su propio hogar.

   Esto es un fragmento porque ______________________.

Convierte cada fragmento en una oración completa.

5. Mi hermana mayor, que todavía vive con nuestros padres.

   ____

6. Disfrutar de pasar las tardes con ellos.

   ____

 Comprueba tus respuestas en la página 258.

Oraciones seguidas

Una oración **seguida** está formada por dos o más ideas completas que no están separadas correctamente. Hay dos tipos de oraciones seguidas.

1. Dos oraciones que no están separadas por puntuación:

   Oración seguida: La tormenta empeoró viró hacia el continente.

   Correcto: La tormenta empeoró. Viró hacia el continente.

   Oración seguida: El metro japonés es el más rápido viaja a más de 100 millas por hora.

   Correcto: El metro japonés es el más rápido. Viaja a más de 100 millas por hora.

2. Dos oraciones unidas por una coma cuando deberían estar unidas por un punto y coma, o una coma y una conjunción coordinante, o solo una conjunción coordinante. En estos casos hay un uso indebido de la coma:

   Oración seguida: No teníamos hambre, ya habíamos cenado.

   Correcto: No teníamos hambre; ya habíamos cenado.

   Oración seguida: Puedes visitar la Casa Blanca, recorrer muchas salas.

   Correcto: Puedes visitar la Casa Blanca y recorrer muchas salas.

PRÁCTICA DE LA DESTREZA **Escribe *S* si la oración es seguida. Escribe C si la oración es correcta.**

_______ **1.** Las bacterias de los alimentos pueden causar enfermedades deberías procurar almacenar los alimentos de manera adecuada.

_______ **2.** No guardes alimentos que han quedado afuera del refrigerador durante dos o más horas, ni siquiera los pruebes.

_______ **3.** Las hamburguesas se deben comer bien cocidas, la cocción mata las bacterias.

_______ **4.** Los huevos crudos no son seguros para comer pueden contener salmonella.

_______ **5.** Es una buena costumbre poner la fecha a las sobras de comida y tirarlas después de tres a cinco días.

_______ **6.** Se deben lavar los platos enseguida es mejor que se sequen al aire en lugar de secarlos con una toalla.

_______ **7.** Puedes usar jabón para limpiar la encimera de la cocina, pero es mejor la lejía.

_______ **8.** Es importante guardar los alimentos adecuadamente y conservar limpias las áreas de preparación de los alimentos.

 Comprueba tus respuestas en la página 258.

Cómo corregir oraciones seguidas

1. Usa un signo de puntuación final para separar las dos ideas completas.

   Seguida: ¿A la mayoría de las personas les gustan las multitudes yo no lo creo.

   Correcto: ¿A la mayoría de las personas les gustan las multitudes? Yo no lo creo.

2. Usa un punto y coma para conectar dos ideas completas.

   Seguida: No podía esperar para saltar el agua parecía genial.

   Correcto: No podía esperar para saltar; el agua parecía genial.

3. Usa una coma y una conjunción coordinante (*pero, aunque, por tanto, ya que, sin embargo*) o una conjunción coordinante sin coma (*y, o, ni*) para conectar las dos ideas completas.

   Seguida: El cielo se oscureció comenzó a llover.

   Correcto: El cielo se oscureció y comenzó a llover.

▶ **PRÁCTICA DE LA DESTREZA** **Corrige cada oración seguida usando uno de los tres métodos descritos arriba.**

1. Las Olimpíadas Especiales se iniciaron en 1968 es una competencia deportiva para las personas con discapacidades.

   ____

2. Más de 7,000 deportistas asistieron llegaron desde 150 naciones diferentes.

   ____

3. Cada nación compite en 19 eventos deportivos los deportistas no tienen que participar en todos los eventos.

   ____

4. Todos son ganadores cada deportista obtiene una distinción o una medalla.

   ____

5. Muchas personas vienen a mirar están impresionadas por los deportistas.

   ____

Agrega otra idea completa a cada una de las siguientes ideas completas. Separa las ideas con la puntuación correcta y/o una palabra conectora.

6. Me gusta ver los Juegos Olímpicos. ______________________________

   ____

7. Ganar una medalla de oro debe de ser emocionante.

   ____

   ____

 Comprueba tus respuestas en las páginas 258 y 259.

PARTICIPIO Y GERUNDIO

Los **participios** y los **gerundios** son formas verbales que funcionan como adjetivos y adverbios respectivamente. Se pueden utilizar con o sin **verbos auxiliares** (verbos que se utilizan para conjugar otros verbos) para formar otros tiempos además del presente, el pretérito y el futuro.

Los **participios** de los verbos regulares tienen las terminaciones *-ado(a)(s)* e *-ido(a)(s)*, y se unen principalmente al verbo auxiliar *haber*. Cuando acompañan al sustantivo, funcionan como adjetivos.

Terminado el concierto, salimos del estadio.

Hemos *comido* unos riquísimos pasteles en casa de Martín.

Es una profesora muy *estimada* por todos en la escuela.

Los **gerundios** se forman agregando las terminaciones *-ando* o *-iendo*, y se unen principalmente al verbo auxiliar *estar*. Cuando modifican al verbo, funcionan como adverbios.

Estudiando el tema en profundidad, aprobarás el examen.

Adriana está *cocinando* lasaña para su cumpleaños.

José venía *comiendo* un sándwich de jamón y queso.

Los **verbos auxiliares** indican el tiempo y la persona gramatical, mientras que los participios y los gerundios no varían.

Hemos terminado de pintar la sala y la cocina.

Para mañana por la tarde, *habré terminado* de leer el libro.

Cuando por fin llegué a casa, ya *habían terminado* de cenar.

Ayer *estuvimos cantando* en un acto escolar.

¡Estoy *cantando* la canción que *están pasando* en la radio!

Si no estuvieras *cantando* tan alto, *habrías oído* el timbre.

Formas irregulares del participio

Los participios irregulares no toman las terminaciones regulares del participio *-ado(a)(s), -ido(a)(s)*. Por el contrario, algunos participios irregulares terminan en *-cho, -so* o *-to*.

Le había *dicho* que fuera temprano.

Como admitió el delito, es un delincuente *confeso*.

El gimnasio está *abierto* hasta tarde.

Para formar ciertos participios, se puede usar tanto la forma regular como la irregular.

La forma regular se usa para formar tiempos compuestos:

Hemos *elegido* al representante de nuestra clase.

Hoy mi mamá me ha *despertado* temprano para ir a la excursión.

La forma irregular se usa para formar adjetivos:

Tony es el presidente *electo*.

A veces, sueño *despierto*.

▶ PRÁCTICA DE LA DESTREZA **Encierra en un círculo la palabra o frase correcta que completa la oración.**

1. Ema solamente **(ha bebido, ha bebiendo)** un litro de agua hoy.

2. Celebró su graduación **(invitado, invitando)** a todos sus amigos a su casa.

3. Los niños están en la sala **(terminado, terminando)** el experimento de ciencias.

4. **(Comenzada, Comenzando)** la película, nos pusimos a comer palomitas de maíz.

5. Marcos es un estudiante **(querido, queriendo)** por todos sus compañeros.

Usa el verbo entre paréntesis para completar el espacio en blanco con el participio o el gerundio adecuado.

Ejemplo: (observar) Los investigadores han _observado_ que las personas que realizan actividad física enferman menos.

6. (confirmar) "Los estudios que llevamos a cabo están ____________ nuestra hipótesis", dijo una de las investigadoras.

7. (demostrar) Estos estudios están ____________ que el movimiento y una actitud positiva son beneficiosos para la salud.

8. (analizar) Se ha ____________ el comportamiento de 200 personas.

9. (distribuir) Los voluntarios han sido ____________ en tres grupos: activos, sedentarios y una combinación de ambos.

10. (poner) Los resultados han ____________ en discusión los hábitos de actividad física de las personas.

Comprueba tus respuestas en la página 259.

LA COMA

Las comas dividen las oraciones para que puedan leerse más fácilmente. Las comas tienen varios usos diferentes.

1. Usa comas en una enumeración para separar tres o más sustantivos, verbos o adjetivos. Asegúrate de no colocar una coma antes de *y* u *o* al final de la enumeración.

Sustantivos Recuerda: un sustantivo es una persona, un lugar o una cosa.

Julio llevó a Akim, Jennifer, Marcus y Sammi a la casa de su primo.

Mi familia visitó San Francisco, San Diego, Sacramento y Los Ángeles.

A Caitlin, Greg, Tony y Billy les gusta comer manzanas, naranjas, duraznos y plátanos.

Mamá dijo que yo podía cenar lasaña, guiso, sopa o pollo.

Verbos Recuerda: un verbo es una palabra que indica una acción.

A Abdul le gusta jugar al fútbol, nadar, correr y luchar.

Serena tomó una ducha, se secó el cabello, se cepilló los dientes y se vistió en 10 minutos.

Necesitamos calentar el pan, cortar el tomate en rodajas, lavar la lechuga y aliñar la ensalada para la cena.

Adjetivos Recuerda: un adjetivo es una palabra que describe.

Alison plantó tulipanes amarillos, anaranjados, rosados y rojos.

El cachorro tenía una mirada triste, perdida y vacía.

Mamá estaba feliz con su hermoso, original y brillante carro deportivo.

2. No uses coma entre los dos sujetos de un sujeto compuesto ni entre los dos verbos de un predicado compuesto.

Sujeto compuesto: Joe y Paul jugaron a las cartas ese día.

Predicado compuesto: Héctor leía revistas y clasificaba sus herramientas.

▶ PRÁCTICA DE LA DESTREZA **Agrega comas donde sea necesario en cada oración. Si la oración no necesita comas, márcala con una C para indicar que es correcta.**

_______ **1.** Las hormigas las moscas y los mosquitos nos arruinaron el día de campo.

_______ **2.** Los perros aúllan gimen o ladran cuando necesitan salir.

_______ **3.** Mi restaurante favorito sirve el desayuno el almuerzo la merienda y la cena.

_______ **4.** El maestro García corrigió los exámenes y los entregó.

 Comprueba tus respuestas en la página 259.

_______ **5.** Sang Li viajó a la ciudad de Nueva York Boston y Pittsburgh por negocios.

_______ **6.** Carrie dirigió actuó y cantó en la obra de teatro comunitaria.

_______ **7.** Yo escribí edité corregí e imprimí mi artículo para el periódico.

_______ **8.** El conductor del autobús esperó a que Sara y Meredith corrieran hasta la esquina.

_______ **9.** A Scout le gusta que sus tacos sean picantes especiados y crocantes.

_______ **10.** Tienes que descansar comer bien y beber mucha agua para recuperarte de un resfriado.

_______ **11.** Mi nueva novia es inteligente bonita cariñosa y creativa.

_______ **12.** Nos quedamos pasmados ante la enorme y majestuosa montaña nevada.

_______ **13.** Spot y Tigger juegan muy bien juntos.

Escribe una oración con las tres palabras o frases que se muestran, usando comas si es necesario.

14. (La Casa Blanca, el Capitolio, el monumento a Washington)

____

____

15. (grande, cómodo, anaranjado) ____

____

16. (planté, quité las malezas, podé) ____

____

17. (antiguo, enorme, imponente) ____

____

18. (albahaca, tomates, hojas de laurel) ____

____

Comprueba tus respuestas en la página 259.

Aposiciones

Las **aposiciones** son palabras o grupos de palabras que dan otro nombre a un sustantivo o un pronombre o brindan más información acerca de ellos.

La Sra. Johnson, nuestra vecina, fue trasladada al hospital. (*Nuestra vecina* identifica o explica quién es *la Sra. Johnson*).

Las aposiciones pueden ser especificativas y explicativas. Una **aposición especificativa** es necesaria para conservar el significado de una oración, y no se usan comas para separarla del resto de la oración. A veces, una aposición especificativa es una sola palabra estrechamente relacionada con la palabra que la precede.

El jugador de béisbol Jackie Robinson cambió mucho el partido. (*Jackie Robinson* es esencial en esta oración. Si solo leyeras "El jugador de béisbol cambió mucho el partido", no sabrías qué jugador de béisbol cambió el partido).

Una **aposición explicativa** puede eliminarse de una oración sin cambiar el significado básico de la oración. Usa coma antes y después de las aposiciones explicativas.

Mi tío, que vive en California, viene de visita. (La frase *que vive en California* no es esencial para la oración. De cualquier modo sabrías que el tío de alguien viene de visita, sepas o no dónde vive).

El histórico pueblo, enclavado en el valle, atraía muchos turistas. (La frase *enclavado en el valle* no es necesaria para que la oración tenga sentido).

Expresiones parentéticas

Otros elementos no esenciales en una oración son las expresiones parentéticas como *por ejemplo, sin embargo* o *por supuesto.* Usa comas antes y después de estas palabras para separarlas del resto de la oración.

El contrato, por supuesto, debe firmarse con tinta.

La temperatura promedio, sin embargo, ha seguido aumentando.

En ambos ejemplos, las expresiones parentéticas podrían eliminarse y la oración seguiría conservando el mismo significado.

PRÁCTICA DE LA DESTREZA **Agrega comas donde sea necesario en cada oración. Si la oración es correcta tal como está, márcala con una C.**

_______ **1.** Manejaremos esto legalmente por supuesto yendo a la junta de zonificación.

_______ **2.** El barco *Titanic* se hundió al chocar con un iceberg.

_______ **3.** La mujer que te entrevistó es mi tía.

_______ **4.** Mi mamá que tiene ochenta años corrió una maratón el año pasado.

_______ **5.** Antes de donar a Pooky tu animal de peluche favorito considera quedártelo.

_______ **6.** El chico que controlaba los boletos en la entrada me pidió la licencia de manejar.

_______ **7.** El teléfono celular debe devolverse al Sr. Brown su dueño.

_______ **8.** El avión un Boeing 747 aterrizó sin inconvenientes en Los Ángeles.

_______ **9.** El desarrollador sin embargo probablemente dará batalla.

_______ **10.** Saco a mis perros Marley y Bailey a caminar por el parque todos los días.

Escribe una oración usando cada grupo de palabras como se indica.

11. (*mi amigo,* aposición) ____

____

____

12. (*sin embargo,* expresión parentética) ____

____

____

Comprueba tus respuestas en las páginas 259 y 260.

SIGNOS DE PUNTUACIÓN FINAL

La **puntuación** es el conjunto de signos que se usan en la escritura para guiar al lector. Necesitas indicar a tus lectores cuándo has terminado una idea completa. Esa es la función de la puntuación final. Una oración siempre termina con un punto, un signo de interrogación o un signo de exclamación. Cada tipo de puntuación le indica al lector algo diferente.

1. Usa un **punto** para concluir un enunciado, es decir, una oración que da información o expone hechos. También puedes usar un punto al final de una orden.

    Ahora estoy estudiando.

    Abran sus libros en la página 156.

    No voy a pedírtelo de nuevo. Por favor, ordena tu habitación.

2. Usa **signos de interrogación** para comenzar y concluir una pregunta. Las preguntas suelen comenzar con palabras interrogativas como *quién, qué, dónde, cuándo, por qué* y *cómo*. Sin embargo, en ocasiones no se usan esas palabras y los signos de interrogación son los que le indican al lector que la oración es una pregunta.

    ¿Cuándo planeas mudarte?

    ¿La calefacción está incluida en la renta?

    ¿Quieres crema en tu café?

No uses signos de interrogación para comenzar y concluir una pregunta indirecta. Por el contrario, debes usar un punto.

    Ella se preguntaba cuándo llegaría su paquete.

    Suki preguntó cómo podría obtener una mejor calificación en su trabajo.

3. Usa **signos de exclamación** para comenzar y concluir una oración que transmite una emoción fuerte.

    ¡Es increíble!

    ¡Cuidado con ese camión!

    ¡Hurra! ¡Ya es verano!

CONSEJO

En textos más formales, como en una respuesta a un tema de escritura de GED®, usa un punto para concluir casi todas tus oraciones. En general, no se te pide que hagas preguntas en tus respuestas, y los signos de exclamación no suelen ser recomendables por el tono que pueden implicar.

▶ PRÁCTICA DE LA DESTREZA **Agrega la puntuación correcta para completar cada oración.**

1. Te gustaría a ti tener un perro
2. Amo a mi perro
3. Tener un perro es una gran responsabilidad
4. Los cachorritos son tan pero tan hermosos
5. Pero sí que pueden morderte
6. Si rentas, tienes que preguntarle al casero si está permitido tener un perro
7. Para adoptar un perro, debes responder muchas preguntas
8. Está tu patio rodeado de una cerca
9. Dónde dormirá el perro
10. Tener un perro puede ser muy costoso
11. Debes preguntarle al veterinario cuánto cuestan las vacunas
12. Quieres todavía un perro

Escribe tres oraciones sobre los perros. Usa correctamente la puntuación.

13. (enunciado)

____

____

14. (pregunta)

____

____

15. (emoción fuerte)

____

____

Comprueba tus respuestas en la página 260.

PUNTUACIÓN EN LA SEPARACIÓN DE CLÁUSULAS

Un buen texto contiene una variedad de oraciones. Si todas tus oraciones son cortas y simples, tu escritura también parecerá simple y poco interesante. Si combinas las ideas usando una variedad de estructuras de oraciones, tu escritura resultará mucho más interesante para tus lectores.

Sin embargo, no es cuestión de amontonar oraciones. Hay ciertas reglas relacionadas con la estructura de las oraciones y la puntuación que necesitas aprender y seguir para no cometer errores en tu escritura, como usar oraciones seguidas, oraciones incompletas o colocar mal las comas. Puedes pensar en la escritura como la representación de las palabras habladas. Las reglas de puntuación se crearon para imitar los patrones y las pausas naturales que usamos al hablar.

Una **cláusula** es el componente básico de la estructura de las oraciones. Contiene un sujeto y un predicado, o verbo o frase verbal.

Chaz está feliz.

Ella comió pizza.

Él recibió un paquete.

Una **cláusula independiente** tiene sentido por sí misma y puede funcionar como una oración completa.

Cuatro carros chocaron entre sí.

El mercado de productores abre a las 8 a. m.

Hoy está soleado.

Una **cláusula dependiente** no tiene sentido por sí misma y no puede funcionar como una oración completa.

mientras comía

porque estaba lejos

aunque me sentía mal

Hay dos maneras de variar la estructura de las oraciones combinando ideas, o cláusulas, en una oración.

1. Usar oraciones compuestas
2. Usar oraciones complejas

Puntuación en las oraciones compuestas

Recuerda que una cláusula independiente tiene sentido por sí misma y puede funcionar como una oración completa. Una **oración compuesta** está formada por *dos* cláusulas independientes que están muy relacionadas.

El trabajo será difícil, pero puedo hacerlo.

Las ideas completas de una oración compuesta pueden unirse mediante una **coma** u otros signos de puntuación, o bien mediante una palabra conectora denominada **conjunción coordinante.** Las conjunciones coordinantes más comunes son *y, pero, o* y *aunque.* Algunas conjunciones deben usarse junto con una coma: *pero, aunque, así que, ya... ya...*, etc.

Oraciones simples: Rosa cuida animales callejeros.
Rosa les consigue un nuevo hogar a los animales callejeros.

Oración compuesta: Rosa cuida animales callejeros o les consigue un nuevo hogar.

Oraciones simples: La mascota favorita de Rosa es un cachorro de ojos tristes.
Rosa también adora al gato callejero blanco que encontró.

Oración compuesta: La mascota favorita de Rosa es un cachorro de ojos tristes, pero también adora al gato callejero blanco que encontró.

Oraciones simples: El gato se pasea por toda la casa.
El periquito se debe quedar en su jaula.

Oración compuesta: El gato se pasea por toda la casa, así que el periquito se debe quedar en su jaula.

Oraciones simples: Yo ayudo a Rosa con los animales.
Ella me paga una pequeña suma por mi trabajo.

Oración compuesta: Yo ayudo a Rosa con los animales y ella me paga una pequeña suma por mi trabajo.

PRÁCTICA DE LA DESTREZA **Combina cada par de cláusulas independientes y forma una oración compuesta. Usa una coma y/o las conjunciones coordinantes *y, pero, o* o *así que*.**

1. Se abrió el cielo. Un rayo atravesó las nubes.

   ____

2. El año pasado tuvimos inundaciones. Este año no fue tan malo.

   ____

3. La tormenta causó graves daños. Varias personas resultaron heridas.

   ____

4. Las ventanas se hicieron añicos por el viento. Nos metimos en el sótano.

   ____

5. Leíamos libros. A veces jugábamos a las cartas.

   ____

Completa las siguientes oraciones agregando una segunda cláusula independiente relacionada para formar una oración compuesta. Usa la conjunción que se muestra arriba de la oración. Usa coma solo si es necesario. La primera oración ya está resuelta.

6. **pero**
   El bistec estaba tierno , pero estaba demasiado cocido.
7. **y**
   La calle estaba desierta ______________________________.
8. **aunque**
   El sofá se veía bien ______________________________.
9. **pero**
   Los soldados marchaban con valor ______________________________.
10. **así que**
    El cielo se veía amenazador ______________________________.
11. **así que**
    La fruta estaba madura ______________________________.
12. **o**
    Debo cargar pronto gasolina ______________________________.
13. **o**
    Podríamos ver esta película ______________________________.

 Comprueba tus respuestas en las páginas 260 y 261.

Puntuación en las oraciones complejas

Otra manera de variar tu escritura es usar oraciones complejas. Una **oración compleja** está formada por dos partes: una cláusula independiente y una cláusula dependiente. Recuerda que una cláusula independiente tiene sujeto y predicado y expresa una idea completa por sí misma. Una cláusula dependiente tiene sujeto y verbo, pero no puede funcionar por sí sola ya que no forma una oración ni una idea completa. Una manera de recordar la diferencia es pensar en lo siguiente: una cláusula dependiente depende de la cláusula independiente para completar la oración o la idea.

La cláusula dependiente puede aparecer delante o detrás de la cláusula independiente. Si la cláusula dependiente aparece primero en la oración, debes colocar una coma después.

Dondequiera que vayas, verás edificios altos.

Verás edificios altos dondequiera que vayas.

Una cláusula dependiente comienza con una palabra conectora denominada **conjunción subordinante.** Estas son algunas conjunciones subordinantes comunes:

después de (que)	tan pronto como	con tal de (que)	si bien	cuando
aunque	si	por más que	a menos que	siempre que
como	porque	pues	hasta (que)	por consiguiente
ya que	antes de (que)	para (que)	con el fin de (que)	mientras (que)

Usa una conjunción del recuadro de arriba para combinar cada par de cláusulas y formar una oración compleja. Usa coma si la cláusula dependiente aparece primero en la oración.

1. el clima sigue agradable/iremos a pasear a las montañas

   Si el clima sigue agradable, iremos a pasear a las montañas.

2. manejas por la carretera Blue Ridge/puedes detenerte a apreciar la vista muchas veces

   ____

3. la mayoría de las personas paran en el monte Mitchell/es la vista más espectacular de todas

   ____

4. querrás sacar fotos/es imposible plasmar la belleza de esas cordilleras sobre el papel

   ____

5. sigue por la carretera/llegas a la ciudad de Asheville

   ____

 Comprueba tus respuestas en la página 261.

REPASO DE LA UNIDAD
DESTREZAS DEL LENGUAJE

▶ **Encierra en un círculo la palabra incorrecta de cada oración y escribe su homófono para corregirla.**

________ **1.** ¿Quién abría dicho que Javier era piloto de avión?

________ **2.** Todavía se me pone el bello de punta al recordar aquel trágico suceso.

________ **3.** Es la última ves que acepto un papel tan aburrido en una obra de teatro.

________ **4.** Es importante que peces las manzanas antes de calcular el costo.

________ **5.** Dime si as visto mi monedero, porque no lo encuentro.

▶ **Completa cada oración con la palabra correcta.**

6. La panadería estaba cerrada y la carnicería, ________________.

(también, tan bien)

7. No entendí su respuesta, pero ________________ se me ocurrió preguntarle de nuevo.

(tampoco, tan poco)

8. ¿De dónde ________________ la palabra "sustantivo"?

(previene, proviene)

9. Para hacer un buen té, calienta el agua hasta que ________________.

(hierba, hierva)

10. ¿Dónde se encuentra el ________________ al centro comercial?

(acceso, exceso)

▶ **Completa cada oración con el verbo correcto.**

11. Allen, Sheila y Bob ________________ a ir al cine mañana.

(va, van)

12. Nadie ________________ cómo termina la película.

(sabe, saben)

13. La película trata sobre un niño al que le ________________ la nariz en una pelea en la escuela.

(rompe, rompen)

14. Sorprendentemente, el director o el maestro le ________________ otra oportunidad.

(da, dan)

15. Al final de la película, el público ________________ aplaudiendo.

(acaba, acaban)

Lee cada oración. Luego, escribe una oración que la continúe, usando el pronombre correspondiente para el sustantivo o sustantivos subrayados.

16. Jeff y Melissa deciden comprar un carro nuevo.

____

17. Jeff y Melissa consultan a su papá si deben pedir un préstamo.

____

18. El papá de Jeff y Melissa se ofrece a prestarles algo de dinero a Jeff y Melissa.

____

19. El papá depende de Jeff y Melissa para que lo lleven a todos lados.

____

Vuelve a escribir cada oración para corregir el modificador ambiguo.

20. Caminando a casa desde la escuela, un pájaro se posó en una cerca blanca.

____

21. Mientras miraba televisión, el comediante me hizo reír.

____

22. Haciendo la cama, un ratón pasó corriendo por la habitación.

____

23. Mientras hacía la cena, mi perro suplicaba porque quería comida.

____

24. Tomando una ducha esta mañana, el agua comenzó a salir helada.

____

Usa una de las palabras conectoras de la siguiente lista para crear una oración compleja con cada grupo de palabras.

después de (que)	**si**	**a menos que**
porque	**como**	**cuando**
antes de (que)	**para que**	**siempre que**

25. Jen pasea a su perro por la noche ______________________.

26. También es agradable hacerlo por la mañana ______________________.

27. ______________________, trata a su perro como a una persona.

Comprueba tus respuestas en la página 261.

MINIPRUEBA

Esta es una prueba de práctica de 15 minutos de duración. Transcurridos los 15 minutos, marca el último número que terminaste. Luego, completa la prueba y comprueba tus respuestas. Si la mayoría de tus respuestas son correctas pero no pudiste terminar a tiempo, intenta trabajar más rápidamente la próxima vez.

Escribe palabras de transición de tiempo/orden para completar el texto. Usa cada palabra una sola vez.

cuando **en segundo lugar** **por último** **luego** **primero**

No es fácil trasladarse por Chicago. Si decides tomar un tren, ______________ debes decidir qué línea de tren tienes que tomar. ______________, debes hallar una estación de esa línea. ______________, debes comprar un boleto. ______________ veas venir un tren, prepárate para subirte. ______________, baja del tren en la estación correcta. Después, puedes tomar el autobús o caminar hasta tu destino.

Vuelve a escribir cada oración. Corrige los errores de mayúsculas.

1. Rob viajó a nueva york en septiembre para visitar a su tío.

____

2. Como era Otoño, no había tanta gente en lugares como la estatua de la libertad.

____

3. el día del trabajo, rob caminó por central park y por la avenida lexington.

____

4. Comió comida francesa y vio un partido en el estadio de los yankees.

____

Si el grupo de palabras es una oración, escribe *O*. Si es un fragmento, agrega palabras para formar una oración completa.

5. El apartamento del cuarto piso.

____

6. Pedro fue a verlo la semana pasada.

____

7. Pensando en eso en el camino del trabajo a casa.

____

▶ **Corrige las oraciones seguidas escribiéndolas como dos oraciones completas.**

8. Craig tiene un trabajo inusual es chef.

____

9. Antes trabajaba en una tienda era el cajero.

____

10. Luego, fue a una escuela de cocina durante dos años, era un programa largo.

____

▶ **En cada oración, agrega signos de puntuación y corrige las mayúsculas si es necesario.**

11. Tengo una pregunta: Viniste a nuestra boda

12. Mi esposo y yo nos casamos en una iglesia católica en Chicago illinois

13. Fue la mejor boda de todas

14. Sus hermanos Ed hal John y joe estaban a su lado.

15. A mi lado yo solo tenía a mi hermana amy que se paró junto a mí

16. la boda fue hermosa y todos los invitados la pasaron muy bien

17. Sabes tú adónde fuimos de Luna de Miel

18. Fuimos a Atlantic city las cataratas del niágara y la ciudad de nueva York

19. Luego visitamos a Millie mi tía materna por algunos días

20. Terminé terriblemente agotada

▶ **Encierra en un círculo la palabra que mejor completa cada oración para mostrar el uso correcto de gerundios y participios.**

21. Esta semana hemos **(puesto, poniendo)** todo nuestro esfuerzo en la construcción.

22. Vimos que la mesa ya estaba **(puesta, poniéndose)**, así que solo nos sentamos.

23. **(Hecha, Haciendo)** la tarea, los niños pudieron salir a jugar.

24. ¿Quién está **(comido, comiendo)** con tanto ruido?

25. Se preparó para la carrera **(entrenada, entrenando)** como nunca antes.

Comprueba tus respuestas en las páginas 261–263.

HOJA DE RESPUESTAS

Prueba posterior de Razonamiento a través de las Artes del lenguaje

Nombre: ______________________ **Clase:** ________________ **Fecha:** __________

1 Ⓐ Ⓑ Ⓒ Ⓓ

2 Ⓐ Ⓑ Ⓒ Ⓓ

3 **Escribe tu respuesta a la pregunta 3 en una hoja aparte.**

4 Ⓐ Ⓑ Ⓒ Ⓓ

5 Ⓐ Ⓑ Ⓒ Ⓓ

6 **Escribe tu respuesta a la pregunta 6 en una hoja aparte.**

7 Ⓐ Ⓑ Ⓒ Ⓓ

8 Ⓐ Ⓑ Ⓒ Ⓓ

9–13 **Escribe tus respuestas a las preguntas 9–13 en una hoja aparte.**

14 Ⓐ Ⓑ Ⓒ Ⓓ

15 Ⓐ Ⓑ Ⓒ Ⓓ

16 Ⓐ Ⓑ Ⓒ Ⓓ

17 Ⓐ Ⓑ Ⓒ Ⓓ

18–19 **Escribe tus respuestas a las preguntas 18 y 19 en una hoja aparte.**

20 Ⓐ Ⓑ Ⓒ Ⓓ

21 Ⓐ Ⓑ Ⓒ Ⓓ

22 Ⓐ Ⓑ Ⓒ Ⓓ

23 Ⓐ Ⓑ Ⓒ Ⓓ

24 Ⓐ Ⓑ Ⓒ Ⓓ

25 **Escribe tu respuesta a la pregunta 25 en una hoja aparte.**

26 ______________________

27 ______________________

28 ______________________

29 ______________________

30 ______________________

31 Ⓐ Ⓑ Ⓒ Ⓓ

32–34 **Escribe tus respuestas a las preguntas 32–34 en una hoja aparte.**

35 ______________________

36 ______________________

37 ______________________

38 ______________________

39 **Escribe tu respuesta a la pregunta 39 en una hoja aparte.**

40 Ⓐ Ⓑ Ⓒ Ⓓ

41 Ⓐ Ⓑ Ⓒ Ⓓ

42 Ⓐ Ⓑ Ⓒ Ⓓ

43 Ⓐ Ⓑ Ⓒ Ⓓ

44 Ⓐ Ⓑ Ⓒ Ⓓ

45 **Escribe tu respuesta a la pregunta 45 en una hoja aparte.**

46 Ⓐ Ⓑ Ⓒ Ⓓ

47 ______________________

48 **Escribe tu respuesta a la página 48 en una hoja aparte.**

49 Ⓐ Ⓑ Ⓒ Ⓓ

50 Ⓐ Ⓑ Ⓒ Ⓓ

51 Ⓐ Ⓑ Ⓒ Ⓓ

52 **Escribe tu respuesta a la pregunta 52 en una hoja aparte.**

53 Ⓐ Ⓑ Ⓒ Ⓓ

54 Ⓐ Ⓑ Ⓒ Ⓓ

55 Ⓐ Ⓑ Ⓒ Ⓓ

56 Ⓐ Ⓑ Ⓒ Ⓓ

57 Ⓐ Ⓑ Ⓒ Ⓓ

58 Ⓐ Ⓑ Ⓒ Ⓓ

59 Ⓐ Ⓑ Ⓒ Ⓓ

60 Ⓐ Ⓑ Ⓒ Ⓓ

61 Ⓐ Ⓑ Ⓒ Ⓓ

62 Ⓐ Ⓑ Ⓒ Ⓓ

63 Ⓐ Ⓑ Ⓒ Ⓓ

64 Ⓐ Ⓑ Ⓒ Ⓓ

65 Ⓐ Ⓑ Ⓒ Ⓓ

66 Ⓐ Ⓑ Ⓒ Ⓓ

67 Ⓐ Ⓑ Ⓒ Ⓓ

68 Ⓐ Ⓑ Ⓒ Ⓓ

69 Ⓐ Ⓑ Ⓒ Ⓓ

70 Ⓐ Ⓑ Ⓒ Ⓓ

71 Ⓐ Ⓑ Ⓒ Ⓓ

72 Ⓐ Ⓑ Ⓒ Ⓓ

73 Ⓐ Ⓑ Ⓒ Ⓓ

74 Ⓐ Ⓑ Ⓒ Ⓓ

75 Ⓐ Ⓑ Ⓒ Ⓓ

76 Ⓐ Ⓑ Ⓒ Ⓓ

77 Ⓐ Ⓑ Ⓒ Ⓓ

78 Ⓐ Ⓑ Ⓒ Ⓓ

PRUEBA POSTERIOR

Instrucciones

La Prueba posterior Preliminar de Razonamiento a través de las Artes del lenguaje de GED® consiste en tres secciones: Comprensión de la lectura, Respuesta extendida y Destrezas del lenguaje. Esta es una prueba de práctica de 150 minutos de duración. La sección Comprensión de la lectura debe tomar aproximadamente 60 minutos. La sección Respuesta extendida debe tomar aproximadamente 45 minutos. La sección Destrezas del lenguaje debe tomar aproximadamente 35 minutos. Tómate el tiempo mientras trabajas en cada sección. Transcurridos los minutos asignados, marca el último número que terminaste. Completa la prueba y comprueba tus respuestas. Si la mayoría de tus respuestas son correctas pero no terminaste, intenta trabajar más rápidamente la próxima vez.

La sección Comprensión de la lectura consiste en selecciones de ficción y distintos tipos de selecciones informativas: estudios sociales, ciencias y lugar de trabajo. Cada selección está seguida por preguntas de opción múltiple, completar los espacios en blanco y respuesta breve sobre el material de lectura. Lee cada selección y luego responde las preguntas que siguen. Consulta el material de lectura todas las veces que sea necesario al responder las preguntas.

La sección Respuesta extendida evalúa tu capacidad de usar un español claro y eficaz en una respuesta escrita. La respuesta extendida requiere que leas y analices dos textos. Debes usar evidencia del texto para apoyar tu respuesta al tema.

La sección Destrezas del lenguaje evalúa tu capacidad de reconocer errores en la estructura, el uso y la mecánica del lenguaje de una oración. La prueba presentará un número de diferentes destrezas.

Anota tus respuestas en la hoja de respuestas de la página 204, que puedes fotocopiar. Para los ejercicios de opciones múltiples, rellena el círculo con la letra elegida en la hoja de respuestas que corresponda con la respuesta que elijas para cada pregunta de la Prueba posterior. Para los ejercicios de completar los espacios en blanco, escribe tus respuestas en el renglón provisto. Para los ejercicios de respuesta breve y de respuesta extendida, escribe tu respuesta en una hoja aparte.

EJEMPLO

Oración 1: **Me gustó recibir una invitación a tú fiesta.**

¿Qué corrección se debe hacer en la oración 1?

A. cambiar gustó por gusta
B. cambiar gustó por gustará
C. cambiar tú por tu
D. cambiar recibir por recivir

(En la Hoja de respuestas)

La respuesta correcta es la opción C.

Comprensión de la lectura: Selecciones de ficción

Lee la siguiente selección de *Las aventuras de Tom Sawyer* de Mark Twain y luego responde las preguntas 1–6.

¿Encontrarán Tom y Becky el camino a casa?

(1) Momentos después, una cierta indecisión en sus movimientos reveló a Becky otro hecho temible: ¡Tom no podía dar con el camino de vuelta!

(2) —¡Oh, Tom, no hiciste ninguna marca!

(3) —Becky, ¡soy un tonto! ¡Muy tonto! ¡Nunca pensé que tendríamos que volver! No, no doy con el camino. Estoy muy confundido.

(4) —¡Tom, Tom, estamos perdidos! ¡Perdidos! ¡Nunca podremos salir de este horrible lugar! ¿¡Por qué nos *separamos* de los otros!?

(5) Se dejó caer al suelo y rompió en tan frenético llanto que Tom se horrorizó ante la idea de que Becky podría morir o perder la razón. Se sentó a su lado y la rodeó con los brazos. Ella reclinó la cabeza en su pecho, se aferró a él y dio rienda suelta a sus terrores, sus inútiles arrepentimientos, y los ecos lejanos convirtieron sus lamentaciones en mofadora risa. Tom le suplicó que tuviera esperanza de nuevo, pero ella le dijo que no podía. Empezó a culparse y a insultarse a sí mismo por haberla metido en tan lamentable situación; y eso tuvo un mejor efecto. Becky dijo que intentaría tener esperanza de nuevo y que se levantaría y lo seguiría adonde él fuera con tal de que no hablara así, pues él no era más culpable que ella.

(6) Se pusieron de nuevo en marcha, sin rumbo alguno, al azar. Lo único que podían hacer era andar, no dejar de moverse. Durante un breve rato, pareció que la esperanza revivía, no porque hubiera razón alguna para ello, sino tan solo porque es natural en ella revivir cuando sus resortes no se han gastado por la edad y la resignación con el fracaso.

(7) Poco después, Tom tomó la vela de Becky y la apagó. ¡Aquella economía significaba mucho! No hacía falta explicarlo. Becky comprendió y su esperanza se extinguió de nuevo. Sabía que Tom tenía una vela entera y tres o cuatro pedazos más en los bolsillos; aun así, debía economizar.

(8) Poco a poco, el cansancio comenzó a hacerse sentir. Los niños trataron de no hacerle caso, pues era terrible pensar en sentarse cuando el tiempo valía tanto. Moverse en alguna dirección, en cualquier dirección, era por lo menos progresar y podía dar frutos; pero sentarse era invitar a la muerte y acortar su persecución.

1. ¿Qué enunciado vuelve a plantear *mejor* la idea principal del párrafo 6?

A. La esperanza, por lo general, solo dura un rato.

B. La esperanza vuelve más fácilmente en los jóvenes.

C. Por lo general, no hay ninguna buena razón detrás de la esperanza.

D. La esperanza es algo normal en las personas, sean jóvenes o viejas.

2. ¿Qué quiere decir la frase "pero sentarse era invitar a la muerte y acortar su persecución"? (párrafo 8)

A. Es más probable que mueran si no siguen moviéndose.

B. Los está persiguiendo alguien que quiere matarlos.

C. Morirán de cansancio si se sientan.

D. Van a morir si no admiten que están cansados y se sientan.

3. ¿Qué sería probable que hiciera Tom si Becky ideara un plan decididamente? Explica tu respuesta. Escribe tu respuesta en una hoja aparte.

4. Según la información del párrafo 7, ¿qué afirmación sería *más probable* que hiciera Tom si el párrafo estuviera escrito desde su punto de vista?

A. ¡No hay esperanza! Moriremos aquí.

B. Sé que están a punto de rescatarnos.

C. Tal vez la oscuridad le dé alivio a Becky.

D. Guardaré esto; tal vez estemos aquí un rato.

5. Mark Twain escribió varias novelas, incluida una con un personaje llamado Huck Finn. Huck escapa de su padre, conoce a un esclavo fugitivo y viaja con él por el río Mississippi en una balsa. Según esta información y la selección, ¿qué tipo de relatos escribió Mark Twain?

A. románticos

B. de aventura

C. de suspenso

D. biografías

6. El título de esta selección es "¿Encontrarán Tom y Becky el camino a casa?". Después de leer la selección, ¿qué piensas que les ocurrirá? Usa tus conocimientos previos de literatura y evidencia de la selección para apoyar tu respuesta. Escribe tu respuesta en una hoja aparte.

Comprensión de la lectura: Selecciones de ficción

Lee la siguiente selección y luego responde las preguntas 7–13.

De "La ventana abierta" de Saki

(1) —Mi tía bajará enseguida, Sr. Nuttel —dijo con mucha serenidad una jovencita de quince años—. Mientras tanto, debe hacer lo posible por soportarme.

(2) Framton Nuttel se esforzó por decir algo que halagara debidamente a la sobrina sin dejar de tomar debidamente en cuenta a la tía que estaba por llegar. En su interior, dudaba más que nunca que esta serie de visitas formales a personas totalmente desconocidas fuera de alguna utilidad para la cura de reposo que se había propuesto.

(3) "Sé lo que ocurrirá", le había dicho su hermana cuando se disponía a emigrar a este retiro rural. "Te encerrarás y no hablarás con nadie y tus nervios estarán peor que nunca debido a la depresión. Por eso te daré cartas de presentación para todas las personas que conocí allí. Algunas, por lo que recuerdo, eran bastante simpáticas".

(4) Framton se preguntó si la Sra. Sappleton, la dama a quien entregaría una de las cartas de presentación, podía ser clasificada entre las simpáticas.

(5) —¿Conoce a muchas de las personas de por aquí? —preguntó la sobrina, cuando consideró que ya había habido entre ellos suficiente comunicación silenciosa.

(6) —Casi a nadie —dijo Framton—. Mi hermana estuvo aquí, en la rectoría, hace unos cuatro años, y me dio cartas de presentación para algunas personas del lugar.

(7) Hizo esta última declaración en un tono de claro pesar.

(8) —Entonces ¿no sabe prácticamente nada acerca de mi tía? —prosiguió la serena jovencita.

(9) —Solo su nombre y su dirección —admitió el visitante. Se preguntaba si la Sra. Sappleton estaría casada o sería viuda. Algo indefinido en el ambiente parecía sugerir la presencia masculina.

(10) —Su gran tragedia ocurrió hace tres años —dijo la niña—; es decir, después de que se fue su hermana.

(11) —¿Su tragedia? —preguntó Framton; de algún modo, en esta apacible campiña, las tragedias parecían algo fuera de lugar.

(12) —Quizás se pregunte por qué dejamos esa ventana abierta de par en par en una tarde de octubre —dijo la sobrina, señalando una gran ventana de estilo francés que daba a un jardín.

(13) —Hace bastante calor para esta época del año —dijo Framton—, pero ¿esa ventana tiene alguna relación con la tragedia?

(14) —Por esa ventana, hace exactamente tres años, su marido y sus dos hermanos menores salieron a cazar por el día. Nunca regresaron. Al atravesar el páramo para llegar al terreno donde solían cazar, los tres quedaron atrapados en una ciénaga traicionera. Ocurrió durante ese verano terriblemente lluvioso, sabe, y los terrenos que antes eran firmes de pronto cedían sin que hubiera manera de preverlo. Nunca encontraron sus cuerpos. Eso fue lo peor de todo —A esta altura del relato, la voz de la niña perdió su tono seguro y se volvió vacilantemente vulnerable—. Mi pobre tía sigue creyendo que volverán algún día, ellos y el pequeño spaniel café que los acompañaba, y que entrarán por la ventana como solían hacerlo. Es por eso que la ventana queda abierta hasta que ya es de noche. Mi pobre y querida tía, cuántas veces me habrá contado cómo salieron, su marido con el impermeable blanco en el brazo, y Ronnie, su hermano menor, cantando como de costumbre "¿Bertie, por qué saltas?", porque sabía que esa canción la irritaba especialmente. ¿Sabe usted? A veces, en tardes tranquilas como la de hoy, casi tengo una sensación escalofriante de que todos ellos volverán a entrar por la ventana...

(15) La niña se estremeció. Fue un alivio para Framton cuando la tía irrumpió en el cuarto pidiendo mil disculpas por haberlo hecho esperar tanto...

7. ¿Cuál es el propósito principal de la escena retrospectiva del párrafo 3?

A. presentar a un personaje importante
B. explicar un misterio importante
C. presentar un tema universal
D. explicar el motivo de la visita de Nuttel

8. ¿Qué enunciado resume *mejor* el tema de esta selección?

A. Es fácil hablar con los adolescentes.
B. Las mujeres siempre llegan tarde cuando se trata de saludar a los invitados.
C. Los efectos de las tragedias a menudo persisten.
D. Es difícil llegar repentinamente a la vida de otras personas.

9. De acuerdo con la selección, ¿por qué Framton Nuttel está visitando la casa de la Sra. Sappleton? Escribe tu respuesta en una hoja aparte.

10. Según el contexto, ¿qué significa la palabra *emigrar* de acuerdo con cómo se la usa en la selección? Escribe tu respuesta en una hoja aparte.

11. Según el contexto, ¿qué significa la palabra *atrapados* de acuerdo con cómo se la usa en la selección? Escribe tu respuesta en una hoja aparte.

12. Según el contexto, ¿qué significa la palabra *irrumpió* de acuerdo con cómo se la usa en la selección? Escribe tu respuesta en una hoja aparte.

13. Según la sobrina, ¿cuál es la terrible tragedia que sufrió la Sra. Sappleton? Escribe tu respuesta en una hoja aparte.

Comprensión de la lectura: Selecciones informativas: Estudios sociales

Lee la siguiente selección y luego responde las preguntas 14–19.

La primera dama Eleanor Roosevelt conoció a la cantante de ópera afroamericana Marian Anderson en 1935 cuando la invitaron a cantar en la Casa Blanca. A partir de 1936, la cantante realizó un concierto anual a beneficio de la Escuela de música de la Universidad Howard en Washington, D.C. En enero de 1939, la universidad les pidió a las Hijas de la Guerra de Independencia (DAR, por sus siglas en inglés) si podían usar el auditorio de las DAR, llamado Salón de la Constitución, para su concierto anual con Anderson. Las DAR rechazaron el pedido porque existía una política no escrita de que solo las personas blancas podían actuar allí. En respuesta, la Sra. Roosevelt les escribió esta carta a las DAR.

La Casa Blanca
Washington

28 de febrero de 1939

Mi estimada Sra. Henry M. Robert Jr.:

(1) Me temo que nunca he sido un miembro muy útil de las Hijas de la Guerra de Independencia, de modo que sé que será de muy poca importancia para ustedes si yo renuncio o si continúo siendo miembro de su organización.

(2) Sin embargo, estoy en completo desacuerdo con la actitud tomada al negarle el Salón de la Constitución a una gran artista. Han dado un ejemplo que me parece desafortunado y me siento obligada a enviarle a usted mi renuncia. Tuvieron una oportunidad de liderar de manera inteligente y me parece que su organización ha fracasado.

(3) Me doy cuenta de que muchas personas no estarán de acuerdo conmigo, pero conforme a lo que siento, este parece ser el único procedimiento apropiado para seguir.

Atentamente,

Eleanor Roosevelt

Eleanor Roosevelt

14. Cuando Eleanor Roosevelt escribe "Me temo que nunca he sido un miembro muy útil", probablemente quiere decir que

A. se siente culpable por no haberle dedicado más tiempo y esfuerzo a la organización.

B. le preocupa que la Sra. Henry M. Robert Jr. responda su carta con enfado.

C. sabe que su renuncia tal vez no moleste mucho a la organización.

D. está dispuesta a renunciar porque no ha podido liderar de una manera inteligente.

15. Según Eleanor Roosevelt, ¿qué ejemplo desafortunado da la organización?

A. que la discriminación basada en la raza es aceptable

B. que las ideas y las opiniones de los miembros no importan

C. que se trata de una organización hipócrita

D. que ignora los procedimientos apropiados en el trato a los grandes artistas

16. El tono de Eleanor Roosevelt se podría describir *mejor* como

A. de curiosidad aunque cortés.

B. de desilusión aunque decidido.

C. de desconcierto aunque disgustado.

D. de susto aunque divertido.

17. En el segundo párrafo, Eleanor Roosevelt con frecuencia usa las palabras *ustedes* y *su*. ¿Cuál es la probable intención de expresarse de esa manera?

A. Hace que la carta parezca más personal, como si le estuviera hablando directamente a la Sra. Henry M. Robert Jr.

B. Enfatiza exactamente quién es el culpable del fracaso de la organización.

C. Hace que los lectores se sientan más involucrados al incluirlos en la conversación.

D. Enfatiza que está poniendo distancia entre ella y esta organización a la que está renunciando.

18. Resume lo que quiere decir Eleanor Roosevelt cuando menciona que las DAR "tuvieron una oportunidad de liderar de manera inteligente". Escribe tu respuesta en una hoja aparte.

19. Eleanor Roosevelt dice que su decisión de renunciar era "el único procedimiento apropiado para seguir". Pero ¿qué otra iniciativa podría haber tomado? Escribe tu respuesta en una hoja aparte.

Comprensión de la lectura: Selecciones informativas: Estudios sociales

▶ **Lee la siguiente selección y luego responde las preguntas 20–25.**

La colonización de Jamestown

(1) Los miembros de la Compañía de Londres sabían del fracaso de la colonia de Roanoke. Querían establecer un asentamiento sin depender de la riqueza de una sola persona. Fue por eso que unos inversores crearon una sociedad por acciones, que permitía que un grupo compartiera el costo y el riesgo de fundar una colonia. Las colonias formadas de esta manera se llamaron colonias de compañía. Con el objetivo de atraer a inversores y colonos, la Compañía de Londres publicó un aviso que elogiaba a Virginia.

(2) **"La tierra produce[...] [una] abundancia de peces, reserva infinita [suministro interminable] de ciervos y liebres, con muchas frutas y raíces[...] Hay colinas y montañas que en forma significativa proponen [ofrecen] tesoros escondidos, que aún no han sido buscados".**

—La Compañía de Londres de Virginia, citado en *Ordinary Americans* [Estadounidenses comunes], editado por Linda R. Monk

(3) La promesa de tal riqueza atrajo a aventureros y personas que estaban pasando dificultades económicas en Inglaterra.

(4) El 26 de abril de 1607, llegaron a la costa de Virginia las tres primeras embarcaciones que había enviado la Compañía de Londres. La flota llevó 105 colonos hombres para fundar un asentamiento. Las embarcaciones se dirigieron hacia la bahía de Chesapeake y navegaron río arriba por el río James. Aproximadamente a 40 millas río arriba, los colonos fundaron el primer asentamiento. Lo llamaron Jamestown, por el rey inglés.

(5) Los hombres que llegaron a Jamestown no estaban bien preparados para comenzar un asentamiento. La mayoría de ellos eran aventureros interesados en hacer una fortuna y regresar a Inglaterra. Uno de los colonos, el capitán John Smith, expresó con disconformidad que "diez buenos trabajadores hubieran hecho un trabajo más sustancial en un día que diez de estos [colonos] en una semana". De hecho, muy pocos colonos tenían experiencia en agricultura o destrezas útiles como la carpintería. Jamestown era también un lugar pobre para un asentamiento. Se encontraba rodeado de pantanos llenos de mosquitos portadores de enfermedades. Además, el agua del río era demasiado salada para beber de manera segura. Estas condiciones resultaron mortales. Para cuando llegó el invierno, dos tercios de los colonos originales habían muerto. Los pocos sobrevivientes tenían hambre y estaban enfermos. La situación mejoró temporalmente después de que Smith tomara el control de la colonia en septiembre de 1608. Obligó a los colonos a trabajar y a construir mejores viviendas. Esto redujo el número de muertes debido al hambre y a la exposición a la intemperie.

20. ¿Qué suceso ocurrió primero?

A. La Compañía de Londres creó una sociedad por acciones.

B. El capitán John Smith tomó el control de Jamestown.

C. La colonia de Roanoke fracasó.

D. Tres embarcaciones navegaron hacia la costa de Virginia.

21. ¿Cuál es el *mejor* resumen de la selección?

A. Un grupo de inversores envió embarcaciones para establecer la colonia de Jamestown. El asentamiento no funcionó bien al principio porque los colonos no contaban con las destrezas necesarias y no se había elegido bien el área en sí misma.

B. Un grupo de inversores decidió viajar a Virginia para crear un asentamiento. Estos inversores no eran agricultores y no trabajaban mucho. Esto se convirtió en un tremendo problema cuando los colonos también se dieron cuenta de que la tierra no era buena para la labranza.

C. La colonia de Jamestown fue fundada por aventureros que tenían parientes ricos en Inglaterra. No trabajaban mucho y eran débiles físicamente. Pocos de ellos sobrevivieron a las enfermedades que contraían por los mosquitos y el agua salada.

D. El rey James quería una colonia para reemplazar a la colonia perdida de Roanoke. Creó la Compañía de Londres y envió colonos a Jamestown. El asentamiento tuvo un mal comienzo pero terminó prosperando poco después de que el capitán John Smith tomara el control.

22. Vuelve a leer las dos últimas oraciones de la selección. Según el contexto, ¿qué significa *exposición*?

A. no tener suficientes alimentos para comer

B. enfermedad causada por quemaduras del sol

C. enfermedad también conocida como desnutrición

D. falta de ropa o refugio apropiados

23. Esta selección contiene una cita de un aviso publicado a principios del siglo XVII. Esto ayuda a mostrar que la selección es

A. persuasiva.

B. informativa.

C. narrativa.

D. tendenciosa.

24. ¿Cuál es el principal efecto del uso de las palabras *frutas, montañas* y *tesoros* en el aviso que contiene la selección?

A. mostrar la tierra como hermosa y llena de riquezas

B. apelar a la avaricia del lector

C. apelar solo al sentido de la vista

D. crear una atmósfera de tranquilidad

25. Enumera dos detalles que apoyen la idea principal de que los hombres que llegaron a Jamestown no estaban bien preparados para comenzar un asentamiento. Escribe tu respuesta en una hoja aparte.

Comprensión de la lectura: Selecciones informativas: Ciencias

▶ **Lee la siguiente selección y luego responde las preguntas 26–34.**

Cómo se heredan las características

(1) Las células de todos los seres vivos contienen la molécula de ácido desoxirribonucleico, o ADN. El ADN constituye el material genético de los seres vivos y transporta instrucciones para las características de un organismo. Cuando los organismos se reproducen, transmiten copias de su ADN a su descendencia. La transmisión del ADN garantiza que las características de los progenitores se transmitan a la descendencia. Esta transmisión de características se llama herencia.

(2) El ADN es un ácido nucleico compuesto por largas cadenas de moléculas más pequeñas llamadas nucleótidos. Un nucleótido tiene tres elementos: un azúcar, una base y un grupo fosfato que contiene átomos de fósforo y de oxígeno. El ADN es una molécula de doble hélice, lo cual significa que consiste en dos cadenas de nucleótidos que giran en espiral una respecto de la otra. Abajo se muestra la estructura del ADN.

(3) Las características se transmiten de los progenitores a la descendencia a través de unidades de herencia llamadas genes. Los genes son secciones del ADN que proveen instrucciones para la fabricación de proteínas específicas. Las instrucciones de un gen para formar una proteína se encuentran codificadas en la secuencia de nucleótidos del gen. Por lo tanto, la secuencia de nucleótidos del ADN es muy importante. En general, las características de un organismo están determinadas por las proteínas que produce un organismo. Todo el material genético de un organismo constituye su genoma.

(4) Los genes se encuentran en lugares específicos en los cromosomas, que son estructuras ubicadas en el núcleo de las células. Los cromosomas están formados por proteína y ADN. Los cromosomas contienen largas cadenas de ADN, las cuales almacenan la información genética de un organismo. Todos los miembros de una especie tienen el mismo número característico de cromosomas en las células del cuerpo, así como todos los átomos de un elemento tienen el mismo número característico de protones en su núcleo. Por ejemplo, todas las células del cuerpo humano tienen 46 cromosomas.

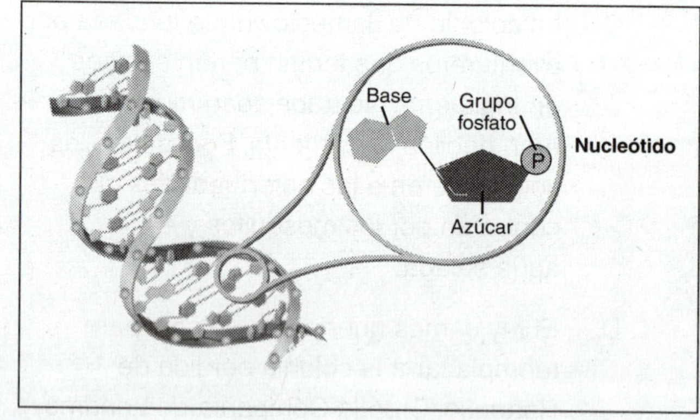

(5) Los cromosomas dentro de un organismo se pueden dividir en pares llamados cromosomas homólogos. Los cromosomas homólogos transportan versiones alternas de un gen en el mismo lugar en cada cromosoma. Estas versiones alternas se llaman alelos. Los diferentes alelos en los cromosomas homólogos contienen información genética que controla la misma característica. Sin embargo, la información genética puede ser distinta. Por ejemplo, el gen que controla el color de una flor se encuentra en el mismo lugar en los dos cromosomas homólogos. No obstante, un alelo puede proveer información que dé como resultado una flor roja y un alelo puede proveer información que dé como resultado una blanca. En los organismos que se reproducen mediante reproducción sexual, un conjunto de cromosomas, y por lo tanto un conjunto de alelos, proviene de un progenitor. El otro conjunto proviene del segundo progenitor. El genoma de la descendencia es una combinación del genoma de los dos progenitores.

▶ **Completa los espacios en blanco con la palabra correcta.**

genoma	**ADN**	**cromosoma**
alelo	**gen**	

26. Un(a) ______________________ es una estructura que contiene ADN y se encuentra en el núcleo de una célula.

27. Todos los genes de un organismo constituyen su ______________________.

28. El/La ______________________ es un ácido nucleico compuesto por largas cadenas de moléculas más pequeñas llamadas nucleótidos.

29. Un(a) ______________________ provee información para producir proteínas.

30. Un(a) ______________________ es una versión alterna de un gen.

31. Un nucleótido tiene tres elementos. ¿Cuáles son?

A. un azúcar, una base y un grupo fosfato

B. un azúcar, una base y ADN

C. genes, cromosomas y alelos

D. ácido desoxirribonucleico, fósforo y oxígeno

32. ¿Qué es la herencia? Escribe tu respuesta en una hoja aparte.

33. Describe cómo los genes resultan en las características expresas de un organismo. Escribe tu respuesta en una hoja aparte.

34. ¿Qué ocurriría si se mezclara la secuencia de nucleótidos de un gen? Escribe tu respuesta en una hoja aparte.

Comprensión de la lectura: Selecciones informativas: Ciencias

Lee la siguiente selección y luego responde las preguntas 35–41.

¿Qué es la conservación de la energía?

(1) La energía tiene muchas formas y puede encontrarse casi en todos lados. La Ley de la conservación de la energía establece que la energía no puede crearse ni destruirse. En otras palabras, la cantidad total de energía que existe en el universo nunca cambia, aunque la energía puede cambiar de una forma a otra. La Ley de la conservación de la energía es una ley científica porque describe algo que siempre ocurre en la naturaleza. No es una teoría, sin embargo, porque no explica por qué se conserva la energía.

(2) Aunque la energía y la masa son cantidades distintas bajo condiciones normales, las reacciones nucleares pueden ocasionar una conversión entre la energía y la masa. Una cantidad pequeña de masa puede convertirse en una cantidad grande de energía, o una cantidad grande de energía puede convertirse en una cantidad pequeña de masa. En estos casos, puede parecer que las leyes de la conservación son violadas. Sin embargo, la cantidad total de masa y de energía equivalente aún se conserva, a pesar de que una se convierte en la otra.

La energía en los sistemas

(3) Dar cuenta de toda la energía en un determinado caso puede ser complicado. Para que estudiar un caso sea más fácil, los científicos a menudo limitan su enfoque a un área pequeña o a un número pequeño de objetos. Estos límites definen un sistema.

(4) Un sistema en el que la energía y la materia se intercambian con el entorno es un sistema abierto. Si se intercambia la energía pero no la materia, el sistema es cerrado. Un sistema aislado es un sistema en el que no se intercambian ni la energía ni la materia. Imagina un vaso de precipitados con agua sobre un mechero. Si consideras solo el flujo de energía a medida que el agua se calienta, podría parecer un sistema cerrado. Pero la materia deja el vaso en forma de vapor de agua, especialmente si el agua está en ebullición. Por lo tanto, es un sistema abierto. Siempre que la energía total de un sistema aumenta, el aumento debe producirse por la energía que ingresa al sistema desde una fuente externa. A su vez, la energía disminuye en esa fuente.

Las conversiones de la energía

(5) De acuerdo con la Ley de la conservación de la energía, la energía no puede crearse ni destruirse. La cantidad total de energía que hay en un sistema cerrado es siempre la misma. La energía puede cambiar de una forma a otra, pero todas las distintas formas de energía que hay en un sistema siempre suman la misma cantidad total.

(6) Una conversión de energía es un cambio de una forma de energía a otra. Cualquier forma de energía puede convertirse en otra forma de energía. Por ejemplo, la energía química presente en los alimentos puede convertirse en energía que puede usar tu cuerpo; y la energía química presente en los combustibles puede convertirse en energía térmica al quemar los combustibles.

(7) Por ejemplo, la gasolina que tiene una cortadora de césped posee energía almacenada que se libera cuando se quema. Una parte de la energía de la gasolina se transfiere a los alrededores en forma de calor, razón por la cual la cortadora de césped se calienta. La cantidad total de energía liberada por la gasolina es igual a la energía que se usa para hacer funcionar la cortadora de césped más la energía que se transfiere a los alrededores en forma de calor.

Completa los espacios en blanco con la palabra correcta.

conversión	**crearse**	**destruirse**
energía	**materia**	**teoría**

35. Las reacciones nucleares pueden ocasionar una conversión entre el/la ____________________ y el/la ____________________.

36. Un(a) ____________________ de energía es un cambio de una forma de energía a otra.

37. La conservación de la energía se explica como una ley científica y no como un(a) ____________________ porque describe algo que siempre ocurre en la naturaleza y no explica por qué se conserva la energía.

38. De acuerdo con la Ley de la conservación de la energía, la energía no puede ____________________ ni ____________________ en cambios químicos normales.

39. ¿Qué es la Ley de la conservación de la energía? Escribe tu respuesta en una hoja aparte.

40. ¿Qué tipo de sistema es un sistema en el que la energía y la materia se intercambian con el entorno?

A. abierto

B. cerrado

C. aislado

D. convertido

41. A medida que una montaña rusa desciende por una colina, la energía potencial se convierte en energía cinética, energía térmica y energía sonora. ¿Qué enunciado acerca de la energía total de este sistema es verdadero?

A. Se pierde energía a medida que la montaña rusa se mueve.

B. Se gana energía a medida que la montaña rusa se mueve.

C. La energía total sigue siendo la misma mientras la montaña rusa se mueve.

D. La energía total cambia constantemente mientras la montaña rusa se mueve.

Comprensión de la lectura: Selecciones informativas: Lugar de trabajo

Lee la siguiente selección y luego responde las preguntas 42–45.

Pautas de la guardería Tierras Felices para seleccionar poemas y cuentos para los niños

En la guardería Tierras Felices, creemos en fomentar el amor por la lectura y la literatura en los niños que están bajo nuestro cuidado. Consideramos que los niños de todas las edades se benefician cuando alguien les lee. Alentamos a nuestros asistentes a compartir con los niños una amplia variedad de cuentos, canciones y poemas.

Tenga en cuenta las siguientes sugerencias al seleccionar su material:

- Seleccione materiales que tengan un vocabulario apropiado para las edades de los niños de su clase.
- Evalúe el contenido del material. Asegúrese de que el material no asustará ni confundirá a los niños. El material que contenga temas de adultos como violencia, abuso y catástrofes no es apropiado para los niños.
- Varíe los tipos de materiales que comparta con los niños. Muéstreles diferentes ritmos de canciones, tipos de poesía y clases de cuentos.
- Use el buen juicio. Si tiene alguna duda con respecto al material, no lo use o pregúntele al Director de la guardería si es apropiado.

42. Las pautas de arriba alientan a los asistentes a

A. dejar que los niños elijan qué materiales deben leerse en voz alta.

B. dejar que el Director de la guardería seleccione todos los materiales para los niños.

C. exponer a los niños a una amplia variedad de cuentos, poemas y canciones.

D. seleccionar materiales que atraigan a un amplio rango de edades.

43. ¿Por qué la guardería considera que los asistentes deben leerles a los niños?

A. Ayuda a mantener a los niños tranquilos y a que se comporten bien.

B. La guardería quiere que los niños desarrollen amor por la lectura y la literatura.

C. Los niños no escuchan cuentos, poemas ni canciones en ningún otro lugar.

D. Los asistentes necesitan actividades para ocupar el tiempo que los niños pasan en la guardería.

44. De acuerdo con las descripciones, ¿qué selección *no* sería apropiada para los niños de la guardería Tierras Felices?

A. "Alegremente vamos andando", una canción alegre con una melodía pegadiza

B. "El perro glotón", un poema encantador sobre un perro que se come todo

C. "El campo antiguo", un poema triste sobre un campo abandonado por los niños y los animales

D. "El cerdo salvaje", un poema sobre un cerdo malo que mata a muchos hombres

45. ¿Tu canción o tu cuento infantil favoritos serían aceptables en la guardería Tierras Felices? ¿Por qué? Escribe tu respuesta en una hoja aparte.

Lee la selección y la lista de libros más vendidos que se encuentran a continuación. Luego, responde las preguntas 46–48.

Los empleados de librerías deben tener buenas destrezas personales ya que tienen mucha interacción con los clientes. Ellos pueden recomendar libros de un autor, un período de tiempo o un tema en particular. También deben tener buenas destrezas en matemáticas para trabajar con inventarios, precios y descuentos. Muchos empleados de librerías usan herramientas como libros de consulta, bases de datos en computadoras y listas de libros más vendidos.

Libros de FICCIÓN más vendidos en la semana del 27 de abril			
Puesto	**Título**	**Autor**	**Semanas en la lista de los libros más vendidos**
1	**A la vuelta de la esquina**: La superdetective Shelly Shift persigue a un ladrón de joyas por todo el mundo.	Marcy Boone	3
2	**Miedo a lo conocido**: Novela de suspenso sobrenatural que se desarrolla en Missouri en el siglo XIX	Brian Jenkins	7
3	**Días ventosos, noches en vela**: Una mujer joven e independiente escala el monte Everest y encuentra el amor.	Ellen Stein	2
4	**Un byte más**: El investigador privado Ray Fern quiere atrapar a un pirata informático.	Ray Lopez	10
5	**El cielo es el límite**: Un grupo de amigos encuentran desafíos en las Montañas Rocosas.	Brett Young	5
6	**Déjame oírlo una vez más**: Una amargada y enferma mujer sorda encuentra la esperanza y el amor en el hospital.	Tanisha Jordan	22
7	**La imagen de Aidan**: Una joven familia se muda a una casa embrujada.	Randy Moore	17
8	**Ahora lo ves, ahora no**: Shelly Shift descubre la identidad de un mago asesino.	Marcy Boone	14

46. Elige la *mejor* razón por la que los empleados de librerías usan listas de los libros más vendidos.

A. para sugerirles a los clientes nuevos libros para leer

B. para llenar los estantes de la librería

C. para reducir el papeleo del inventario

D. para hacer que la librería se vea atractiva

47. ¿Qué libro ha estado en la lista de los libros más vendidos durante más tiempo? ______________________

48. ¿Qué clases de libros te gusta leer? Según las descripciones dadas, ¿qué libro de esta lista de los libros más vendidos te gustaría leer más? Explica por qué elegiste ese libro. Escribe tu respuesta en una hoja aparte.

Comprensión de la lectura: Selecciones informativas: Lugar de trabajo

▶ **Usa el siguiente material para responder las preguntas 49–51.**

Muebles Confortables
1900 Sleepy Hollow Drive · Wake Forest, NC 27587

Estimada Sra. Chambers:

Gracias por pedir nuestro juego de dormitorio Digno de un Rey. Lamento que algunos muebles llegaran dañados y que otros ni siquiera hayan llegado. Por favor, tenga por seguro que Muebles Confortables se hace cargo de cada mueble que vende. Queremos que nuestros clientes estén completamente satisfechos con lo que compran.

Enviaré un camión para que recoja la cómoda dañada. Muebles Confortables se hará cargo del costo del camión. También me encargué de que se busque la mesa de noche que nunca recibió. Si la mesa no se encuentra dentro de las próximas 72 horas, pediré que le envíen una nueva.

Si tiene alguna duda o necesita más asistencia, por favor contácteme al 555-7645.

Atentamente,

Lacey Curtin

Representante de atención al cliente

49. ¿Cuál es el propósito de la carta de atención al cliente?

A. informar a la Sra. Chambers que sus muebles resultaron dañados

B. negar que hubo problemas con el pedido de la Sra. Chambers

C. informar a la Sra. Chambers que los problemas serán solucionados

D. pedir a la Sra. Chambers que llame y dé más detalles sobre su pedido

50. ¿Qué enunciado acerca del pedido de la Sra. Chambers es verdadero?

A. Nada de lo que pidió llegó intacto.

B. La Sra. Chambers pidió el juego de dormitorio Digno de un Rey.

C. Su mesa de noche resultó dañada.

D. Era la primera vez que hacía un pedido en Muebles Confortables.

51. En la carta, ¿qué le dice la representante de atención al cliente a la Sra. Chambers?

A. La Sra. Chambers recibirá todos los muebles dentro de las 72 horas.

B. Muebles Confortables encontrará la mesa que falta dentro de las 72 horas.

C. Ninguno de los muebles de dormitorio Digno de un Rey llegó.

D. Muebles Confortables cree en mantener contentos a sus clientes.

Respuesta extendida

Lee este artículo de periódico y luego responde al tema de escritura. Este artículo presenta argumentos a favor y en contra sobre si los sitios web de redes sociales son buenos para la sociedad.

¿Los sitios web de redes sociales son buenos para la sociedad?

Los sitios web de redes sociales —Twitter, Facebook, LinkedIn y otros— aún son relativamente nuevos, pero parecen estar listos para quedarse. Ya han tenido un enorme impacto en cómo se comunica nuestra sociedad. Por ejemplo, de acuerdo con el Centro de Investigaciones Pew, casi tres cuartos de los adultos que se conectan usan sitios web de redes sociales. Y no usan solamente uno. Casi la mitad de estos adultos que se conectan usan muchos sitios web diferentes. Pero ¿los efectos de los medios de comunicación sociales son positivos o negativos para la sociedad? Parece que nuestro creciente uso de los medios de comunicación sociales tiene pros y contras.

Beneficios de los medios de comunicación sociales

Los sitios web de redes sociales comenzaron como un ambiente virtual donde las personas podían conectarse unas con otras, aun si vivían a millas de distancia. Amigos de la escuela secundaria que habían perdido contacto hacía mucho tiempo podían encontrarse. Amigos separados por millas de distancia podían mantenerse al tanto de sus vidas. Colegas de trabajo que vivían en diferentes estados podían compartir ideas. Los medios de comunicación sociales han servido bien para este propósito. De acuerdo con los investigadores, el 70 por ciento de los usuarios adultos de medios de comunicación sociales visitan los sitios web para conectarse con amigos y familia. No cabe duda de que la comunicación en línea puede afianzar las relaciones.

Otra razón por la que los sitios web de redes sociales son buenos para la sociedad es que mantienen informadas a las personas. La información se difunde más rápido a través de los medios de comunicación sociales que a través de otro tipo de medio de comunicación. De hecho, los investigadores sostienen que más del 50 por ciento de las personas se enteran de las noticias de última hora a través de los medios de comunicación sociales. En algunas situaciones de emergencia, como durante tormentas mortales o delitos violentos, esta velocidad podría significar la diferencia entre la vida y la muerte. Cuando la violencia o una tormenta amenazan el campus de una universidad, por ejemplo, los sitios web de medios de comunicación sociales resultan más rápidos que otros medios para brindarles a aquellas personas que están en peligro información e instrucciones para mantenerlos seguros.

Los medios de comunicación sociales también ayudan a los estudiantes a que les vaya mejor en la escuela. De acuerdo con los investigadores, el 59 por ciento de los estudiantes que tienen acceso a Internet informan que usan los sitios web de redes sociales para debatir sobre temas educativos y el 50 por ciento usa los sitios para hablar de tareas escolares. Por ejemplo, en una escuela secundaria de Portland, Oregón, se halló que después de implementar un programa de medios de comunicación sociales para los estudiantes, los puntajes subieron, el ausentismo bajó y los estudiantes hicieron más tareas de crédito extra, lo cual ayudó a mejorar sus puntajes. Los estudiantes y los profesores de las universidades también les han sacado provecho a los medios de comunicación sociales, incluidos podcasts, blogs y Facebook, y han obtenido grandes resultados. De hecho, casi el 60 por ciento de los educadores considera que la naturaleza interactiva de tales sitios crea un mejor ambiente de aprendizaje para los estudiantes.

Desventajas de los medios de comunicación sociales

Sí, los sitios web de redes sociales tienen sus beneficios, pero ¿son realmente buenos para la sociedad? Existen varias razones para creer que estos sitios pueden hacer más mal que bien.

Cada vez más personas establecen relaciones en los sitios web de redes sociales. Esta interacción puede provocar estrés y problemas en las relaciones de la vida fuera de línea. Un estudio reveló que cuantos más amigos tiene en Facebook una persona, más estresante es para la persona debido a querer mantenerse al tanto con el uso de Facebook. Además, pasar tiempo en línea significa que las personas están dedicando menos tiempo a las interacciones cara a cara, que es una manera mucho más saludable de interactuar. En un estudio, un tercio de las personas encuestadas admitió que estaban pasando menos tiempo cara a cara con su familia en el hogar. Es más, los medios de comunicación sociales solo profundizan el problema del acoso cibernético. De acuerdo con una encuesta de *Informes de los consumidores* de 2012, 800,000 menores sufrían de hostigamiento o acoso cibernético en Facebook.

Sí, las noticias viajan rápido en los medios de comunicación sociales. Sin embargo, esas noticias frecuentemente son poco confiables y falsas. En una encuesta, casi el 50 por ciento de los encuestados expresaron que habían recibido informes falsos de noticias por medio de los medios de comunicación sociales. Y algunas de las noticias falsas se publican con mala intención. Por ejemplo, un usuario de Twitter publicó intencionalmente informes falsos sobre la inundación de la Bolsa de Nueva York durante el huracán Sandy en 2012. Medios informativos más tradicionales incluso recogieron la historia y también la divulgaron. Este tipo de información falsa ocasiona estrés y pánico injustificados.

Mientras algunas personas pueden sostener que los medios de comunicación sociales ayudan a los estudiantes, otra investigación ha mostrado que los estudiantes que usan mucho los medios de comunicación sociales tienden a sacar puntajes más bajos. Un estudio halló que en los estudiantes que usaban los medios de comunicación sociales la media del promedio de puntajes era 3.06, mientras que en los que no los usaban era 3.82. Además, los estudiantes que usaban los sitios web de redes sociales mientras estudiaban obtenían puntajes el 20 por ciento más bajos en las pruebas. Si bien los educadores pueden ver algunos beneficios, un buen porcentaje de ellos también sostiene que los sitios de medios de comunicación sociales en línea pueden ocasionar más distracciones. De acuerdo con un estudio, el 40 por ciento de las personas de 8 a 18 años pasan casi una hora al día en los sitios de medios de comunicación sociales. Y el 36 por ciento de las personas encuestadas expresó que usar los medios de comunicación sociales era su mayor pérdida de tiempo, superando a los deportes de fantasía, la televisión y las compras. De hecho, cuando una persona se entera de una nueva actividad en los sitios web de redes sociales —como un nuevo tweet o mensaje de Facebook— le puede tomar de 20 a 25 minutos en promedio retomar sus tareas. A algunos les puede tomar dos horas volver a prestarle atención de forma completa a lo que es realmente importante.

Tema de respuesta extendida

52. Escribe una respuesta al artículo. En tu respuesta, analiza las dos posiciones que se presentan en el artículo y determina cuál está mejor respaldada. Usa evidencia relevante y específica del artículo para respaldar tu respuesta.

Escribe tu respuesta en una hoja aparte. Programa una alarma para que suene en 45 minutos, la cantidad de tiempo que tendrás en la Prueba de GED® para planificar tu respuesta, hacer un borrador de ella y editarla.

Destrezas del lenguaje

Lee el siguiente memorando de negocios y luego responde las preguntas 53–57.

Para: Todos los empleados
De: Ruelle Fox, Oficina de beneficios

(A)

(1) Todos los empleados de Industrias Cardell podrán ahora recibir servicios gratuitos en el Banco de la Comunidad Champlin (BCC). (2) El servicio más popular ofrecido en el BCC ha sido la cuenta corriente gratuita, pero existe otras opciones interesantes también. (3) Adjunto un folleto completo de los servicios gratuitos del BCC. (4) Si tienen alguna pregunta, por favor diríjanse a la Oficina de beneficios o háganme un llamado telefónico. (5) ¡También pueden preguntarme sobre los libros de cupones de la Cámara de comercio que ya se encuentran disponibles!

(B)

(6) Observando un punto destacado especial en el folleto del BCC. (7) Tendrán un fácil acceso a la nueva sucursal del BCC, que se encuentra a solo una cuadra de nuestra oficina principal. (8) Cada vez que visiten esta sucursal, podrán ingresar a un sorteo para ganarse un certificado de regalo para usar en una tienda un restaurante o una sala de cine cercanos.

53. ¿Qué corrección se debe hacer en la oración 2?

A. quitar la coma después de gratuita

B. reemplazar pero con ya que

C. reemplazar también con tampoco

D. cambiar existe por existen

54. ¿Qué revisión mejoraría la efectividad del memorando?

A. quitar la oración 5

B. mover la oración 5 al comienzo del párrafo B

C. mover la oración 5 al final del párrafo B

D. No es necesaria ninguna revisión.

55. Oración 6: **Observando un punto destacado especial en el folleto del BCC.**

¿Cuál es la *mejor* manera de escribir la parte subrayada de esta oración? Si la versión original es la mejor manera, elige la opción A.

A. Observando un

B. Observando, un

C. Asegúrense de observar un

D. Al observar un

56. ¿Qué corrección se debe hacer en la oración 7?

A. cambiar acceso por entrada

B. cambiar sucursal por ramal

C. quitar la coma después de BCC

D. No es necesaria ninguna corrección.

57. ¿Qué corrección se debe hacer en la oración 8?

A. quitar la coma después de sucursal

B. insertar una coma después de tienda

C. insertar una coma después de sala

D. No es necesaria ninguna corrección.

Lee el siguiente artículo y luego responde las preguntas 58–62.

¿QUÉ ES EL EQUILIBRIO ENTRE EL TRABAJO Y LA VIDA?

(A)

(1) Hoy en día, las empresas prestan más atención a la vida en su totalidad de los trabajadores. (2) A esta tendencia se la llamó "equilibrio entre el trabajo y la vida". (3) Sin embargo tienes tu vida en equilibrio, podrás cumplir mejor con tus responsabilidades en todas las áreas de tu vida.

(B)

(4) Tal vez te preguntes por qué tu Empresa querría que tu vida estuviera en equilibrio. (5) ¿No sería mejor para ellos si simplemente trabajaras todo el tiempo? (6) En realidad, los trabajadores tienen un mejor desempeño cuando tienen más equilibrio en su vida. (7) Se encuentra más saludables, de modo que pueden hacer más cosas. (8) Se preocupan menos por sus familias, de modo que se puedan concentrar mejor en su trabajo. (9) Si sientes que tu vida no tiene equilibrio, visita la oficina de Recursos Humanos de tu empresa. (10) Pregunta si el personal tiene algún programa relacionado con el equilibrio entre el trabajo y la vida. (11) ¡Podrías conseguir ayuda!

58. Oración 2: **A esta tendencia se la llamó "equilibrio entre el trabajo y la vida".**

¿Cuál es la *mejor* manera de escribir la parte subrayada de esta oración? Si la versión original es la mejor manera, elige la opción A.

A. llamó

B. llamaba

C. llamará

D. llama

59. ¿Qué corrección se debe hacer en la oración 3?

A. reemplazar Sin embargo con Cuando

B. quitar la coma después de equilibrio

C. reemplazar cumplir mejor con tus con cumplir mejor con tu

D. No es necesaria ninguna corrección.

60. ¿Qué corrección se debe hacer en la oración 4?

A. cambiar Tal vez te preguntes por Te estabas preguntando

B. cambiar Empresa por empresa

C. reemplazar tu vida con tú vida

D. No es necesaria ninguna corrección.

61. ¿Qué corrección se debe hacer en la oración 7?

A. reemplazar Se encuentra con Se encuentran

B. quitar la coma después de saludables

C. reemplazar de modo que con a pesar de que

D. No es necesaria ninguna corrección.

62. ¿Qué revisión mejoraría la efectividad del artículo?

A. comenzar un nuevo párrafo con la oración 8

B. quitar la oración 8

C. comenzar un nuevo párrafo con la oración 9

D. No es necesaria ninguna revisión.

Destrezas del lenguaje

▶ **Lee el siguiente artículo y luego responde las preguntas 63–66.**

CÓMO PREPARARSE PARA UNA ENTREVISTA DE TRABAJO

(A)

(1) La mayoría de las personas les temen a las entrevistas de trabajo, y es razonable. (2) En una entrevista de trabajo, no tienes el control de la situación. (3) Otra persona elige las preguntas tú tienes que responderlas.

(B)

(4) Sin importar cuán nervioso te sientas es mejor prepararse con anticipación para la entrevista. (5) Prepara una lista de las preguntas que el entrevistador podría hacerte.

(C)

(6) Luego, practica responder las preguntas. (7) Prepárate para hablar de cómo aprendes de tus errores, solucionas los problemas y trabajar como parte de un equipo.

63. Oración 3: **Otra persona elige las preguntas tú tienes que responderlas.**

¿Cuál es la *mejor* manera de escribir la parte subrayada de esta oración? Si la versión original es la mejor manera, elige la opción A.

A. preguntas tú tienes

B. preguntas y tú tienes

C. preguntas, tienes

D. preguntas, y, tienes

64. ¿Qué revisión mejoraría la efectividad del artículo?

A. quitar la oración 2

B. mover la oración 3 después de la oración 5

C. combinar los párrafos A y B

D. combinar los párrafos B y C

65. ¿Qué corrección se debe hacer en la oración 4?

A. insertar una coma después de sientas

B. reemplazar sientas con sientan

C. reemplazar es con era

D. No es necesaria ninguna corrección.

66. ¿Qué corrección se debe hacer en la oración 7?

A. quitar la coma después de errores

B. cambiar solucionas por solucionar

C. insertar una coma después de y

D. cambiar trabajar por trabajas

Lee el siguiente artículo y luego responde las preguntas 67–70.

¿QUÉ FACTORES INFLUYEN EN LA PARTICIPACIÓN ELECTORAL?

(A)

(1) ¿Quién gana en una elección? (2) Eso depende de qué votantes aparezcan para emitir su voto en Noviembre. (3) En consecuencia, muchos candidatos y organizaciones políticas prestan mucha atención a la participación electoral.

(B)

(4) Algunos votantes consideran que su voto no es importante y por lo cual es menos probable que voten. (5) Por otro lado, cuando los votantes sienten una conexión personal con un candidato, es probable que voten. (6) Por último, ¡a muchos candidatos les gustaría tener más control sobre el estado del tiempo! (7) El mal estado del tiempo tiende a mantenerlos alejados de las urnas.

67. ¿Qué corrección se debe hacer en la oración 2?

A. cambiar depende por dependía

B. reemplazar su con el suyo

C. cambiar Noviembre por noviembre

D. No es necesaria ninguna corrección.

68. ¿Qué oración sería *más* efectiva si se la insertara al comienzo del párrafo B?

A. La participación electoral se ve influenciada por muchos factores.

B. El estado del tiempo es lo que más influye en la participación electoral.

C. A la mayoría de las personas no les interesa votar.

D. Los candidatos siempre quieren que los votantes concurran a votar, sin importar a quién voten.

69. Oración 4: **Algunos votantes consideran que su voto no es importante y por lo cual es menos probable que voten.**

¿Cuál es la *mejor* manera de escribir la parte subrayada de esta oración? Si la versión original es la mejor manera, elige la opción A.

A. importante y por lo cual

B. importante, y por lo cual

C. importante, por lo cual

D. importante y

70. Oración 7: **El mal estado del tiempo tiende a mantenerlos alejados de las urnas.**

¿Cuál es la *mejor* manera de escribir la parte subrayada de esta oración? Si la versión original es la mejor manera, elige la opción A.

A. mantenerlos

B. mantenernos

C. mantener a los candidatos

D. mantener a los votantes

Destrezas del lenguaje

Lee el siguiente memorando y luego responde las preguntas 71–74.

Para: Alexa Vargas, Gerente de operaciones
De: Terence Urgan, Director de seguridad
Asunto: Medidas recomendadas luego de un robo

(A)

(1) El reciente robo en el depósito de la calle Water refleja la necesidad de mejorar nuestra seguridad. (2) Dentro de un área grande, nuestro guardia debe caminar largas distancias, por lo cual deja descuidada la entrada principal. (3) La entrada se encuentra frente a una calle que tiene muy poco tránsito durante la noche. (4) La puerta permite que un ladrón pueda ocultarse y el frente del edificio se encontraba iluminado solo en parte.

(B)

(5) Podemos hacer que la entrada sea más segura. (6) Si hacemos esto, no necesitaremos contratar a un guardia adicional. (7) En cambio, le he pedido a una empresa llamada Construcción Segura que renueve la entrada y que ilumine el frente del edificio. (8) El Sr. Torres Martin, ingeniero de esta empresa, se estará reuniendo con usted y mí la próxima semana.

71. Oración 2: **Dentro de un área grande, nuestro guardia debe caminar largas distancias, por lo cual deja descuidada la entrada principal.**

¿Cuál es la *mejor* manera de escribir la parte subrayada de esta oración? Si la versión original es la mejor manera, elige la opción A.

A. Dentro de un área grande, nuestro guardia debe caminar largas distancias
B. Nuestro guardia debe caminar largas distancias dentro de un área grande
C. Dentro de un área grande, nuestro guardia caminando largas distancias
D. Dentro de un área grande, nuestro guardia caminó largas distancias

72. ¿Qué corrección se debe hacer en la oración 4?

A. cambiar "y" por "pero" después de ocultarse
B. reemplazar y con o
C. cambiar encontraba por encontró
D. cambiar encontraba por encuentra

73. ¿Qué combinación de las oraciones 5 y 6 sería la *más* efectiva?

A. Cuando necesitemos contratar a un guardia adicional, podremos hacer que la entrada sea más segura.
B. Si hacemos que la entrada sea más segura, no necesitaremos contratar a un guardia adicional.
C. Hacer que la entrada sea más segura es lo que haremos si no necesitaremos contratar a un guardia adicional.
D. Necesitaremos contratar un guardia adicional si podemos hacer que la entrada sea más segura.

74. ¿Qué corrección se debe hacer en la oración 8?

A. cambiar ingeniero por Ingeniero
B. cambiar empresa por Empresa
C. cambiar mí por conmigo
D. No es necesaria ninguna corrección.

Lee el siguiente artículo y luego responde las preguntas 75–78.

CÓMO ESCRIBIR UNA NOTA DE AGRADECIMIENTO PERFECTA

(A)

(1) Una nota de agradecimiento es un gesto sencillo y cortés que muy a menudo se deja de lado. (2) Una nota de agradecimiento perfecta muestra que verdaderamente te gustó tú regalo. (3) Por ejemplo, cuando el pequeño Jonah de diez años recibió entradas para ir al cine de parte de su tía, escribió esta encantadora nota:

(B)

Querida tía Irene:

(4) Gracias por las entradas para ir al cine. (5) Fui con Jacob el domingo pasado. (6) El y yo vimos *La mujer araña vive.* (7) Nos divertimos mucho y hasta compramos palomitas de maíz.

Con cariño,

Jonah

(C)

(8) Algunas personas se sienten avergonzadas a la hora de enviar una nota de agradecimiento si consideras que ha pasado demasiado tiempo. (9) Sin embargo, nunca son demasiado tarde para enviar expresiones sinceras de agradecimiento.

75. ¿Qué corrección se debe hacer en la oración 2?

A. cambiar muestra por muestran

B. reemplazar te con le el

C. reemplazar tú con tu

D. No es necesaria ninguna corrección.

76. ¿Qué corrección se debe hacer en la oración 6?

A. cambiar El por Él

B. cambiar El y yo por Yo y el

C. cambiar vimos por visto

D. cambiar vimos por veímos

77. ¿Qué corrección se debe hacer en la oración 8?

A. reemplazar a la hora de con cuando

B. reemplazar consideras con consideran

C. reemplazar demasiado con demás

D. reemplazar tiempo con viento

78. Oración 9: **Sin embargo, nunca son demasiado tarde para enviar expresiones sinceras de agradecimiento.**

¿Cuál es la *mejor* manera de escribir la parte subrayada de esta oración? Si la versión original es la mejor manera, elige la opción A.

A. son

B. es

C. eran

D. era

Tabla de evaluación de la Prueba posterior de Razonamiento a través de las Artes del lenguaje

La siguiente tabla te ayudará a determinar tus fortalezas y debilidades a la hora de comprender la lectura, escribir una respuesta extendida y determinar tus destrezas del lenguaje.

Instrucciones

Comprueba tus respuestas en las páginas 263–267. En la siguiente tabla, encierra en un círculo el número de cada pregunta que hayas respondido correctamente en la Prueba posterior. Cuenta el número de preguntas que hayas respondido correctamente en cada hilera. Escribe el número en el espacio Total de respuestas correctas en cada hilera. Completa este proceso para las hileras restantes. Luego, suma los 4 totales para obtener el Total de respuestas correctas de toda la Prueba posterior.

Área de destreza	Preguntas	Total de respuestas correctas	Páginas
Comprensión de la lectura: Ficción	1, 2, 3, 4, 5, 6, 7, 8, 9, 10, 11, 12, 13	_______ de 13	44–69
Comprensión de la lectura: Informativa	14, 15, 16, 17, 18, 19, 20, 21, 22, 23, 24, 25, 26, 27, 28, 29, 30, 31, 32, 33, 34, 35, 36, 37, 38, 39, 40, 41, 42, 43, 44, 45, 46, 47, 48, 49, 50, 51	_______ de 38	70–125
Respuesta extendida	52	_______ de 1	126–149
Destrezas del lenguaje	53, 54, 55, 56, 57, 58, 59, 60, 61, 62, 63, 64, 65, 66, 67, 68, 69, 70, 71, 72, 73, 74, 75, 76, 77, 78	_______ de 26	150–203

Total de respuestas correctas de la Prueba posterior: _______ de 78

Si respondiste menos de 71 preguntas correctamente, observa la destreza en las áreas de destreza de arriba. ¿En qué áreas debes practicar más? En la columna de la derecha, se indican los números de página para repasar el contenido de cada área de destreza.

PRUEBA PRELIMINAR

PÁGINA 3

1. **Sileno es el viejo maestro y padre adoptivo de Baco.** *(NDC: 1; Tema: R.2.2)*
2. **Midas le pasa el poder de crear oro al río.** *(NDC: 1–2; Tema: R.3.4)*
3. **Tener el "poder de Midas" significa tener la capacidad de hacer dinero fácilmente, sin importar lo que haga la persona.** *(NDC: 1–2; Tema: R.3.2)*
4. **D.** *(NDC: 2; Tema: R.3.2)* La opción D es correcta porque el pasaje dice que Baco "lamentó que Midas no hubiera elegido mejor". Las opciones A y B no se encuentran respaldadas por el pasaje y la opción C es lo contrario a la respuesta correcta.
5. **A.** *(NDC: 2; Tema: R.3.2)* Midas cuida a Sileno durante diez días, lo que muestra que es amable y generoso, pero su mala elección de una recompensa muestra que también es frívolo. Midas no muestra sabiduría, por lo que la opción B es incorrecta.
6. **B.** *(NDC: 1–2; Tema: R.4.1/L.4.1)* Midas no está en conflicto (opción C), ya que el pasaje establece que "odiaba el regalo". Tampoco está en un estado de caos o de sufrimiento constante. Midas está en un estado de aflicción.
7. **D.** *(NDC: 1; Tema: R.3.1)* Midas tiene que reconocer a Sileno (opción D) antes de llevárselo de vuelta a Baco (opción A). Las opciones B y C ocurren luego de la opción A.
8. **D.** *(NDC: 1–2; Tema: R.2.1)* Midas no está contento con el regalo de poder transformar las cosas en oro, por lo que las opciones A y B son incorrectas. Midas no está siendo amable con Sileno para recibir una recompensa, por lo que la opción C es incorrecta. La recompensa que recibe Midas lo está matando, por lo que la opción D es correcta.

PÁGINA 5

9. **El presidente Madison estaba con el general Winder en el frente de batalla.** *(NDC: 2; Tema: R.3.2)*
10. **Ella quería preservar la mansión presidencial como parte del patrimonio de los Estados Unidos.** *(NDC: 2; Tema: R.2.8)*
11. **suplicándome** *(NDC: 1–2; Tema: R.4.1/L.4.1)*
12. **C.** *(NDC: 2; Tema: R.2.4)* Debido a que Dolley no quería irse hasta que viera que su marido estuviese a salvo, las opciones B y D son incorrectas. La siguiente oración se refiere a sus "amigos y conocidos", no al enemigo, lo que hace que la opción A sea incorrecta y la opción C, correcta.
13. **B.** *(NDC: 2; Tema: R.2.4)* El pasaje no dice que el presidente Madison estaba lastimado ni nervioso, lo que hace que las opciones A y C sean incorrectas. El pasaje sí sugiere que tenía prisa, lo que hace que la opción B sea correcta.
14. **B.** *(NDC: 2; Tema: R.2.8)* Se subestimó a las fuerzas británicas, por lo que la opción C es incorrecta. El presidente Madison se unió a las fuerzas en guerra, por lo que la opción D es incorrecta. Según la carta, Dolley dice que "solo temía por él" (refiriéndose a su esposo), así que no estaba enfadada con él (opción A). Esto también muestra que la opción B es correcta.

PÁGINA 7

15. **D.** *(NDC: 2–3; Tema: R.2.7)* El párrafo que se encuentra debajo del encabezado Empleo compartido no apoya las opciones A, B o C. Apoya la opción D.
16. **A.** *(NDC: 2–3; Tema: R.2.5)* Las opciones C y D no se encuentran respaldadas por la guía. A pesar de que la opción B es verdadera, no respalda un lugar de trabajo "adaptado a las necesidades familiares". La opción A es verdadera y respalda un lugar de trabajo "adaptado a las necesidades familiares".
17. **D.** *(NDC: 1–3; Tema: R.2.8)* La guía es sencilla y seria; no es ninguna de las otras opciones.
18. **Un empleado de medio tiempo tiene derecho al retiro una vez que haya acumulado suficientes horas.** *(NDC: 1–2; Tema: R.2.2)*

19. **La respuesta debe incluir dos de los siguientes beneficios: los empleados pueden pasar más tiempo con sus hijos, aprovechar oportunidades académicas, cuidar de un familiar anciano o enfermo, o continuar trabajando cuando las enfermedades o limitaciones físicas les impiden trabajar a tiempo completo.** *(NDC: 1–2; Tema: R.2.2)*
20. **La respuesta debe incluir dos de los siguientes beneficios: los gerentes pueden conservar a los empleados altamente calificados, mejorar el reclutamiento, aumentar la productividad y reducir el ausentismo.** *(NDC: 1–2; Tema: R.2.2)*

PÁGINA 10

21. **Las respuestas variarán. Los estudiantes deben identificar claramente qué argumento se encuentra mejor respaldado y citar evidencia específica del texto. Consulta las Pautas de calificación en la página 140.**

PÁGINA 11

22. **E. ¿Quién consideras que es un héroe en la actualidad?** *(NDC: 1–2; Tema: R.2.4)* La oración es una pregunta y necesita signos de interrogación.
23. **E. Muchas personas consideran héroes a los actores, atletas o cantantes.** *(NDC: 1–2; Tema: R.2.4)*. Se colocan comas entre los elementos de una enumeración, excepto antes de las conjunciones *y* u *o*.
24. **E. Algunas personas piensan que los jugadores de fútbol americano son héroes, pero yo creo que mi tía Ann es una heroína.** *(NDC: 1–2; Tema: R.2.4)* Se necesita una coma antes de la conjunción *pero* en una oración compuesta. Además, la palabra "Tía" debe ir en minúscula, ya que no es un sustantivo propio.
25. **E. Va a la escuela de día y trabaja como auxiliar de enfermería de noche.** *(NDC: 1–2; Tema: R.2.4)* No se necesita una coma en un predicado compuesto.
26. **E. Para mí, mi tía es una heroína porque ayuda a la gente incansablemente.** *(NDC: 1–2; Tema: R.2.1)* Dado que la palabra *mi* no está usada como un pronombre sino como un adjetivo posesivo, no lleva tilde.
27. **escrito** *(NDC: 1; Tema: R.2.3)* La forma correcta del participio es "escrito". Las otras opciones no son válidas.
28. **satisfechos** *(NDC: 1; Tema: R.2.3)* La opción correcta es *satisfechos*. Las otras opciones no son válidas.
29. **resuelto** *(NDC: 1; Tema: R.2.3)* La forma correcta del participio es *resuelto*. Las otras opciones no son válidas.
30. **arroyo** *(NDC: 1; Tema: R.2.3)* El contexto de la oración requiere la palabra que significa "caudal corto de agua".
31. **bello** *(NDC: 1; Tema: R.1.1)* El contexto de la oración requiere la palabra que significa "hermoso".
32. **vasto** *(NDC: 1; Tema: R.1.1)* El contexto de la oración requiere la palabra que significa "amplio".
33. **cabellos** *(NDC: 1; Tema: R.1.1)* El contexto de la oración requiere la palabra que significa "pelo".
34. **té** *(NDC: 1; Tema: R.1.1)* El contexto de la oración requiere la palabra que significa "infusión".
35. **afecto** *(NDC: 1; Tema: R.1.1)* El contexto de la oración requiere la palabra que significa "cariño".
36. **bien** *(NDC: 1; Tema: W.3)* Se necesita un adverbio para completar la oración, no un adjetivo.
37. **peores** *(NDC: 1; Tema: W.3)* La oración está comparando dos grupos de personas y necesita un adjetivo comparativo.
38. **lentamente** *(NDC: 1; Tema: W.3)* Se necesita un adverbio para completar la oración, no un adjetivo.
39. **pronto** *(NDC: 1; Tema: W.3)* La oración necesita un adjetivo y no tiene por qué ser uno enfático.

PÁGINA 12

40. **preparábamos** *(NDC: 1; Tema: L.1.2, L.1.7)* La palabra *mientras* te indica que debes usar este tiempo pasado.

41. **había ganado** *(NDC: 1; Tema: L.1.2, L.1.7)* La palabra *antes* te indica que el equipo primero ganó la copa estatal y luego la nacional, por lo que debes usar el pretérito pluscuamperfecto del indicativo.
42. **festejó** *(NDC: 1; Tema: L.1.2, L.1.7)* Tienes que usar un verbo en tiempo pasado, ya que la acción ocurrió con anterioridad.
43. **F** *(NDC: 1–2; Tema: L.2.2)* Falta el verbo.
44. **O** *(NDC: 1–2; Tema: L.2.2)* El pensamiento está completo.
45. **OS** *(NDC: 1–2; Tema: L.2.2)* Dos pensamientos completos están juntos sin la puntuación correcta o una palabra conectora.
46. **F** *(NDC: 1–2; Tema: L.2.2)* El pensamiento no está completo.
47. **El sol seca nuestra piel y afecta el crecimiento de las células de la piel.** *(NDC: 1–2; Tema: L.1.9)*
48. **El sol se siente bien, pero no es bueno para ti.** *(NDC: 1–2; Tema: L.1.9)*
49. **Deberías ver a un médico si un lunar cambia de forma o color.** *(NDC: 1–2; Tema: L.1.9)*
50. **comprendiendo** *(NDC: 1–2; Tema: L.1.6)* Se necesita la palabra "comprendiendo" para que sea paralela con "disminuyendo" y "teniendo".
51. **tus** *(NDC: 1–2; Tema: L.1.6)* La frase *tu entorno* te indica que debes elegir "tus" para que la oración se refiera al mismo sujeto.
52. **la actualidad** *(NDC: 1–2; Tema: L.1.6)* La segunda opción es muy extensa.

UNIDAD 1: DESTREZAS DE LECTURA

LECCIÓN 1

PÁGINA 17

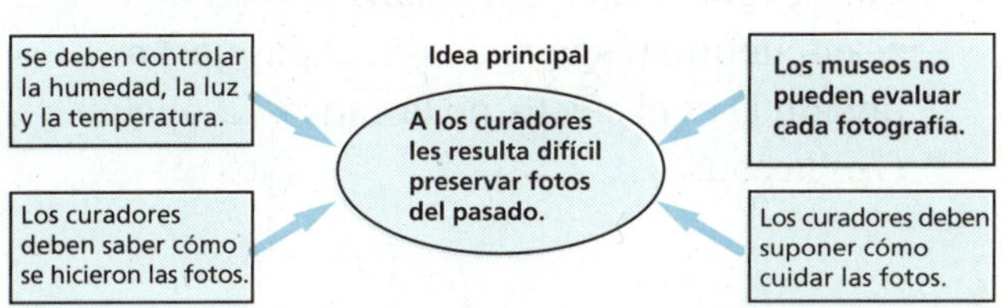

1. **Es difícil preservar las fotografías antiguas.** *(NDC: 2; Tema: R.2.2)*
2. **B.** *(NDC: 1–3; Tema: R.2.5)*
3. **B.** *(NDC: 2–3; Tema: R.2.4)* La idea principal es que Max trabaja muy duro; las otras opciones son detalles de apoyo.

LECCIÓN 2

PÁGINA 19

¿Quién? Leo Stuart es detective.	Detalles de apoyo	¿Qué? Está cavando un pozo en la tierra.
¿Cuándo? Comienza a cavar al amanecer.	¿Dónde? Está en una ladera, al este del indicador de bronce.	¿Por qué o cómo? Está buscando algo.

1. **La segunda oración dice "diez pies al este del antiguo indicador de bronce".** *(NDC: 1–2; Tema: R.2.1)*
2. **Su pala choca contra algo hueco.** *(NDC: 1–3; Tema: R.2.3)*
3. **C.** *(NDC: 1–2; Tema: R.2.1)* La tercera oración del párrafo apoya la opción C. Las otras descripciones no se encuentran respaldadas por el párrafo.

LECCIÓN 3

PÁGINA 21

Enunciado ⟶	Inferencia
• Al comienzo de cada comida, los dueños le dan una porción de sus platos.	• Los dueños han provocado que Riley pida comida porque se la dan en la mesa.
• Solo se detiene si le gritan: "¡Échate!". Entonces, Riley se echa en el piso inmediatamente.	• **Riley responde a órdenes directas.**
• Los dueños han intentado razonar con él, pero nada funciona.	• **Los dueños no comprenden que no se puede razonar con un perro.**

1. **Por cada cosa que Riley hace mal, el escritor señala que los dueños también están haciendo algo mal. Los dueños no se dan cuenta de que están recompensado el mal comportamiento de Riley. Claramente se puede entrenar a Riley porque ha aprendido a echarse cuando se lo ordenan.** *(NDC: 2–3; Tema: R.2.4)*
2. **A.** *(NDC: 2–3; Tema: R.2.4)*
3. **C.** *(NDC: 2–3; Tema: R.2.3)* La segunda oración recomienda "proteger a los trabajadores de la asistencia médica a domicilio", lo que apoya la opción C.

LECCIÓN 4

PÁGINA 23

Orden de los sucesos	
1	Andrew caminó hacia el cobertizo de las canoas.
2	**Entró al cobertizo.**
3	**Encendió una cerilla y vio el farol.**
4	Encendió el farol.
5	**Escuchó una voz detrás de él.**

1. **Andrew había intentado dirigirse a la granja. Sin embargo, estaba tan enfrascado en sus pensamientos que terminó dirigiéndose al cobertizo de las canoas.** *(NDC: 1–2; Tema: R.3.1)*
2. **Encendió una cerilla que tenía en su bolsillo. Necesitaba luz para poder ver en la oscuridad.** *(NDC: 1–2; Tema: R.3.1)*
3. **B.** *(NDC: 1–2; Tema: R.3.1)* Debido a que "aplaudió" es la distracción, la opción A es incorrecta. La cuarta oración del párrafo aparece justo antes de la distracción, lo que hace que la opción B sea correcta.

LECCIÓN 5

PÁGINA 25

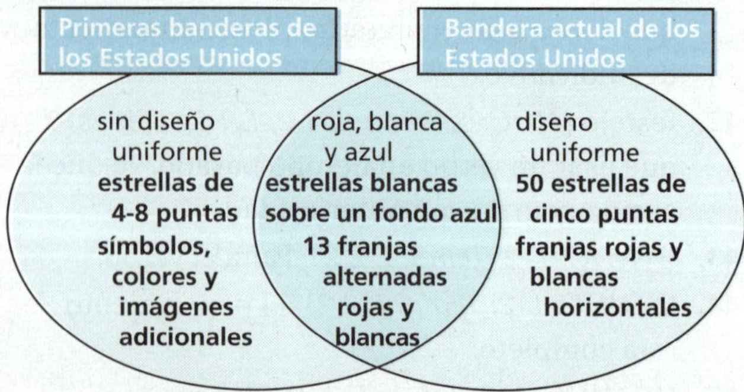

1. **La bandera actual tiene cincuenta estrellas en lugar de trece.** *(NDC: 2–3; Tema: R.3.4)*
2. **B.** *(NDC: 2–3; Tema: R.3.3)*
3. **C.** *(NDC: 2–3, 2; Tema: R.3.4, R.6.3)* Las primeras dos oraciones del párrafo claramente contrastan Detroit y Sanibel, lo que hace que la opción C sea correcta.

LECCIÓN 6

PÁGINA 27

CAUSA	EFECTO
No todos los gérmenes mueren cuando se usan medicamentos y productos de limpieza antibacterianos. →	Algunas cepas de bacterias se están volviendo más fuertes.
Los niños están expuestos a cantidades normales de bacterias. →	**Mejora la capacidad de los niños para combatir enfermedades.**

1. **Esperan poder matar los gérmenes para no enfermarse.** *(NDC: 2–3; Tema: R.3.3)*
2. **El uso excesivo de medicamentos y productos de limpieza antibacterianos permite que se reproduzcan cepas más potentes de las bacterias.** *(NDC: 2–3; Tema: R.3.4)*
3. **C.** *(NDC: 2–3; Tema: R.3.3)* La opción A es incorrecta porque la segunda oración dice que la economía era lenta. La opción B no se encuentra respaldada por el pasaje. La opción D es el efecto, no la causa. La opción C es la causa.

LECCIÓN 7

PÁGINA 29

CONCLUSIÓN El miedo de Alan es irracional.				
Alan está aferrado a la pared del acantilado.	HECHOS	El sendero está pavimentado y señalizado.	HECHOS	Los miembros de su familia no tienen miedo; se ríen y hablan.

1. **Están riendo y hablando.** *(NDC: 1–2; Tema: R.2.5)*
2. **No toman sus miedos con seriedad. Se burlan de él y hablan y se ríen juntos, lo que indica que la situación no es peligrosa.** *(NDC: 2; Tema: R.3.2)*
3. **B.** *(NDC: 2–3; Tema: R.3.3)* La opción A es incorrecta porque la Asociación Nacional de Trabajadores Agrícolas se fundó en 1962. La opción B es correcta porque Chávez fundó la asociación y la lideró en una huelga, lo que resultó en una victoria. Las opciones C y D no se encuentran respaldadas por el pasaje.

LECCIÓN 8

PÁGINA 31

Propósito del autor El autor quiere persuadir a los empleados para que ayuden a la empresa mediante el cumplimiento de los nuevos requerimientos.	
Hechos y opiniones de apoyo	**Frases y palabras clave**
La empresa debe ahorrar dinero para evitar despidos.	*sufrió pérdidas sustanciales*
Un exceso de ausencias de empleados hace peligrar la productividad.	*difícil período*
Los empleados pueden ayudar al presentar sus licencias por vacaciones con al menos un mes de antelación y planificar sus ausencias.	*hace peligrar nuestra productividad, encarecen mucho nuestro presupuesto, su cooperación es fundamental, fuertes recortes presupuestarios*

1. **El autor quiere persuadir a los empleados para que ayuden a que la empresa no tenga recortes presupuestarios y despidos mediante el cumplimiento de los nuevos requerimientos.** *(NDC: 1–2; Tema: R.2.1)*
2. **El autor usa palabras y frases como "sufrió pérdidas sustanciales", "difícil período", "encarecen mucho nuestro presupuesto", "su cooperación es fundamental" y "fuertes recortes presupuestarios" para apelar a las emociones de los lectores.** *(NDC: 2–3; Tema: R.6.4)*
3. **D.** *(NDC: 2–3, 2; Tema: R.4.3/L.4.3)* Las primeras tres opciones no contienen palabras que entretengan. La opción D sí contiene palabras que se usarían en una historia entretenida.

LECCIÓN 9

PÁGINA 33

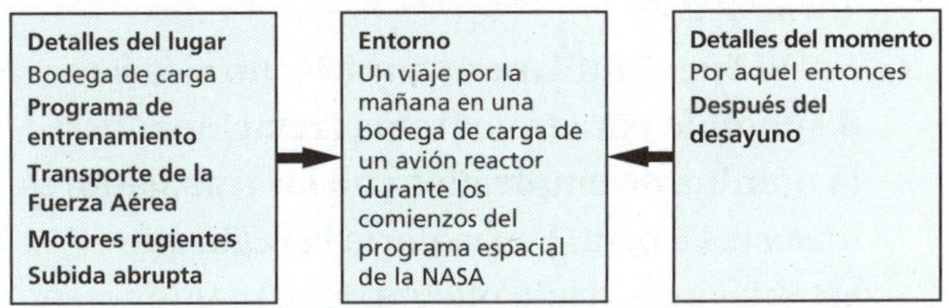

1. **El autor expresó que los astronautas eran las "ratas de laboratorio" de los científicos.** *(NDC: 2; Tema: R.3.2)*
2. **A.** *(NDC: 2; Tema: R.3.2)*
3. **B.** *(NDC: 2; Tema: R.3.2)* La segunda y la tercera oración establecen que es de día y durante el horario de trabajo, lo que hace que la opción B sea correcta.

LECCIÓN 10

PÁGINA 35

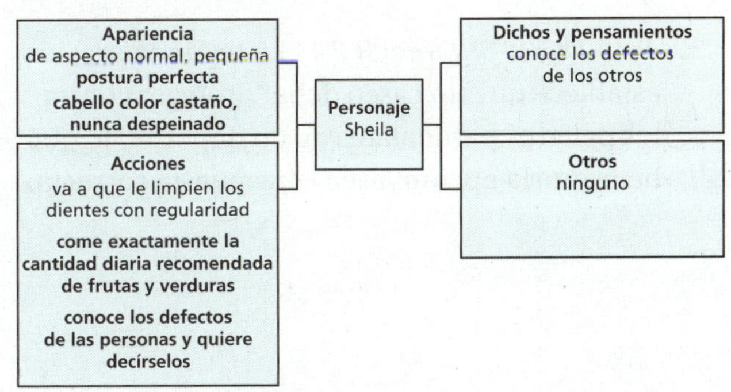

1. **Ella no podía controlar su deseo de contarles a las personas cuáles eran sus defectos.** *(NDC: 2; Tema: R.3.2)*
2. **B.** *(NDC: 2; Tema: R.3.2)*
3. **C.** *(NDC: 2; Tema: R.3.2)* Elio no expresa ni admiración, ni miedo, ni indignación por la nueva tecnología; solo rechazo.

LECCIÓN 11

PÁGINA 37

1. **Sí. Esto está dentro del alcance de las nuevas políticas porque Walter puede trabajar a tiempo completo durante el horario laboral, sin que aumenten los costos o surjan problemas en su departamento.** *(NDC: 2-3; Tema: R.2.7)*
2. **No. Si Sue cambiara su horario, no estaría disponible para tratar temas relacionados a la nómina de empleados con los trabajadores hasta las 5 p. m. Eso violaría la regla que establece que cada oficina debe mantenerse abierta durante el horario laboral normal.** *(NDC: 2-3; Tema: R.2.7)*

Situación nueva	Información dada
Walter	Política de la compañía
Bien	1. semana de 40 horas de trabajo
Bien	2. sin aumento de costos
Bien	3. oficina cubierta
Sue	Política de la compañía
Bien	1. semana de 40 horas de trabajo
Bien	2. sin aumento de costos
NO	3. oficina cubierta

3. **A.** *(NDC: 2-3; Tema: R.2.7)* La segunda oración establece que un casco debe "proteger contra los peligros particulares de un deporte", lo que hace que la opción A sea la respuesta correcta.

LECCIÓN 12

PÁGINA 39

Idea principal del pasaje	Idea con pregunta
El presidente Kennedy le pidió a su redactor de discursos, Ted Sorensen, que escribiera su discurso inaugural.	**Kennedy le pidió a Sorensen que estudiara el discurso de Gettysburg de Lincoln para encontrar los "secretos" de su éxito.**

Idea sintetizada
Sorensen usó el discurso de Lincoln como ayuda para escribir el discurso de Kennedy.

1. **Kennedy sabía que el discurso de Lincoln había sido exitoso y quería que Sorensen averiguara qué lo había hecho tan exitoso.** *(NDC: 2; Tema: R.3.2)*
2. **Sorensen usó el estilo del discurso de Lincoln como base para escribir el discurso de Kennedy.** *(NDC: 2-3; Tema: R.3.2)*
3. **B.** *(NDC: 2; Tema: R.3.2)* Debido a que el autor también ha manejado durante la noche y está orgulloso del hecho, describiría a Russ como decidido, no tonto. Las opciones C y D no se encuentran respaldadas por el pasaje.

REPASO DE LA UNIDAD 1

PÁGINA 40

1. **La educación, el servicio y la experiencia laboral de Andy le permiten acceder al puesto de trabajo.** *(NDC: 1-2; Tema: R.2.1, R.2.2)*
2. **B.** *(NDC: 2; Tema: R.3.2)* La carta es una lista óptima de la educación con la que cuenta Andy para acceder al puesto de trabajo, lo que muestra que es competente, no bromista, exigente o egocéntrico.
3. **C.** *(NDC: 1; Tema: R.3.1)* Andy trabajó en el área de relaciones públicas antes de graduarse de la universidad, por lo que la opción C ocurrió primero.

PÁGINA 41

1. **El autor quiere informar a los lectores sobre el nuevo centro comunitario que se construirá en Carverton.** *(NDC: 2; Tema: R.6.1, R.6.3)*

2. **La evidencia que establece que este es el propósito del autor incluye las palabras *anunció, incluirá, es un gran complejo residencial* y *consta.*** *(NDC: 2; Tema: R.6.1, R.6.3)*
3. **D.** *(NDC: 2; Tema: R.3.2, R.3.4)* La ciudad de Carverton está construyendo el centro, por lo que la opción B es incorrecta. El gerente de la urbanización se interesaría más en saber cómo beneficiará el centro a los residentes, por lo que la opción D es correcta. Las opciones A y C no se encuentran respaldadas por el pasaje.
4. **El autor incluyó la información porque muestra que Spring Meadows tiene una gran cantidad de lugares abiertos para vivir, lo que apoya el propósito del autor al escribir este artículo: captar la atención y atraer a residentes al informarles a los lectores que Spring Meadows ayudará a construir un centro de recreación y ofrecerá un descuento para el centro.** *(NDC: 3; Tema: R.7.2)*

MINIPRUEBA DE LA UNIDAD 1

PÁGINAS 42 Y 43

1. **C.** *(NDC: 1; Tema: R.3.1)* La opción C coincide con la secuencia de sucesos del pasaje y es correcta.
2. **B.** *(NDC: 2; Tema: R.5.1)*
   Las palabras *más importante* indican que esta oración es una opinión.
3. **A.** *(NDC: 2; Tema: R.2.8)* El pasaje trata sobre el éxito de Franklin en diversas áreas de actividad, por lo que la opción A es correcta. El pasaje no apoya las otras opciones.
4. **A.** *(NDC: 1–2; Tema: R.2.1)* El título y el pasaje apoyan a la opción A como la idea principal. Las otras opciones son detalles.
5. **D.** *(NDC: 2; Tema: R.2.5)* La opción D, "la clínica veterinaria puede estar cerrada", es la razón por la cual deberías saber dónde está el hospital de emergencias para mascotas más cercano.
6. **B.** *(NDC: 2; Tema: R.3.2)* Una foto solo sería necesaria si la mascota estuviera perdida, por lo que la opción B es correcta. Una foto no ayudaría con los medicamentos ni sería una etiqueta de identificación práctica.
7. **D.** *(NDC: 2; Tema: R.2.2)* La opción D expresa la idea principal, mientras que las otras opciones expresan detalles.

UNIDAD 2: FICCIÓN

LECCIÓN 13

PÁGINA 46

A.

PÁGINA 47

A.

PÁGINA 48

B.

PÁGINAS 49 Y 50

1. **cesaba** *(NDC: 1; Tema: R.4.1/L.4.1)*
2. **sumergidas** *(NDC: 1; Tema: R.4.1/L.4.1)*
3. **propulsado** *(NDC: 1; Tema: R.4.1/L.4.1)*
4. **impedir** *(NDC: 1; Tema: R.4.1/L.4.1)*
5. **viraron** *(NDC: 1; Tema: R.4.1/L.4.1)*
6. **errado** *(NDC: 1; Tema: R.4.1/L.4.1)*
7. **Hans tiró de la cuerda bruscamente.** *(NDC: 2–3; Tema: R.3.4)*
8. **Thornton le ordenó a Buck que volviera a la orilla debido a que Buck estaba luchando dentro del agua.** *(NDC: 2; Tema: R.3.2)*
9. **para darle tiempo a Buck de curarse** *(NDC: 2; Tema: R.3.2)*
10. **D.** *(NDC: 2; Tema: R.3.2)* Thornton se sostiene y finalmente llega a la orilla en un área del río donde "ningún nadador podría sobrevivir"; se sostiene a una roca resbaladiza y le ordena a Buck que vuelva a la orilla debido a que es demasiado peligroso para el perro intentar salvarlo.
11. **A.** *(NDC: 2; Tema: R.3.2)* Estos dos hombres y el perro intentan rescatar a Thornton en varias oportunidades.
12. **D.** *(NDC: 2; Tema: R.3.2)* Thornton no les tiene miedo a las situaciones difíciles y su desempeño en el bote da a entender que él disfruta estar al aire libre y trabajar con otras personas en lugar de hacerlo solo.

13. **Las respuestas variarán. Algunos estudiantes pueden describir hazañas de fuerza similares. Otros podrían describir reacciones más temerosas.** *(NDC: 2–3; Tema: R.2.7)*
14. **Las respuestas variarán. Los estudiantes deben describir lo que hicieron y el problema que se ocasionó a partir de ello.** *(NDC: 2–3; Tema: R.2.7)*

LECCIÓN 14

PÁGINA 51

1. **Sir Henry sospecha de Barrymore y está dispuesto a llegar a la verdad.**
2. **Barrymore le dice a Sir Henry que no entiende por qué se le hicieron tantas preguntas y espera que Sir Henry todavía confíe en él.**

PÁGINA 52

1. **A.**
2. **C.**

PÁGINA 53

B. y C.

PÁGINAS 54 Y 55

1. **E.** *(NDC: 1; Tema: R.4.1/L.4.1)*
2. **C.** *(NDC: 1; Tema: R.4.1/L.4.1)*
3. **A.** *(NDC: 1; Tema: R.4.1/L.4.1)*
4. **B.** *(NDC: 1; Tema: R.4.1/L.4.1)*
5. **H.** *(NDC: 1; Tema: R.4.1/L.4.1)*
6. **D.** *(NDC: 1; Tema: R.4.1/L.4.1)*
7. **G.** *(NDC: 1; Tema: R.4.1/L.4.1)*
8. **F.** *(NDC: 1; Tema: R.4.1/L.4.1)*
9. **B.** *(NDC: 2; Tema: R.3.2)* El párrafo introductorio establece que el Dr. Watson le está escribiendo la carta a Sherlock Holmes.
10. **B.** *(NDC: 2; Tema: R.2.2)* En la página 51, el último párrafo del pasaje dice que Sir Henry le dio a Barrymore parte de su antiguo vestuario (ropa) para calmarlo.
11. **A.** *(NDC: 2; Tema: R.2.2)* En el primer párrafo de la página 52, el Dr. Watson dice: "en la primera noche aquí, la oí sollozar". Es en la noche siguiente cuando escucha una llave que gira en una cerradura.
12. **El autor crea una atmósfera de suspenso.** *(NDC: 2–3; Tema: R.4.3/L.4.3)*
13. **El Dr. Watson le cuenta lo que vio a Sir Henry y elaboran un plan de acción.** *(NDC: 1–2; Tema: R.3.1)*
14. **C.** *(NDC: 2–3; Tema: R.3.3)* Una apariencia "culpable y furtiva" pertenece a una persona que es responsable de un acto reprensible y a alguien que es reservado. Los estudiantes deben poder usar lo que comprenden de esta frase para describir la atmósfera.
15. **D.** *(NDC: 2–3; Tema: R.3.3)* Existen muchas preguntas sin contestar sobre por qué Barrymore se está escabullendo por la casa, qué está mirando y esperando y qué puerta se ha abierto o cerrado con llave. Todas las preguntas aumentan la tensión en este relato de suspenso.
16. **A.** *(NDC: 2–3; Tema: R.2.8)* El Dr. Watson es un observador de las personas y sus acciones. Hace muchas preguntas sobre el comportamiento de las personas. Es muy curioso y desconfiado.
17. **Las respuestas variarán. Los estudiantes deben dar los motivos de sus respuestas.** *(NDC: 2–3; Tema: NA)*
18. **Las respuestas variarán. Los estudiantes deben dar los motivos de sus respuestas.** *(NDC: 2–3; Tema: NA)*

LECCIÓN 15

PÁGINA 56

B.

PÁGINA 57

B.

PÁGINA 58

B.

PÁGINAS 59 Y 60

1. **pasadizo** *(NDC: 1; Tema: R.4.1/L.4.1)*
2. **ganas** *(NDC: 1; Tema: R.4.1/L.4.1)*
3. **nerviosísima** *(NDC: 1; Tema: R.4.1/L.4.1)*
4. **imaginar** *(NDC: 1; Tema: R.4.1/L.4.1)*
5. **se atrevió** *(NDC: 1; Tema: R.4.1/L.4.1)*
6. **firmeza** *(NDC: 1; Tema: R.4.1/L.4.1)*
7. **extraña** *(NDC: 1; Tema: R.4.1/L.4.1)*
8. **decente** *(NDC: 1; Tema: R.4.1/L.4.1)*

9. **Ella es muy grande para pasar por la puerta.** *(NDC: 1–2; Tema: R.2.1)*
10. **Ella desearía poder volverse pequeña temporalmente para poder pasar por la puerta y luego volver a hacerse grande cuando esté en el jardín.** *(NDC: 2–3; Tema: R.2.3)*
11. **Sigue teniendo el mismo tamaño.** *(NDC: 2–3; Tema: R.3.4)*
12. **D.** *(NDC: 2–3; Tema: R.2.7)* La opción D es una oración desde el punto de vista de Alicia, porque revela sus sentimientos y pensamientos. La pregunta se refiere al punto de vista de un personaje diferente.
13. **B.** *(NDC: 2; Tema: R.3.2)* Las opciones C y D son incorrectas porque indican muy poco sobre el entorno. La opción A describe el entorno al que a Alicia le gustaría llegar, pero indica muy poco del entorno en el que se encuentra. La opción B es correcta.
14. **C.** *(NDC: 2; Tema: R.3.2)* Alicia se reprende a sí misma, lo que apoya a la opción C como la respuesta correcta. No se deja vencer ni se asusta fácilmente y prefiere estar al aire libre.
15. **Las respuestas variarán. Los estudiantes deben mostrar la capacidad de volver a contar una escena que se describe en el pasaje y de hacer generalizaciones o sacar conclusiones sobre el personaje y los sucesos del pasaje.** *(NDC: 2; Tema: R.2.8)*
16. **Las respuestas variarán. Los estudiantes deben mostrar la capacidad de volver a contar los sucesos que se encuentran en el relato y de hablar sobre las distintas maneras en las que los hubieran manejado.** *(NDC: 2–3; Tema: R.2.7)*

LECCIÓN 16

PÁGINA 61

A.

PÁGINA 63: Comprender la atmósfera

B.

PÁGINA 63: Predecir desenlaces

A.

PÁGINAS 64 Y 65

1. **G.** *(NDC: 1; Tema: R.4.1/L.4.1)*
2. **J.** *(NDC: 1; Tema: R.4.1/L.4.1)*
3. **C.** *(NDC: 1; Tema: R.4.1/L.4.1)*
4. **B.** *(NDC: 1; Tema: R.4.1/L.4.1)*
5. **D.** *(NDC: 1; Tema: R.4.1/L.4.1)*
6. **I.** *(NDC: 1; Tema: R.4.1/L.4.1)*
7. **H.** *(NDC: 1; Tema: R.4.1/L.4.1)*
8. **A.** *(NDC: 1; Tema: R.4.1/L.4.1)*
9. **E.** *(NDC: 1; Tema: R.4.1/L.4.1)*
10. **F.** *(NDC: 1; Tema: R.4.1/L.4.1)*
11. **la extraña apariencia del ojo del anciano** *(NDC: 2; Tema: R.3.2)*
12. **Durante las primeras siete noches, los ojos del hombre estaban cerrados. Cuando el narrador no podía ver los ojos, no sentía la necesidad de matar al anciano.** *(NDC: 2; Tema: R.3.2)*
13. **Sentía que la sombra negra de la muerte lo acechaba.** *(NDC: 2; Tema: R.3.2)*
14. **B.** *(NDC: 1–3; Tema: R.4.1/L.4.1)* Esta opción es correcta porque la palabra *concebida* vuelve a plantear que la idea entró en la cabeza del narrador. El pasaje no apoya las opciones A o D. La opción C describe el efecto que tuvo la idea en el narrador: lo perseguía.
15. **D.** *(NDC: 2–3; Tema: R.4.3/L.4.3)* Esta oración aumenta la sensación de miedo que produce el pasaje porque enfatiza cuán escurridizo es el narrador y cuán lento trascurre el tiempo. Las opciones A y B añaden poco a la atmósfera de miedo que el autor trata de crear. La opción C establece un hecho.
16. **A.** *(NDC: 2–3; Tema: R.2.7, R.3.4)* Esta predicción se adapta mejor a la personalidad perseguida y nerviosa del narrador, a su aguda audición y al título del cuento. Las opciones B y D son extremadamente improbables teniendo en cuenta la personalidad del narrador. La opción C no puede ser correcta porque, mientras cuenta la historia, continúa insistiendo en que no está loco.

17. **Las respuestas variarán. La mayoría de los estudiantes responderán que el narrador está loco. El motivo por el cual quiere matar al anciano no constituye la forma de pensar de un hombre cuerdo.** *(NDC: 2–3; Tema: R.2.7)*
18. **Las respuestas variarán. Los estudiantes a los que les gusta el suspenso disfrutarán de muchos cuentos de Poe y tal vez es más probable que piensen que el cuento debe considerarse un clásico. Los estudiantes a los que les gusta la ficción más alegre probablemente elegirán leer otros autores y tal vez no estén de acuerdo en considerar que este cuento es un clásico.** *(NDC: 2–3; Tema: R.2.7)*

REPASO DE LA UNIDAD 2

PÁGINA 67

1. **C.** *(NDC: 1; Tema: R.4.1/L.4.1)*
2. **B.** *(NDC: 1; Tema: R.4.1/L.4.1)*
3. **A.** *(NDC: 1; Tema: R.4.1/L.4.1)*
4. **A.** *(NDC: 1–3; Tema: R.4.3/L.4.3)* Esta frase ayuda al lector a visualizar la atmósfera al comienzo del pasaje porque los niños están activos.
5. **C.** *(NDC: 2–3; Tema: R.2.8)* Sabiendo que los niños se escaparon de sus casas, que luego se dirigen a un lugar al aire libre y que se desenvuelven tan bien allí, el lector puede llegar a la conclusión de que tienen algo de experiencia a la hora de sobrevivir al aire libre.
6. **B.** *(NDC: 2–3; Tema: R.2.7)* Los niños parecen saber qué es lo que están haciendo al aire libre y no esperarían simplemente a que algo sucediera si quisieran cruzar el agua. Tiene más sentido pensar que buscarían los materiales y construirían una nueva balsa.
7. **Ejemplo de respuesta: Probablemente el pescado tenía buen sabor, pero era todavía mejor porque los niños estaban al aire libre, habían hecho mucho ejercicio y estaban muy hambrientos. Todo esto ayudaba a que el pescado tuviera un mejor sabor.** *(NDC: 1–3; Tema: R.2.2)*
8. **Ejemplo de respuesta: Al principio del pasaje, la atmósfera es excitante porque los niños están contentos de haber llegado a la isla y de estar lejos de casa. La atmósfera al final del pasaje es bastante diferente, ya que los niños se encuentran aburridos y añoran un poco sus casas.** *(NDC: 2–3; Tema: R.9.2)*

MINIPRUEBA DE LA UNIDAD 2

PÁGINA 69

1. **B.** *(NDC: 1; Tema: R.4.1/L.4.1)* El contexto de la oración requiere un adjetivo y "moderna" es el único adjetivo que queda bien en el contexto.
2. **D.** *(NDC: 2–3; Tema: R.5.4)* En las historias de fantasía, ocurren cosas que no podrían suceder en la vida real. Un perro no podría realmente ser una niñera, por lo que esto le indica al lector que el pasaje es una historia de fantasía. Las otras cosas podrían ocurrir en la vida real.
3. **B.** *(NDC: 1–2; Tema: R.2.1)* El pasaje cuenta que sigue a las niñeras a sus casas para informarles a sus empleadoras lo que hacen mal.
4. **D.** *(NDC: 1–2; Tema: R.2.1)* El pasaje está contado desde el punto de vista de una tercera persona. El lector no obtiene información sobre cómo se sienten los personajes o sobre qué ven desde su propio punto de vista.
5. **C.** *(NDC: 2; Tema: R.2.2)* Todas las respuestas son verdaderas, pero la razón por la cual eligen a un perro para que sea su niñera es la falta de dinero.
6. **A** *(NDC: 2–3; Tema: R.3.4)* La señora Darling ama tener todo impecable, lo que significa que le gusta que las cosas se hagan y que se hagan bien. (causa) Una niñera la ayudaría a asegurarse de que esto ocurriera. (efecto) Al señor Darling le gusta ser como sus vecinos. (causa) Sus vecinos tienen una niñera, por lo que también necesita tener una. (efecto)
7. **C.** *(NDC: 2–3; Tema: R.3.4)* La última oración del párrafo 1 dice que el señor Darling "se preguntaba con inquietud si los vecinos hacían

comentarios", lo que sugiere que se preocupa por la posibilidad de que los vecinos hicieran comentarios sobre Nana.

UNIDAD 3: TEXTOS INFORMATIVOS

LECCIÓN 17

PÁGINA 72

1. **Las frutas y las verduras están llenas de nutrientes que muchas personas necesitan para tener una vida más saludable.**
2. **Comer al menos cinco porciones de frutas y verduras por día hará que tu cuerpo funcione sin problemas.**

PÁGINA 73

1. **Llenar un carro con combustible malo podría hacer que funcione mal.**
2. **Tu cuerpo no funcionará demasiado bien. Es posible que te cueste levantarte por la mañana. Puedes tener problemas para concentrarte en el trabajo o en la escuela.**

PÁGINA 74

1. **Ejemplo de respuesta: Tomar jugo de toronja en tu escritorio a media mañana; comer una ensalada en el almuerzo; añadirle calabacín u otras verduras a la salsa de los espaguetis; comer pepinos con puré de garbanzos como aperitivo; comer trozos de sandía como refrigerio por la tarde en la piscina.**
2. **Ejemplo de respuesta: Beber un vaso de agua con limón al despertarse; llevar una botella de agua en el carro; beber un vaso de agua justo antes de la cena.**

PÁGINAS 75 Y 76

1. **C.** *(NDC: 1; Tema: R.4.1/L.4.1)*
2. **B.** *(NDC: 1; Tema: R.4.1/L.4.1)*
3. **A.** *(NDC: 1; Tema: R.4.1/L.4.1)*
4. **D.** *(NDC: 1; Tema: R.4.1/L.4.1)*
5. **Descansar mucho, estar activo y beber agua.** *(NDC: 1; Tema: R.2.2)*
6. **Ejemplo de respuesta: No tenemos mucha energía y podemos tener problemas para concentrarnos.** *(NDC: 2; Tema: R.2.2)*
7. **Ejemplo de respuesta: Si pones combustible de mala calidad en un carro, no funcionará muy bien. Lo mismo ocurre con tu cuerpo. Si pones alimentos malos en tu cuerpo, como los que tienen muchas grasas o azúcares, tu cuerpo tampoco funcionará bien.** *(NDC: 2; Tema: R.5.1)*
8. **Las respuestas variarán. Los estudiantes deben demostrar cierta comprensión del mensaje del autor y deben aportar un buen argumento para estar de acuerdo o no, citando evidencia del texto o su experiencia personal.** *(NDC: 3; Tema: R.2.7)*
9. **D.** *(NDC: 2; Tema: R.5.1)* El párrafo 4 se enfoca en cómo agregar más frutas y verduras a tu dieta, por lo que la opción D es la correcta.
10. **A.** *(NDC: 2; Tema: R.2.2)* La opción A es la única sugerencia de la lista que está incluida en el pasaje.
11. **C.** *(NDC: 3; Tema: R.6.1)* El autor se enfoca en formas prácticas de comer alimentos con mejores nutrientes, por lo que la opción C es la correcta. La opción A se enfoca en las proteínas, que no se comentan en el pasaje, y las opciones B y D no son prácticas.
12. **B.** *(NDC: 3; Tema: R.6.3)* La opción B es un hecho. Las otras opciones son opiniones o posibilidades.

LECCIÓN 18

PÁGINA 77

1. **Los pacientes operados se morían a causa de infecciones bacterianas.**
2. **¿Cuál es la causa de que el vino se arruine?**

PÁGINA 78

1. **a fines del siglo XVIII**
2. **A.**
3. **Las respuestas variarán. Los estudiantes deberían incluir los estudios de Jenner sobre la viruela de fines del siglo XVIII, su trabajo para desarrollar una vacuna y las vacunas modernas de la actualidad.**

PÁGINA 79

1. **B.**
2. **B.**

PÁGINAS 80 Y 81

1. **D.** *(NDC: 1; Tema: R.4.1/L.4.1)*
2. **A.** *(NDC: 1; Tema: R.4.1/L.4.1)*
3. **B.** *(NDC: 1; Tema: R.4.1/L.4.1)*
4. **C.** *(NDC: 1; Tema: R.4.1/L.4.1)*
5. **2, 1, 3** *(NDC: 2; Tema: R.3.1)*
6. **La pasteurización usa el calor para matar a las bacterias y una vacuna aumenta la inmunidad contra los patógenos.** *(NDC: 2; Tema: R.2.2)*
7. **No enferman a las personas porque han sido eliminados o debilitados antes de ser inyectados en las personas.** *(NDC: 3; Tema: R.2.2)*
8. **Ejemplo de respuesta: La pasteurización, las vacunas y los antibióticos combaten las bacterias y las infecciones.** *(NDC: 2; Tema: R.2.1)*
9. **C.** *(NDC: 2; Tema: R.6.1)* Como el pasaje abarca más maneras de combatir a los gérmenes que solo las inmunizaciones, las opciones A y B son incorrectas. La opción D también es demasiado específica. La opción C es el propósito principal del pasaje, como lo sugiere el título.
10. **A.** *(NDC: 2; Tema: R.2.8)* La opción A es la única conclusión válida. Las vacunas previenen las infecciones; no las curan. Las personas sí mueren por infecciones y no es posible eliminar todas las bacterias.
11. **B.** *(NDC: 3; Tema: R.2.8)* El resultado más significativo es que las vacunas se usan en todo el mundo para prevenir enfermedades. Las otras opciones son menos importantes o falsas.
12. **B.** *(NDC: 3; Tema: R.2.5)* La opción B describe la higiene, mientras que las otras opciones, no.

LECCIÓN 19

PÁGINA 82

1. **En la fotosíntesis, las plantas y otros organismos absorben la luz solar y la transforman en moléculas que sirven de alimento a otros organismos.**
2. **La clorofila atrapa la energía de la luz solar.**

PÁGINA 83

1. **A.**
2. **B.**

PÁGINA 84

1. **Ambas son parte del proceso por el cual los organismos vivos absorben, transforman y almacenan energía.**
2. **La fotosíntesis es el proceso por el cual la energía de la luz solar se absorbe y se transforma en energía química. La respiración celular es el proceso que utilizan las células para conservar la energía en los compuestos orgánicos.**

PÁGINAS 85 Y 86

1. **B.** *(NDC: 1; Tema: R.4.1/L.4.1)*
2. **A.** *(NDC: 1; Tema: R.4.1/L.4.1)*
3. **D.** *(NDC: 1; Tema: R.4.1/L.4.1)*
4. **C.** *(NDC: 1; Tema: R.4.1/L.4.1)*
5. **fotosíntesis** *(NDC: 2; Tema: R.3.5)*
6. **cloroplastos** *(NDC: 2; Tema: R.3.5)*
7. **pigmento** *(NDC: 2; Tema: R.3.5)*
8. **reactantes** *(NDC: 2; Tema: R.3.5)*
9. **materia, energía** *(NDC: 2; Tema: R.3.5)*
10. **conservar** *(NDC: 2; Tema: R.3.5)*
11. **B.** *(NDC: 2; Tema: R.3.2)* La fotosíntesis convierte la luz solar en energía química. También provoca una reacción que produce oxígeno, pero no dióxido de carbono; por lo tanto, las opciones C y D son incorrectas.
12. **Ejemplo de respuesta: Las plantas son algunos de los organismos en los que se produce la fotosíntesis. Durante la fotosíntesis, el pigmento clorofila de los cloroplastos de las plantas absorbe energía de la luz solar para formar azúcar y oxígeno a partir del dióxido de carbono y el agua.** *(NDC: 3; Tema: R.3.5, R.3.1)*

13. **Las sustancias que se necesitan para la fotosíntesis son el dióxido de carbono y el agua. Las sustancias producidas por la fotosíntesis son azúcares y oxígeno.** *(NDC: 2; Tema: R.2.1)*
14. **A.** *(NDC: 3; Tema: R.2.7)* La fotosíntesis produce oxígeno.
15. **El proceso de fotosíntesis produjo el gas.** *(NDC: 3; Tema: R.3.2)*

LECCIÓN 20

PÁGINA 87

1. **Ejemplo de respuesta: Sí, Douglass se liberará gracias a la educación porque parece ser una persona decidida.**
2. **Ejemplo de respuesta: Sí, Sophia continuará ayudando a Douglass a aprender a leer aunque su esposo le diga que no lo haga.**

PÁGINA 88

1. **Ejemplo de respuesta: Ellos temían que Douglass creara problemas y fuera la causa de que otros esclavos quisieran escapar.**
2. **Ejemplo de respuesta: El hecho de que tomara su nuevo nombre de un poema me dice que disfruta leer todo tipo de textos.**

PÁGINA 89

1. **A.**
2. **B.**

PÁGINAS 90 Y 91

1. **D.** *(NDC: 1; Tema: R.4.1/L.4.1)*
2. **C.** *(NDC: 1; Tema: R.4.1/L.4.1)*
3. **A.** *(NDC: 1; Tema: R.4.1/L.4.1)*
4. **B.** *(NDC: 1; Tema: R.4.1/L.4.1)*
5. **2, 3, 4, 1** *(NDC: 2; Tema: R.3.1)*
6. **El autor relata los sucesos de la vida de Frederick Douglass en orden cronológico.** *(NDC: 2; Tema: R.3.2)*
7. **Él se enfrentó con un capataz blanco y ayudó a esclavos fugitivos.** *(NDC: 2; Tema: R.2.2)*
8. **"Los talentos dinámicos de Douglass demostraron al mundo lo que las personas de raza negra podían lograr si solo se les daba la oportunidad".** *(NDC: 2; Tema: R.6.1)*
9. **B.** *(NDC: 2; Tema: R.6.3)* El pasaje es crítico de la esclavitud y los amos de esclavos, y elogia a Frederick Douglass, lo que hace que la opción B sea la respuesta correcta.
10. **B.** *(NDC: 2; Tema: R.2.1)* El pasaje describe el efecto negativo que la esclavitud tuvo en Sophia.
11. **C.** *(NDC: 2; Tema: R.2.5)* Los abolicionistas estaban en contra de la esclavitud. Solo la opción C menciona de qué manera usó Douglass sus destrezas para combatir la esclavitud.
12. **C.** *(NDC: 1; Tema: R.2.2)* El primer párrafo de la página 89 identifica a William Lloyd Garrison como el editor de *The Liberator*.

LECCIÓN 21

PÁGINA 92

1. **Paine fue despedido porque escribió un panfleto en el que alentaba a otros recaudadores de impuestos a que se unieran y exigieran aumentos de salario.**
2. **Debido al aliento de Benjamin Franklin, Paine se mudó a los Estados Unidos.**

PÁGINA 93

1. **Ejemplo de respuesta: La sociedad es todo lo bueno que las personas pueden lograr conjuntamente y el gobierno está solamente para proteger a las personas de ellas mismas.**
2. **Ejemplo de respuesta: *Sentido común* está cambiando la opinión de las personas sobre obtener la independencia de Gran Bretaña.**

PÁGINA 94

1. **El mapa muestra cuándo y dónde viajó Thomas Paine.**
2. **Viajó desde Francia hacia América del Norte.**

PÁGINAS 95 Y 96

1. **A.** *(NDC: 1; Tema: R.4.1/L.4.1)*
2. **C.** *(NDC: 1; Tema: R.4.1/L.4.1)*
3. **D.** *(NDC: 1; Tema: R.4.1/L.4.1)*
4. **B.** *(NDC: 1; Tema: R.4.1/L.4.1)*
5. **El *Terrible* fue un barco.** *(NDC: 1; Tema: R.2.1)*

6. **Paine era soldado y esa era la única superficie que tenía para escribir.** *(NDC: 3; Tema: R.2.7)*
7. **En el mapa se muestran cinco viajes diferentes.** *(NDC: 1; Tema: R.7.2)*
8. **Ejemplo de respuesta: Thomas Paine inspiró a los colonos para que se independizaran de Gran Bretaña. Sus palabras los motivaron a luchar por esa independencia y, finalmente, a lograrla.** *(NDC: 3; Tema: R.2.2)*
9. **B.** *(NDC: 2; Tema: R.3.1)* Paine conoció a Franklin en 1774. Él publicó *Sentido común* en 1776. Luchó en la Guerra de Independencia entre 1776 y 1783. Escribió *La edad de la razón* a principios del siglo XIX.
10. **B.** *(NDC: 2; Tema: R.4.1/L.4.1)* La palabra *juicio* de la oración de ejemplo es un sustantivo que significa "criterio", lo que coincide con la opción B.
11. **C.** *(NDC: 2; Tema: R.2.4)* La selección dice que en el panfleto *Sentido común*, "Paine explicó contundentemente la causa americana a favor de la libertad" de Gran Bretaña.
12. **A.** *(NDC: 2; Tema: R.2.7)* La cita de John Adams de la página 94 apoya la opción A.
13. **B.** *(NDC: 2; Tema: R.2.8)* La selección dice: "Los panfletos de Paine eran ampliamente conocidos", lo que apoya la opción B.
14. **A.** *(NDC: 3; Tema: R.6.3)* Según la selección, Paine expresó sus opiniones en muchos textos publicados, lo que apoya la opción A.

LECCIÓN 22

PÁGINA 97

1. **La fotografía muestra que las salas de espera de una estación de trenes o de autobuses estaban segregadas.**
2. **Ejemplo de respuesta: La fotografía muestra evidencia de que lo que se dice en el pasaje realmente ocurrió. Esto me ayuda a comprender mejor el pasaje porque cuesta creer que los afroamericanos hayan sido tratados de esta manera.**

PÁGINA 98

1. **A.**
2. **B.**

PÁGINA 99

1. **Brown sostenía que los espacios destinados a los negros no eran inferiores a los lugares para los blancos, así que las leyes eran justas.**
2. **La sentencia originó leyes de Jim Crow en los estados de todo el país.**

PÁGINAS 100 Y 101

1. **D.** *(NDC: 1; Tema: R.4.1/L.4.1)*
2. **C.** *(NDC: 1; Tema: R.4.1/L.4.1)*
3. **B.** *(NDC: 1; Tema: R.4.1/L.4.1)*
4. **A.** *(NDC: 1; Tema: R.4.1/L.4.1)*
5. **El autor incluyó este detalle para describir un hecho clave sobre el pasado de Harlan.** *(NDC: 3; Tema: R.6.3)*
6. **Cada tren debía tener un vagón para los pasajeros blancos y otro vagón para las personas negras, o sectores separados dentro del mismo vagón.** *(NDC: 2; Tema: R.4.1/L.4.1)*
7. **El término se refiere a distintos medios de transporte.** *(NDC: 3; Tema: R.4.1/L.4.1)*
8. **La Corte Suprema adoptó decisiones que apoyaban a las leyes sureñas que estaban despojando a los afroamericanos de sus derechos.** *(NDC: 3; Tema: R.3.3)*
9. **B.** *(NDC: 2; Tema: R.2.4)* El primer párrafo de la página 98 dice que la Decimotercera Enmienda abolió la esclavitud y que la Decimocuarta Enmienda declaró que los afroamericanos eran ciudadanos, y protegía sus derechos como tales.
10. **A.** *(NDC: 2; Tema: R.3.1)* La Decimotercera Enmienda fue ratificada en 1865. La Ley de Derechos Civiles se aprobó en 1875. Luisiana aprobó una ley que exigía la segregación en los vagones ferroviarios en 1890. Plessy fue arrestado en 1892.
11. **C.** *(NDC: 2; Tema: R.4.1/L.4.1)* El contexto de la oración apoya el significado "compensará".
12. **B.** *(NDC: 3; Tema: R.3.4)* El autor afirma que Harlan fue el único juez que disentía, o no

estaba de acuerdo, con los otros jueces, lo que apoya la opción B.

13. **A.** *(NDC: 2; Tema: R.2.4)* Brown escribió que los espacios separados, siempre que fueran iguales, eran constitucionales, lo que apoya la opción A.

LECCIÓN 23

PÁGINA 102

A.

PÁGINA 103

1. **B.**
2. **B.**

PÁGINA 104

1. **A. y B.**
2. **A.**

PÁGINAS 105 Y 106

1. **alérgicas** *(NDC: 1–2; Tema: R.4.3/L.4.3)*
2. **optimizado** *(NDC: 1–2; Tema: R.4.3/L.4.3)*
3. **síntomas** *(NDC: 1–2; Tema: R.4.3/L.4.3)*
4. **claridad** *(NDC: 1–2; Tema: R.4.3/L.4.3)*
5. **hipnotizados** *(NDC: 1–2; Tema: R.4.3/L.4.3)*
6. **antibióticos** *(NDC: 1–2; Tema: R.4.3/L.4.3)*
7. **Las respuestas deben incluir dos de los siguientes motivos: la televisión puede acortar el tiempo de concentración de un niño, debilitar las destrezas de lenguaje de un niño y debilitar las destrezas de lectura de un niño.** *(NDC: 1–3; Tema: R.8.2)*
8. **Si no se tienen en cuenta los efectos sonoros y la música, es evidente que los personajes usan frases cortas y oraciones incompletas al hablar.** *(NDC: 1–3; Tema: R.8.2)*
9. **Los antibióticos luchan para eliminar a las bacterias que pueden causar algunos dolores de garganta y de oído.** *(NDC: 2; Tema: R.6.3)*
10. **Las respuestas deben incluir dos de las afirmaciones sobre el reproductor de CD y MP3: su sonido es de alta calidad y puede llenar una sala de conciertos; el sonido tiene una calidad hasta ahora imposible de tener en un pequeño reproductor de CD y MP3; usted no querrá volver a escuchar música con ningún otro reproductor de CD y MP3.** *(NDC: 2–3; Tema: R.8.4)*
11. **A.** *(NDC: 1–2; Tema: R.2.1)* El tercer párrafo afirma que los programas de televisión para niños no ofrecen requisitos importantes para aprender el lenguaje, lo que apoya la opción A.
12. **D.** *(NDC: 2–3; Tema: R.8.3)* Los consejos apoyan la opción D. Lo opuesto se cumple en las opciones A–C.
13. **D.** *(NDC: 2–3; Tema: R.8.3)* Solo la opción D incluye un hecho: el tamaño del reproductor. Las otras opciones incluyen opiniones o comentarios persuasivos.
14. **Las respuestas variarán. Los estudiantes deben incluir el nombre del producto, la información que inspiró la compra y una opinión acerca de si las afirmaciones del aviso eran verdaderas.** *(NDC: 2–3; Tema: R.8.3)*
15. **Las respuestas variarán. Los estudiantes deben expresar una opinión e incluir razones que apoyen la opinión. Algunos podrían afirmar que ver mucha televisión es malo para los adultos porque les resta tiempo a otras actividades más productivas. Los cortes veloces y los colores brillantes pueden acortar el período de concentración de un adulto de la misma manera que el de un niño. Otros pueden pensar que ver mucha televisión no es malo para los adultos.** *(NDC: 2–3; Tema: R.2.7)*

LECCIÓN 24

PÁGINA 107

B.

PÁGINA 108

1. **B.**
2. **B.**

PÁGINA 109

1. **A.**
2. **A.**

PÁGINAS 110 Y 111

1. **constituirá** *(NDC: 2; Tema: R.3.5)*
2. **referencias** *(NDC: 2; Tema: R.3.5)*
3. **especifique** *(NDC: 2; Tema: R.3.5)*
4. **introductoria** *(NDC: 2; Tema: R.3.5)*
5. **autorizo** *(NDC: 2; Tema: R.3.5)*

6. **certifico** *(NDC: 2; Tema: R.3.5)*
7. **Esta pregunta debe ser respondida por los aspirantes menores de 18 años.** *(NDC: 2; Tema: R.3.5, R.5.1)*
8. **El propósito de la casilla 2 es averiguar cuál es el parentesco del paciente con el empleado que es titular del plan de seguro dental.** *(NDC: 3; Tema: R.3.5, R.5.2)*
9. **La casilla 13 exige una firma para que la información sobre el tratamiento y la historia dental puedan presentarse a la compañía aseguradora.** *(NDC: 3; Tema: R.3.5, R.5.2)*
10. **La tasa de interés aumentará al 19.9% si el usuario de la tarjeta de crédito demora el pago de su factura dos veces en un período de seis meses.** *(NDC: 3; Tema: R.3.5/R.3.3)*
11. **C.** *(NDC: 2; Tema: R.5.1)* En la Sección 2 enumerarías tu experiencia de trabajo previa. El salario que ganabas en tu último empleo es parte de la información que incluirías en esta sección.
12. **B.** *(NDC: 3; Tema: R.2.2)* La línea 4 de las instrucciones le dice al empleado que firme y feche en la línea 14 para que el pago se envíe directamente al odontólogo.
13. **D.** *(NDC: 3; Tema: R.5.1)* Estas palabras presentan la información sobre adelantos en efectivo en la sección E. Aclaran que la tarjeta de crédito también se puede usar para obtener dinero en efectivo.
14. **Ejemplo de respuesta: Siempre lee detenidamente las instrucciones de un formulario; proporciona toda la información que pide el formulario; escribe con letra de imprenta y cuidadosamente; y asegúrate de que todas las respuestas sean verdaderas y estén completas.** *(NDC: 3; Tema: R.2.5)*
15. **Las respuestas variarán. Los estudiantes deberían expresar su opinión sobre cómo deberían estar escritos los documentos jurídicos e incluir razones o experiencias personales para apoyar la opinión.** *(NDC: 3; Tema: R.4.1/L.4.1)*

LECCIÓN 25

PÁGINA 112

1. **A.**
2. **B.**

PÁGINA 113

1. **A.**
2. **B.**

PÁGINA 114

1. **B.**
2. **B.**

PÁGINAS 115 Y 116

1. **desperfecto** *(NDC: 1–2; Tema: R.4.1/L.4.1)*
2. **de prueba** *(NDC: 1–2; Tema: R.4.1/L.4.1)*
3. **pegar** *(NDC: 1–2; Tema: R.4.1/L.4.1)*
4. **contaminados** *(NDC: 1–2; Tema: R.4.1/L.4.1)*
5. **candidato** *(NDC: 1–2; Tema: R.4.1/L.4.1)*
6. **reincorporado** *(NDC: 1–2; Tema: R.4.1/L.4.1)*
7. **El supervisor le hará al empleado una evaluación escrita.** *(NDC: 1–2; Tema: R.2.1, R.3.5)*
8. **Un empleado puede usar una licencia por enfermedad para cualquier enfermedad, por embarazo o por visitas al médico o al dentista, o cuando hay un caso de enfermedad de los familiares directos del empleado.** *(NDC: 1–2; Tema: R.2.1, R.3.5)*
9. **Los discos podrían combarse.** *(NDC: 1–2; Tema: R.2.1/R.3.5)*
10. **D.** *(NDC: 2–3; Tema: R.5.2)* Si tu amiga va a necesitar tomarse más que unos pocos días, ella necesitará usar algún tipo de licencia. La licencia familiar le permite a un empleado tomarse hasta cuatro meses.
11. **C.** *(NDC: 2–3; Tema: R.2.1, R.3.5)* El segundo párrafo del manual describe cómo insertar las baterías en el control remoto. Uno de los pasos es hacer coincidir las marcas de positivo y negativo de las baterías con las mismas marcas que están dentro del compartimento de las baterías.
12. **D.** *(NDC: 2–3; Tema: R.2.1, R.3.5)* El paso 2 de los procedimientos de seguridad de la

página 114 tiene dos partes. La primera da la instrucción de limpiar los fluidos con papeles toalla. La segunda parte le dice al trabajador que deseche los papeles toalla en una bolsa de basura de color rojo.

13. **Las respuestas variarán. Los estudiantes deben incluir razones para apoyar la respuesta afirmativa o negativa. Algunos podrán decir que es importante leer toda la guía del empleado lo antes posible después de comenzar un nuevo trabajo porque la guía puede contener información que el supervisor ha olvidado comentar. Además, una vez que un empleado recibe una guía, es su responsabilidad conocer su contenido.** *(NDC: 2–3; Tema: R.2.7)*
14. **Las respuestas variarán. Los estudiantes deben incluir una descripción de las características del manual de instrucciones perfecto y una explicación de cómo esas características harían que el manual sea fácil de comprender.** *(NDC: 2–3; Tema: R.2.7)*

LECCIÓN 26

PÁGINA 117

B.

PÁGINA 118

1. **B.**
2. **B.**

PÁGINA 119

1. **B.**
2. **B.**

PÁGINAS 120 Y 121

1. **exento** *(NDC: 1–2; Tema: R.4.1/L.4.1)*
2. **incurrir** *(NDC: 1–2; Tema: R.4.1/L.4.1)*
3. **responsabilidad** *(NDC: 1–2; Tema: R.4.1/L.4.1)*
4. **retenido** *(NDC: 1–2; Tema: R.4.1/L.4.1)*
5. **potencial** *(NDC: 1–2; Tema: R.4.1/L.4.1)*
6. **citado** *(NDC: 1–2; Tema: R.4.1/L.4.1)*
7. **Las respuestas deben incluir dos de las siguientes razones: si el jurado tuviera que abandonar a una persona que está bajo su cuidado o supervisión por la imposibilidad de contar con un sustituto durante su participación en el jurado; si el jurado tuviera que incurrir en gastos que dificulten el pago de sus gastos diarios o de la manutención de otros a su cargo; si el jurado sufriera dolencias físicas que pudieran derivar en enfermedad o discapacidad; si el jurado se viera privado de remuneración porque el empleador no está obligado a pagarle.** *(NDC: 2–3; Tema: R.5.2)*
8. **El comerciante de carros puede cambiar de opinión si el valor del canje disminuyó por un daño físico, alteración o deterioro mecánico del vehículo.** *(NDC: 2–3; Tema: R.5.2)*
9. **El dueño del apartamento podría gastar el depósito en garantía si el inquilino daña la propiedad o si incumple el contrato.** *(NDC: 2–3; Tema: R.5.2)*
10. **C.** *(NDC: 1–3; Tema: R.4.1/L.4.1)* Con frecuencia, las claves de contexto son las palabras o frases que rodean a la palabra desconocida. En este caso, la clave para el significado de "retribución" aparece después de la palabra: "El miembro del jurado recibirá $40 por cada día de asistencia."
11. **D.** *(NDC: 2; Tema: R.2.2)* Esta es la única opción que resume correctamente lo que la sección dice.
12. **A.** *(NDC: 1-2; Tema: R.2.1)* Según el pasaje, el inquilino debe prestar su consentimiento para que el propietario ingrese al apartamento, pero no puede negarse de manera injustificada. El propietario deberá consultar previamente al inquilino para asegurarse de que tiene permiso para ingresar.
13. **Las respuestas variarán. Algunas personas han comprado o vendido un carro usado. En algunos casos, es posible que no haya habido ningún contrato escrito (por ejemplo, si el carro fue comprado a un amigo). Quienes hayan firmado un contrato escrito pueden explicar sus experiencias.** *(NDC: 2-3; Tema: R.2.7)*

14. **Las respuestas variarán. La mayoría de las personas habrán tenido la experiencia de firmar un contrato de arrendamiento y pueden comentar su preocupación o desagrado por partes del contrato. Por ejemplo, es posible que quisieran tener mascotas, pero que el contrato no lo permitiera. O que la renta fuera mayor que lo que esperaban. O tal vez, el propietario incluyó requisitos adicionales en el contrato de arrendamiento que les desagradaron, como no poder tener invitados a dormir, no subarrendar o no estacionar en la entrada de carros.** *(NDC: 2-3; Tema: R.2.7)*

REPASO DE LA UNIDAD 3

PÁGINA 123

1. **A.** *(NDC: 2; Tema: R.3.5, R.5.1)* El nombre de tu gato debe escribirse en la sección sobre mascotas actuales. Las otras secciones son sobre las personas y el hogar.
2. **B.** *(NDC: 2; Tema: R.3.5, R.5.1)* Un vecino que te conoce sería una referencia.
3. **Ejemplo de respuesta: Si hay niños en la casa, la agencia de adopción quiere asegurarse de que el perro que coloquen en el hogar del solicitante estará cómodo con los niños. Algunos perros no se llevan bien con los niños; otros están bien con niños mayores, pero no con niños menores.** *(NDC: 3; Tema: R.3.5, R.5.2)*
4. **Ejemplo de respuesta: La agencia de adopción quiere saber con qué frecuencia el perro quedará solo y si el solicitante tiene algún plan para el perro cuando deba viajar.** *(NDC: 3; Tema: R.3.5, R.5.2)*
5. **Las respuestas variarán. Los estudiantes deben indicar quién es responsable por el perro.**
6. **Ejemplo de respuesta: Las personas mencionadas como referencias deben respetarme y yo debo avisar a esas personas que planeo inscribirlas como referencias.**

MINIPRUEBA DE LA UNIDAD 3

PÁGINAS 124 Y 125

1. **B.** *(NDC: 2; Tema: R.2.1)* La idea principal del pasaje es que la Ruta de la Seda era usada para el comercio entre China y Occidente.
2. **C.** *(NDC: 2; Tema: R.3.4)* La oración final cuenta de qué manera afectaron los viajes marítimos a la Ruta de la Seda, lo que apoya la opción C.
3. **D.** *(NDC: 1; Tema: R.2.1)* La Ruta de la Seda también se usó para intercambiar costumbres políticas, sociales, artísticas y religiosas.
4. **D.** *(NDC: 2; Tema: R.7.2)* Según el diagrama, es la luna gibosa creciente la que ocurre justo antes de la luna llena.
5. **B.** *(NDC: 3; Tema: R.7.2)* A la segunda luna llena en un mes se la llama luna azul. El ciclo dura 29.5 días, así que la primera fase debería ser una luna llena.
6. **D.** *(NDC: 2; Tema: R.7.2)* Según el diagrama, es la luna gibosa menguante la que ocurre justo después de la luna llena. Como una luna azul es una luna llena, también sería seguida por una luna gibosa menguante.
7. **A.** *(NDC: 3; Tema: R.7.2)* Según el diagrama, la cara iluminada de la Luna está mirando al Sol durante una luna nueva.

UNIDAD 4: ESCRITURA

LECCIÓN 27

PÁGINA 129

Respuestas de ejemplo:

1. **Tema 2: Anotar puntajes de boliche**
2. **Tema 1: Mi empleo soñado; Tema 2: Jefes buenos y jefes malos**
3. **Tema 1: Mi película favorita de todos los tiempos; Tema 2: Mi personaje de película favorito**
4. **Tema 1: Adoptar un animal; Tema 2: La caza debería ser declarada ilegal** (*NDC: 2; Tema: W.2)*

PÁGINA 130

Ejemplo de respuesta: Ventajas de una familia grande: nunca se está solo, se aprende a convivir con otros, apoyarse mutuamente

Ejemplo de esquema:

Tema: Ventajas de una familia grande

I. Nunca se está solo.

- **A. Cuando eres joven, tienes a alguien con quien jugar.**
- **B. Cuando eres mayor, tienes a alguien con quien pasear.**

II. Se aprende a convivir con otros.

- **A. Se aprende a compartir.**
- **B. Se aprende a resolver discusiones.**
- **C. Se aprende a lograr acuerdos mutuos.**

III. Se aprende a apoyarse mutuamente.

- **A. Se tiene a quién llamar cuando se necesita ayuda.**
- **B. Se tiene a quién pedirle dinero prestado.**
- **C. Se tiene a quién hablarle de tus problemas.** *(NDC: 2; Tema: W.2)*

Ejemplo de mapa de ideas:

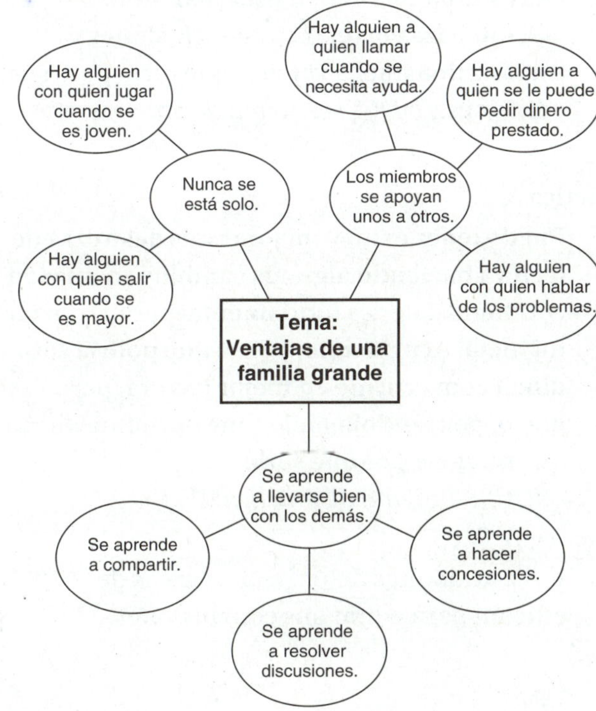

(NDC: 2: Tema: W.2)

PÁGINA 132

1. **A.** *(NDC: 1-2; Tema: W.2)*
   La oración A es la mejor oración inicial. La oración B no aclara cuál es el punto de vista que adopta el escritor. La oración C es demasiado general.
2. **A.** *(NDC: 1-2; Tema: W.2)*
   La oración A es la mejor oración inicial. Expresa una fuerte afirmación sobre la idea principal. Las oraciones B y C son afirmaciones vagas que no apoyan claramente el tema.
3. **B.** *(NDC: 1-2; Tema: W.2)*
   La oración B es la mejor oración inicial. Presenta con claridad el tema del autor. La oración A no apoya con claridad el tema. La oración C es un detalle de apoyo.

PÁGINA 133

Práctica

Tildar 1, 3, 4 y 6. *(NDC: 1-2: Tema: W.2)*

Escribir

Las respuestas variarán. Los estudiantes deben escribir un párrafo sobre deportes con una oración principal y al menos tres detalles de apoyo. *(NDC: 2: Tema: W.2)*

PÁGINA 134

Práctica A

Párrafo 1: 1, OP, 3, 2, 4

Párrafo 2: 4, 3, OP, 2, 1 *(NDC: 1-2; Tema: W.2)*

Práctica B

Párrafo 1: orden cronológico

Párrafo 2: hechos/razones, causa/efecto

(NDC: 1-2; Tema: W.2)

Escribir

Ejemplo de párrafos:

1. **Las personas que madrugan y las que están más activas durante la noche son muy diferentes. Las personas que madrugan se levantan al salir el sol, se sonríen y comienzan a hablar. Cuando las personas nocturnas tienen que levantarse temprano, gruñen y no quieren hablar. Las personas nocturnas se animan al final del día. Están dispuestas a ir a fiestas cuando las personas que madrugan están por acostarse. (organización: comparar/contrastar)** *(NDC: 2; Tema: W.2)*
2. **Aprender a organizar tu tiempo cambiará tu vida. Puedes comenzar por escribir cómo pasas cada hora del día. Haz esto durante una semana y comenzarás a ver adónde va tu tiempo. A continuación, haz una lista de las cosas que te hacen perder el tiempo y que puedes evitar. Luego, calcula cuánto tiempo te queda para las cosas que has estado posponiendo. (organización: orden cronológico)** *(NDC: 2; Tema: W.2)*
3. **La amistad es una de las cosas más importantes de la vida. Si sabes cómo ser un buen amigo, entonces sabes cómo ser leal. La amistad también te enseña a guardar secretos y a hacer sacrificios por otras personas. Se supone que la amistad es una calle de ida y vuelta. Si esto es verdad, entonces todo el bien que hagas te será devuelto. (organización: hechos/razones)** *(NDC: 2; Tema: W.2)*

PÁGINA 135

Práctica

Las respuestas variarán. Los estudiantes deben escribir una conclusión que proporcione un resumen, haga una predicción, haga una recomendación o haga una pregunta.

PÁGINA 138

Práctica A

Los estudiantes deben hacer al menos tres de las correcciones siguientes:

1. **Corregir la primera oración, que es demasiado amplia. Una buena corrección sería: "El Coro Kingston Heritage se va a un retiro de ensayo todas las primaveras".**
2. **Eliminar la quinta oración. Los atuendos del concierto no están relacionados con el tema.**
3. **Comenzar un nuevo párrafo con la oración "Organizar el retiro requiere mucho trabajo".**
4. **Cambiar de lugar la oración "El Coordinador del Retiro necesita un comité formado por al menos seis personas" y colocarla a continuación de la oración "Organizar el retiro requiere mucho trabajo".**
   (NDC: 1–2; Tema de práctica: W.3)

Práctica B

Los estudiantes deben escribir una nueva versión del párrafo que incorpore sus ediciones.

Escribir

Los estudiantes deben usar marcas de edición para corregir sus conclusiones y escribir una nueva versión que incorpore sus ediciones. *(NDC: 1–2; Tema de práctica: W.3)*

PÁGINA 139

Práctica A

Puedo tener éxito y mejorar mis destrezas de lectura haciendo algunos cambios en mi vida cotidiana. Leer es fundamental para alcanzar mi meta. Al principio, pensé que podría ser difícil convertirme en mejor lectora, pero luego, pensándolo mejor, me di cuenta de que no tiene por qué serlo.
(NDC: 1–2; Tema de práctica: W.3)

Práctica B

Los estudiantes deben usar marcas de edición para editar sus conclusiones.

REPASO DE LA UNIDAD 4

PÁGINA 146

1. **Preparación para la escritura. Este paso consiste en planear antes de escribir. Se trata de definir un tema, generar ideas sobre el tema y organizar esas ideas.**
2. **Escribir el primer borrador. Este paso consiste en escribir la primera versión de un texto. El objetivo principal de este paso es plasmar tus ideas en un papel de una manera organizada.**
3. **Corregir y editar. Este paso consiste en repasar y evaluar el primer borrador. Corregir significa repasar el contenido de la escritura. Editar significa observar cuidadosamente las oraciones, palabras y mecánica del lenguaje.**
4. **Escribir la versión final. Este paso consiste en incorporar todos los cambios hechos durante la corrección y edición para hacer una versión final limpia.**
5. **Publicar la versión final. Este paso implica compartir la versión final con otros.** *(NDC: 1–2; Tema: W.2)*
6. **Ejemplo de respuesta: Tema 1: Cómo reciclar en el hogar y en el trabajo; Tema 2: Cómo podemos prevenir el calentamiento global** *(NDC: 1–2; Tema: W.2)*
7. **Ejemplo de respuesta: Tema 1: ¿Qué son los planetas?; Tema 2: ¿Cómo es ser un astronauta?** *(NDC: 1–2; Tema: W.2)*

PÁGINA 147

8. **Las respuestas variarán. La presentación debería afirmar con claridad si los estudiantes están o no de acuerdo con el viejo refrán. En cada número romano se debe escribir una razón por la que los estudiantes están o no de acuerdo y los detalles de apoyo para cada razón se deben enumerar en las líneas A., B., C. debajo de cada número romano. Finalmente, la conclusión debería resumir las razones de los estudiantes.** *(NDC: 2–3; Tema: W.2)*

PÁGINA 148

Los estudiantes deben hacer al menos tres de las correcciones siguientes:

1. **Corregir la segunda oración del primer párrafo, que es una oración seguida. Una buena corrección sería: "La puedes comprar en cualquier ferretería y puedes usarla para casi cualquier cosa".**
2. **Insertar una coma y arreglar la última oración del primer párrafo. "Si usas cinta plateada adhesiva para sellar la filtración en el marco de una ventana, ¡es probable que el arreglo dure más que tu casa!".**
3. **Eliminar la tercera oración del segundo párrafo. Lo que el estudio no cubre no está relacionado con el tema.**
4. **Agregar más explicaciones y una conclusión al segundo párrafo.** *(NDC: 2; Tema de práctica: W.3)*

MINIPRUEBA DE LA UNIDAD 4

PÁGINA 149

Los estudiantes deben mostrar evidencia de preparación para la escritura, escribir el primer borrador y corregir y editar. La versión final de la respuesta debe identificar con claridad qué argumento está mejor respaldado y citar evidencia específica del texto. Consulta las Pautas de calificación de la página 140.

UNIDAD 5: DESTREZAS DEL LENGUAJE

LECCIÓN 29

PÁGINA 152

1. **abría** *(NDC: 1; Tema: L.1.1)*
2. **arte** *(NDC: 1; Tema: L.1.1)*
3. **as** *(NDC: 1; Tema: L.1.1)*
4. **vasto** *(NDC: 1; Tema: L.1.1)*
5. **vello** *(NDC: 1; Tema: L.1.1)*
6. **meces** *(NDC: 1; Tema: L.1.1)*
7. **peses** *(NDC: 1; Tema: L.1.1)*
8. **senado** *(NDC: 1; Tema: L.1.1)*

Ejemplos de respuesta:

9. **Tu afirmación debe ser veraz.** *(NDC: 1-2; Tema: L.1.1)*
10. **Otra vez llegué tarde a la escuela.** *(NDC: 1-2; Tema: L.1.1)*

PÁGINA 153

1. **exceso** *(NDC: 1; Tema: L.1.1)*
2. **parecer** *(NDC: 1; Tema: L.1.1)*
3. **prevenir** *(NDC: 1; Tema: L.1.1)*
4. **deferencia** *(NDC: 1; Tema: L.1.1)*
5. **altura** *(NDC: 1; Tema: L.1.1)*

Ejemplos de respuesta:

6. **notorio** *(NDC: 1; Tema: L.1.1)*
7. **prendado** *(NDC: 1; Tema: L.1.1)*

PÁGINA 154

1. **a sí mismo** *(NDC: 1; Tema: L.1.1)*
2. **tan poco** *(NDC: 1; Tema: L.1.1)*
3. **también** *(NDC: 1; Tema: L.1.1)*
4. **sinfín** *(NDC: 1; Tema: L.1.1)*
5. **si no** *(NDC: 1; Tema: L.1.1)*
6. **Entretanto** *(NDC: 1; Tema: L.1.1)*

LECCIÓN 30

PÁGINA 155

1. **parece** *(NDC: 1; Tema: L.1.2, L.1.7)*
2. **brillan** *(NDC: 1; Tema: L.1.2, L.1.7)*
3. **son** *(NDC: 1; Tema: L.1.2, L.1.7)*
4. **son** *(NDC: 1; Tema: L.1.2, L.1.7)*

Ejemplos de respuesta:

5. **Los carros atascan las carreteras en mi ciudad.** *(NDC: 1-2; Tema: L.1.2, L.1.7)*
6. **Los autobuses de la ciudad o el tren son medios convenientes para ir a trabajar.** *(NDC: 1-2; Tema: L.1.2, L.1.7)*

PÁGINA 156

1. **prepara** *(NDC: 1; Tema: L.1.2, L.1.7)*
2. **quiere** *(NDC: 1; Tema: L.1.2, L.1.7)*
3. **están** *(NDC: 1; Tema: L.1.2, L.1.7)*
4. **están** *(NDC: 1; Tema: L.1.2, L.1.7)*
5. **está** *(NDC: 1; Tema: L.1.2, L.1.7)*

Ejemplos de respuesta:

6. **¿Dónde está el dinero que pediste?** *(NDC: 1-2; Tema: L.1.2, L.1.7)*
7. **El jurado todavía no ha llegado a un veredicto.** *(NDC: 1-2; Tema: L.1.2, L.1.7)*

LECCIÓN 31

PÁGINA 157

1. **Nosotros** *(NDC: 1; Tema: L.1.3)*
2. **Él** *(NDC: 1; Tema: L.1.3)*
3. **Ella** *(NDC: 1; Tema: L.1.3)*
4. **Ellos** *(NDC: 1; Tema: L.1.3)*

Ejemplos de respuesta:

5. **(Ellos) Son amables.** *(NDC: 1-2; Tema: L.1.3)*
6. **(Nosotros) Tenemos mucho en común.** *(NDC: 1-2; Tema: L.1.3)*

PÁGINA 158

1. **mí** *(NDC: 1; Tema: L.1.3)*
2. **lo** *(NDC: 1; Tema: L.1.3)*
3. **nos** *(NDC: 1; Tema: L.1.3)*
4. **ella** *(NDC: 1; Tema: L.1.3)*
5. **hablándoles** *(NDC: 1; Tema: L.1.3)*

Ejemplos de respuesta:

6. **Escúchame a mí.** *(NDC: 1-2; Tema: L.1.3)*
7. **El maestro los evaluó a ellos.** *(NDC: 1-2; Tema: L.1.3)*
8. **Mi jefe me dio los boletos a mí.** *(NDC: 1-2; Tema: L.1.3)*

PÁGINA 159

1. **sus** *(NDC: 1-2; Tema: L.1.3)*
2. **Su** *(NDC: 1-2; Tema: L.1.3)*
3. **tu** *(NDC: 1-2; Tema: L.1.3)*
4. **míos, suyos** *(NDC: 1-2; Tema: L.1.3)*
5. **nuestra** *(NDC: 1-2; Tema: L.1.3)*

Ejemplos de respuesta:

6. **La mía está ordenada.** *o* **Mi casa está ordenada.** *(NDC: 1-2; Tema: L.1.3)*
7. **La mía es pequeña.** *o* **Mi ciudad natal es pequeña.** *(NDC: 1-2; Tema: L.1.3)*

PÁGINA 160

1. **ciudades** *(NDC: 1; Tema: L.1.3)*
2. **ciudad** *(NDC: 1; Tema: L.1.3)*
3. **periódico** *(NDC: 1; Tema: L.1.3)*
4. **alcaldesa** *(NDC: 1; Tema: L.1.3)*
5. **jefe de la policía** *(NDC: 1; Tema: L.1.3)*
6. **Mis amigos** *(NDC: 1; Tema: L.1.3)*

Ejemplos de respuesta:

7. **Los estudiantes se habían preparado durante días para la prueba y ellos sabían que aprobarían.** *(NDC: 1–2; Tema: L.1.3)*
8. **Los vecinos tuvieron problemas con su carro y Joe les ofreció ayuda.** *(NDC: 1–2; Tema: L.1.3)*

PÁGINA 161

1. **nuestra** *(NDC: 1; Tema: L.1.3)*
2. **ellas** *(NDC: 1; Tema: L.1.3)*
3. **ella** *(NDC: 1; Tema: L.1.3)*
4. **sus** *(NDC: 1; Tema: L.1.3)*
5. **su** *(NDC: 1; Tema: L.1.3)*

Ejemplos de respuesta:

6. **La actriz fue buena en su primer papel cinematográfico.** *(NDC: 1–2; Tema: L.1.3)*
7. **Saca el pollo o el jamón del refrigerador y descongélalo.** *(NDC: 1–2; Tema: L.1.3)*

PÁGINA 162

1. **quieren** *(NDC: 1; Tema: L.1.3)*
2. **ha** *(NDC: 1; Tema: L.1.3)*
3. **saluda** *(NDC: 1; Tema: L.1.3)*
4. **sonríe** *(NDC: 1; Tema: L.1.3)*
5. **son** *(NDC: 1; Tema: L.1.3)*
6. **hemos** *(NDC: 1; Tema: L.1.3)*

Ejemplos de respuesta:

7. **En mi familia todos son divertidos.** *(NDC: 1–2; Tema: L.1.3)*
8. **En mi familia nadie tiene camioneta.** *(NDC: 1–2; Tema: L.1.3)*
9. **Todos mis amigos son gente maravillosa.** *(NDC: 1–2; Tema: L.1.3)*
10. **Varios de mis compañeros de trabajo tienen gripe.** *(NDC: 1–2; Tema: L.1.3)*

LECCIÓN 32

PÁGINA 163

Ejemplos de respuesta:

1. **En la actualidad, nuestra ciudad es una de las más modernas del país.** *(NDC: 1)*
2. **En el pasado, el desarrollo urbano de las principales ciudades era escaso.** *(NDC: 1)*
3. **Hoy en día, la vida nocturna ofrece muchas opciones atractivas.** *(NDC: 1)*
4. **En los próximos años, se construirán más edificios inteligentes.** *(NDC: 1)*

PÁGINA 164

1. **C** *(NDC: 1)*
2. **E** *(NDC: 1)*
3. **E** *(NDC: 1)*
4. **C** *(NDC: 1)*
5. **C** *(NDC: 1)*
6. **E** *(NDC: 1)*
7. **C** *(NDC: 1)*
8. **E** *(NDC: 1)*

LECCIÓN 33

PÁGINA 165

1. **M** *(NDC: 1–2; Tema: L.1.5)*
2. **C** *(NDC: 1–2; Tema: L.1.5)*
3. **M** *(NDC: 1–2; Tema: L.1.5)*
4. **C** *(NDC: 1–2; Tema: L.1.5)*
5. **C** *(NDC: 1–2; Tema: L.1.5)*
6. **M** *(NDC: 1–2; Tema: L.1.5)*
7. **M** *(NDC: 1–2; Tema: L.1.5)*
8. **M** *(NDC: 1–2; Tema: L.1.5)*

Ejemplo de respuesta:

Una noche, un tremendo vendaval destrozó nuestra ciudad. Durante toda la noche, el viento aulló alrededor de nuestra casa. En cierto momento oí un crujido, seguido de un fuerte chasquido. A la mañana siguiente, encontramos nuestro pequeño árbol de tulipanes desarraigado, tirado en el jardín. *(NDC: 2; Tema: L.1.5)*

PÁGINA 166

Ejemplos de respuesta:

1. **Mientras yo atravesaba un gran valle, un trueno me hizo gritar.** *(NDC: 1–2; Tema: L.1.4)*
2. **Navegando por el puerto, vimos el muelle.** *(NDC: 1–2; Tema: L.1.4)*
3. **Mientras sobrevolábamos la ciudad, los carros y casas parecían de juguete.** *(NDC: 1–2; Tema: L.1.4)*
4. **Mientras armaba la silla, se me perdió el tornillo.** *(NDC: 1–2; Tema: L.1.4)*
5. **Cuando abrí el frasco, la salsa se derramó por el suelo.** *(NDC: 1–2; Tema: L.1.4)*
6. **Mientras él subía las escaleras, se le cayeron los paquetes.** *(NDC: 1–2; Tema: L.1.4)*

Ejemplos de respuesta:

7. **Yendo a mi clase, me encontré con un viejo amigo.** *(NDC: 2; Tema: L.1.5)*
8. **Enojada con su esposo, la mujer salió abruptamente de la casa.** *(NDC: 2; Tema: L.1.5)*
9. **Ya con hambre, el perro se sentó junto a su plato de comida.** *(NDC: 2; Tema: L.1.5)*
10. **Sin pensar, dejé abierta la puerta del garaje.** *(NDC: 2; Tema: L.1.5)*

PÁGINA 167

1. **I** *(NDC: 1–2; Tema: L.1.5)*
2. **I** *(NDC: 1–2; Tema: L.1.5)*
3. **L** *(NDC: 1–2; Tema: L.1.5)*
4. **I** *(NDC: 1–2; Tema: L.1.5)*
5. **I** *(NDC: 1–2; Tema: L.1.5)*

LECCIÓN 34

PÁGINA 168

1. **OC** *(NDC: 1–2; Tema: L.2.4)*
2. **OC** *(NDC: 1–2; Tema: L.2.4)*
3. **OS** *(NDC: 1–2; Tema: L.2.4)*

Ejemplos de respuesta:

4. **James mira reality shows por televisión todos los días, pero su compañero de apartamento solamente mira las noticias.** *(NDC: 2; Tema: L.2.4)*
5. **Algunos reality shows se han transmitido durante muchos años, mientras que otros apenas comienzan a televisarse.** *(NDC: 2; Tema: L.2.4)*

PÁGINA 169

Ejemplos de respuesta:

1. **Mi primera semana en el trabajo fue un desastre y mi jefe me lo dijo.** *(NDC: 2; Tema: L.2.4)*
2. **Estaba muy angustiado, aunque sabía que las cosas tenían que mejorar.** *o* **Estaba muy angustiado, pero sabía que las cosas tenían que mejorar.** *(NDC: 2; Tema: L.2.4)*
3. **Intenté lo más que pude, porque realmente deseaba conservar el trabajo.** *(NDC: 2; Tema: L.2.4)*
4. **Mi compañero de trabajo me aconsejó bien, por lo que me sentí más confiado.** *(NDC: 2; Tema: L.2.4)*
5. **La próxima semana tiene que ser mejor, ¡o consideraré la idea de dejar el trabajo!** *(NDC: 1–2; Tema: L.2.4)*

PÁGINA 170

1. **Aunque tengo carro, suelo tomar el autobús.** *(NDC: 1–2; Tema: L.1.6, L.2.4)*
2. **Prefiero el autobús porque me preocupa el medio ambiente.** *(NDC: 1–2; Tema: L.1.6, L.2.4)*
3. **Si no ayudamos a reducir la contaminación, el problema va a ser peor.** *(NDC: 1–2; Tema: L.1.6, L.2.4)*
4. **Actuemos antes de que sea demasiado tarde.** *(NDC: 1–2; Tema: L.1.6, L.2.4)*

Ejemplo de respuesta:

Camina una cuadra hacia el sur por la calle Andrews hasta llegar a la calle Anchor. Gira a la derecha en Anchor. Sigue en dirección oeste por Anchor, cruzando Hyridge y Mesa. Sigue caminando hasta llegar a Washington. Gira a la derecha y camina una cuadra hasta la piscina comunitaria. Si sigues derecho por Anchor, encontrarás un sencillo atajo. Si atraviesas el primer estacionamiento de la derecha, verás la piscina. ¡No te perderás! *(NDC: 2; Tema: L.1.6, L.2.4)*

LECCIÓN 35

PÁGINA 171

1. **NP** *(NDC: 1–2; Tema: L.1.6)*
2. **P** *(NDC: 1–2; Tema: L.1.6)*
3. **NP** *(NDC: 1–2; Tema: L.1.6)*
4. **P** *(NDC: 1–2; Tema: L.1.6)*
5. **P** *(NDC: 1–2; Tema: L.1.6)*
6. **NP** *(NDC: 1–2; Tema: L.1.6)*
7. **NP** *(NDC: 1–2; Tema: L.1.6)*

Ejemplos de respuesta:

8. **Puedes comprar comida en una tienda, en un mercado o en un restaurante.** *(NDC: 1–2; Tema: L.1.6)*
9. **Cuando estás enfermo, debes quedarte en casa, tomar líquidos y descansar.** *(NDC: 1–2; Tema: L.1.6)*

PÁGINA 172

1. **Escribir ayuda a las personas a pensar, a hablar y a aprender.** *(NDC: 1–2; Tema: L.1.6)*
2. **Los que pueden escribir bien serán en el futuro líderes en su comunidad, en su estado y en su nación.** *(NDC: 1–2; Tema: L.1.6)*
3. **Al escribir frecuentemente, leer a menudo y buscar consejo, los escritores pueden mejorar.** *(NDC: 1–2; Tema: L.1.6)*
4. **El objetivo es aprender a escribir de manera clara, correcta y eficaz.** *(NDC: 1–2; Tema: L.1.6)*

Ejemplos de respuesta:

5. **Puedo escribir cartas, mensajes y listas.** *(NDC: 1–2; Tema: L.1.6)*
6. **Tres cualidades de la buena escritura son las palabras precisas, los detalles vívidos y la gramática correcta.** *(NDC: 1–2; Tema: L.1.6)*

LECCIÓN 36

PÁGINA 173

Ejemplos de respuesta:

1. **El partido de béisbol fue a las 3 p. m. del sábado.** *(NDC: 1–2; Tema: L.1.8)*
2. **Cuando el partido comenzó, los jugadores se relajaron.** *(NDC: 1–2; Tema: L.1.8)*
3. **El lanzador no sabía hacia dónde lanzar la pelota.** *(NDC: 1–2; Tema: L.1.8)*
4. **Después de cada entrada, repetían sus señales.** *(NDC: 1–2; Tema: L.1.8)*
5. **El partido terminó con un jonrón con las bases cargadas. *o* El partido terminó con un jonrón barrebases.** *(NDC: 1–2; Tema: L.1.8)*
6. **Nadie sabe dónde será el próximo partido.** *(NDC: 1–2; Tema: L.1.8)*

Ejemplo de respuesta:

El solitario es un juego de cartas que puedo jugar durante horas con mucho gusto. Este juego tiene dos ventajas con respecto a otros juegos que conozco. En primer lugar, el solitario lo juega una sola persona, de modo que no necesito un compañero. Además, el solitario tiene muchas versiones. Algunas son juegos simples que solamente requieren de un mazo de cartas. Otras versiones son complicadas y requieren de dos mazos. Los juegos más complejos pueden durar mucho tiempo. Tal vez por eso al solitario también se lo llama "Paciencia". *(NDC: 2; Tema: L.1.8)*

PÁGINA 174

1. **B.**
2. **A.**
3. **Ejemplo de respuesta: Probablemente encuentres en tu propia casa cosas que ya no necesites o que ya no quieras.** *(NDC: 2; Tema: L.1.5, L.1.6, L.1.8)*

PÁGINA 175

1. **A.**
2. **B.**

3. **Ejemplo de respuesta: El testigo dijo que en el accidente del domingo pasado estuvieron involucrados un carro deportivo rojo y una bicicleta.** *(NDC: 1–2; Tema: L.1.8)*

LECCIÓN 37

PÁGINA 176

Primero, ve hacia el norte hasta la esquina. Segundo, dobla a la derecha en la tienda de comida. Busca el letrero de Smith Street. Cuando veas el letrero, camina una cuadra más. Entonces dobla a la izquierda. Por último, detente en la tienda de ropa. Nuestro apartamento está en el segundo piso. *(NDC: 1–2; Tema: L.1.9)*

Ejemplo de respuesta:

Primero, camina una cuadra hasta Price Street. Cuando pases la estación de gasolina, gira a la izquierda. Luego, gira a la derecha en las vías ferroviarias. Después de ver la oficina de correo, pasa el banco y camina cuatro cuadras más. La tienda de comestibles estará en la esquina noroeste. *(NDC: 1–2; Tema: L.1.9)*

PÁGINA 177

1. **finalmente** *(NDC: 1; Tema: L.1.9)*
2. **de todas formas** *(NDC: 1; Tema: L.1.9)*
3. **además** *(NDC: 1; Tema: L.1.9)*
4. **por lo tanto** *(NDC: 1; Tema: L.1.9)*
5. **sin embargo** *(NDC: 1; Tema: L.1.9)*

Ejemplos de respuesta:

6. **Mi peluquera me cortó demasiado corto el flequillo; por otra parte, me tiñó el pelo del color equivocado.** *(NDC: 1–2; Tema: L.1.9)*
7. **Tengo sólo tres dólares en mi cuenta bancaria; de hecho, ¡necesito un trabajo!** *(NDC: 1–2; Tema: L.1.9)*
8. **Olvidó añadir la levadura; por consiguiente, la masa no levó.** *(NDC: 1–2; Tema: L.1.9)*

PÁGINA 178

Deberíamos comenzar un programa de reciclaje en la oficina. Hay muchas formas en las que podemos reciclar. Por ejemplo, podemos colocar un cesto para papel reciclado cerca de la impresora. Sumado a eso, podemos hacer cambios en la cafetería. Podemos animar a la gente a traer sus almuerzos en bolsas reutilizables. Del mismo modo, podemos animarlos a reciclar poniendo cestos para el reciclaje de latas y botellas. Por otro lado, podemos no hacer nada y simplemente contribuir a la contaminación del planeta. En síntesis, me preocupa el planeta y me gustaría ver que hacemos algo al respecto iniciando un programa de reciclaje en la oficina. *(NDC: 1–2; Tema: L.1.9)*

LECCIÓN 38

PÁGINA 180

1. **el escritor ed j. smith informa que la gente hace viajes más baratos en Verano.**
2. **el sr. y la sra. mott fueron a orlando, florida, y acamparon.**
3. **el año pasado, los Mott fueron a mundo marino.**
4. **este año, el dr. ortega y su familia hicieron senderismo en vez de ir al monte rushmore en dakota del sur.**
5. **la sra. wills visitó a su amiga en Wisconsin en vez de viajar en avión a la Isla de san kitts.**
6. **la srta. e. k. link de newtown, long island, pasó dos días en maine.**
7. **ella fue al lago mead el año pasado.**

8. **busch gardens en tampa, florida, todavía está muy concurrido.**
9. **Mi Médico quiere ir a israel y ver el mar muerto.**

Ejemplos de respuesta:

10. **Mi dentista es el Dr. Lou Graham.** *(NDC: 1–2; Tema: L.2.1)*
11. **Me encantaría ir a Jamaica.** *(NDC: 1–2; Tema: L.2.1)*
12. **Nací en México.** *(NDC: 1–2; Tema: L.2.1)*

PÁGINAS 181–183

1. **El año pasado trabajé en la campaña del senador Smith.** *(NDC: 1–2; Tema: L.2.1)*
2. **La oficina de la campaña estaba en la avenida Lexington, en el edificio Chrysler.** *(NDC: 1–2; Tema: L.2.1)*
3. **Un grupo llamado Votantes Independientes de los Estados Unidos patrocinó un debate en sus oficinas sobre el río Hudson.** *(NDC: 1–2; Tema: L.2.1)*
4. **Laura Washington, la vicepresidenta de la organización, dio un discurso.** *(NDC: 1–2; Tema: L.2.1)*
5. **Este año, el Lunes 18 de Enero, el día del dr. martin luther king jr., será un día feriado pagado.**
6. **este día feriado reemplaza al día de colón, que tomamos libre el 10 de Octubre.**
7. **La planta, por supuesto, estará cerrada los días feriados habituales de Otoño e Invierno: día de acción de gracias, navidad y víspera de año nuevo.**
8. **Si alguno de estos días feriados es un Lunes o un Viernes, tendrán un fin de semana largo.**
9. **Este año, el picnic del día de la independencia de la Compañía será el Domingo 7 de Julio.**
10. **Regresaré al trabajo el martes 6 de Septiembre, el día después del día del trabajo.**
11. **Algunas personas, en cambio, quieren tomarse el día de la bandera, que es el 14 de Junio.**
12. **También se habló de una fiesta para halloween, el 31 de Octubre, que cae en Jueves este año.**
13. **Podríamos hacer la fiesta el Viernes 25 de Octubre, si les parece mejor.**

Ejemplos de respuesta:

14. **Mis días feriados favoritos son el Día de Acción de Gracias y el Día de San Valentín.** *(NDC: 1–2; Tema: L.2.1)*
15. **El mejor día de la semana para mí es el domingo.** *(NDC: 1–2; Tema: L.2.1)*
16. **Mi estación del año favorita es la primavera.** *(NDC: 1–2; Tema: L.2.1)*

harriet quimby fue la primera mujer en obtener una licencia de piloto. ella era escritora en nueva york antes de volar en avión. se enamoró de los aeroplanos en 1910 cuando vio su primer torneo de aviación. harriet se hizo piloto y voló por méxico con un equipo de pilotos. decidió que sería la primera mujer en cruzar el canal de la mancha. despegó el 16 de abril de 1912, sentada sobre una canasta de mimbre en la cabina de mando. después de un vuelo escalofriante, aterrizó en una playa francesa. *(NDC: 1–2; Tema: L.2.1)*

Ejemplos de respuesta:

17. **Vivo en Austin, Texas.**
18. **Me gusta hacer las compras en Whole Foods, Book People y Waterloo Records.** *(NDC: 1–2; Tema: L.2.1)*

20 de mayo de 2014

supreme computer, inc.

calle alexander 958

river tower

Columbus, oh 43221

estimado sr. Potter:

mi supervisora, doris healy, que es la directora de ventas aquí en bradley y asociados, me pidió que le enviase el folleto que adjunto en el que se detallan los servicios que brinda nuestra compañía a tiendas de computación como la suya. si le interesa, puede aprovechar nuestra prueba gratuita llamando antes del 31 de mayo. cerramos el próximo lunes debido al día de los caídos.

Atentamente,

James Hobson

james hobson

asistente de ventas

(NDC: 1–2; Tema: L.2.1)

LECCIÓN 39

PÁGINA 184

1. **C** *(NDC: 1–2; Tema: L.2.2)*
2. **F** *(NDC: 1–2; Tema: L.2.2)*
3. **F** *(NDC: 1–2; Tema: L.2.2)*
4. **C** *(NDC: 1–2; Tema: L.2.2)*
5. **F** *(NDC: 1–2; Tema: L.2.2)*
6. **C** *(NDC: 1–2; Tema: L.2.2)*
7. **C** *(NDC: 1–2; Tema: L.2.2)*

Ejemplos de respuesta:

8. **La edad mínima para manejar en este estado es 16 años.** *(NDC: 1–2; Tema: L.2.2)*
9. **Muchos conductores tienden a manejar demasiado rápido.** *(NDC: 1–2; Tema: L.2.2)*

PÁGINA 185

1. **falta el verbo principal** *(NDC: 1–2; Tema: L.2.2)*
2. **falta el sujeto** *(NDC: 1–2; Tema: L.2.2)*
3. **falta el verbo** *(NDC: 1–2; Tema: L.2.2)*
4. **falta el verbo principal** *(NDC: 1–2; Tema: L.2.2)*

Ejemplos de respuesta:

5. **Mi hermana mayor todavía vive con nuestros padres.** *(NDC: 1–2; Tema: L.2.2)*
6. **Ella disfruta de pasar las tardes con ellos.** *(NDC: 1–2; Tema: L.2.2)*

PÁGINA 186

1. **S** *(NDC: 1–2; Tema: L.2.2)*
2. **S** *(NDC: 1–2; Tema: L.2.2)*
3. **S** *(NDC: 1–2; Tema: L.2.2)*
4. **S** *(NDC: 1–2; Tema: L.2.2)*
5. **C** *(NDC: 1–2; Tema: L.2.2)*
6. **S** *(NDC: 1–2; Tema: L.2.2)*
7. **C** *(NDC: 1–2; Tema: L.2.2)*
8. **C** *(NDC: 1–2; Tema: L.2.2)*

PÁGINA 187

Ejemplos de respuesta:

1. **Las Olimpíadas Especiales se iniciaron en 1968. Es una competencia deportiva para las personas con discapacidades.** *(NDC: 1–2; Tema: L.2.2, L.2.4)*
2. **Más de 7,000 deportistas asistieron y llegaron desde 150 naciones diferentes.** *(NDC: 1–2; Tema: L.2.2, L.2.4)*
3. **Cada nación compite en 19 eventos deportivos, pero los deportistas no tienen que participar en todos los eventos.** *(NDC: 1–2; Tema: L.2.2, L.2.4)*
4. **Todos son ganadores, ya que cada deportista obtiene una distinción o una medalla.** *(NDC: 1–2; Tema: L.2.2, L.2.4)*
5. **Muchas personas vienen a mirar y están impresionadas por los deportistas.** *(NDC: 1–2; Tema: L.2.2, L.2.4)*

Ejemplos de respuesta:

6. **Me gusta ver los Juegos Olímpicos y no veo la hora de ver los próximos juegos en la tele.** *(NDC: 1–2; Tema: L.2.2, L.2.4)*
7. **Ganar una medalla de oro debe de ser emocionante. Los deportistas trabajan tanto para conseguirla.** *(NDC: 1–2; Tema: L.2.2, L.2.4)*

LECCIÓN 40

PÁGINA 189

1. **ha bebido** *(NDC: 1)*
2. **invitando** *(NDC: 1)*
3. **terminando** *(NDC: 1)*
4. **Comenzada** *(NDC: 1)*
5. **querido** *(NDC: 1)*

Ejemplos de respuesta:

6. **confirmando** *(NDC: 1)*
7. **demostrando** *(NDC: 1)*
8. **analizado** *(NDC: 1)*
9. **distribuidos** *(NDC: 1)*
10. **puesto** *(NDC: 1)*

LECCIÓN 41

PÁGINAS 190 Y 191

1. **Las hormigas, las moscas y los mosquitos nos arruinaron el día de campo.** *(NDC: 1–2; Tema: L.2.4)*
2. **Los perros aúllan, gimen o ladran cuando necesitan salir.** *(NDC: 1–2; Tema: L.2.4)*
3. **Mi restaurante favorito sirve el desayuno, el almuerzo, la merienda y la cena.** *(NDC: 1–2; Tema: L.2.4)*
4. **C** *(NDC: 1–2; Tema: L.2.4)*
5. **Sang Li viajó a la ciudad de Nueva York, Boston y Pittsburgh por negocios.** *(NDC: 1–2; Tema: L.2.4)*
6. **Carrie dirigió, actuó y cantó en la obra de teatro comunitaria.** *(NDC: 1–2; Tema: L.2.4)*
7. **Yo escribí, edité, corregí e imprimí mi artículo para el periódico.** *(NDC: 1–2; Tema: L.2.4)*
8. **C** *(NDC: 1–2; Tema: L.2.4)*
9. **A Scout le gusta que sus tacos sean picantes, especiados y crocantes.** *(NDC: 1–2; Tema: L.2.4)*
10. **Tienes que descansar, comer bien y beber mucha agua para recuperarte de un resfriado.** *(NDC: 1–2; Tema: L.2.4)*
11. **Mi nueva novia es inteligente, bonita, cariñosa y creativa.** *(NDC: 1–2; Tema: L.2.4)*
12. **C** *(NDC: 1–2; Tema: L.2.4)*
13. **C** *(NDC: 1–2; Tema: L.2.4)*

Ejemplos de respuesta:

14. **Mientras estábamos en Washington, D.C., visitamos la Casa Blanca, el Capitolio y el monumento a Washington.** *(NDC: 2; Tema: L.2.4)*
15. **Me encanta sentarme por las mañanas en mi sofá grande, cómodo y anaranjado.** *(NDC: 2; Tema: L.2.4)*
16. **Ayer planté, quité las malezas y podé los árboles del jardín.** *(NDC: 2; Tema: L.2.4)*
17. **El espectacular edificio era antiguo, enorme e imponente.** *(NDC: 2; Tema: L.2.4)*
18. **Papá le agregó albahaca, tomates y hojas de laurel a mi salsa de espaguetis.** *(NDC: 2; Tema: L.2.4)*

PÁGINA 193

1. **Manejaremos esto legalmente, por supuesto, yendo a la junta de zonificación.** *(NDC: 1–2; Tema: L.2.4)*
2. **C** *(NDC: 1–2; Tema: L.2.4)*
3. **C** *(NDC: 1–2; Tema: L.2.4)*
4. **Mi mamá, que tiene ochenta años, corrió una maratón el año pasado.** *(NDC: 1–2; Tema: L.2.4)*
5. **Antes de donar a Pooky, tu animal de peluche favorito, considera quedártelo.** *(NDC: 1–2; Tema: L.2.4)*
6. **C** *(NDC: 1–2; Tema: L.2.4)*
7. **El teléfono celular debe devolverse al Sr. Brown, su dueño.** *(NDC: 1–2; Tema: L.2.4)*

8. **El avión, un Boeing 747, aterrizó sin inconvenientes en Los Ángeles.** *(NDC: 1–2; Tema: L.2.4)*
9. **El desarrollador, sin embargo, probablemente dará batalla.** *(NDC: 1–2; Tema: L.2.4)*
10. **Saco a mis perros, Marley y Bailey, a caminar por el parque todos los días.** *(NDC: 1–2; Tema: L.2.4)*

Ejemplos de respuesta:

11. **Hoy fui caminando con Harvey, mi amigo, a la escuela.** *(NDC: 1–2; Tema: L.2.4)*
12. **Tendrás que mostrar, sin embargo, tu documento en la puerta.** *(NDC: 1–2; Tema: L.2.4)*

LECCIÓN 42

PÁGINA 195

1. **¿Te gustaría a ti tener un perro?** *(NDC: 1–2; Tema: L.2.4)*
2. **¡Amo a mi perro! *o* Amo a mi perro.** *(NDC: 1–2; Tema: L.2.4)*
3. **Tener un perro es una gran responsabilidad.** *(NDC: 1–2; Tema: L.2.4)*
4. **¡Los cachorritos son tan pero tan hermosos! *o* Los cachorritos son tan pero tan hermosos.** *(NDC: 1–2; Tema: L.2.4)*
5. **¡Pero sí que pueden morderte! *o* Pero sí que pueden morderte.** *(NDC: 1–2; Tema: L.2.4)*
6. **Si rentas, tienes que preguntarle al casero si está permitido tener un perro.** *(NDC: 1–2; Tema: L.2.4)*
7. **Para adoptar un perro, debes responder muchas preguntas.** *(NDC: 1–2; Tema: L.2.4)*
8. **¿Está tu patio rodeado de una cerca?** *(NDC: 1–2; Tema: L.2.4)*
9. **¿Dónde dormirá el perro?** *(NDC: 1–2; Tema: L.2.4)*
10. **Tener un perro puede ser muy costoso.** *(NDC: 1–2; Tema: L.2.4)*
11. **Debes preguntarle al veterinario cuánto cuestan las vacunas.** *(NDC: 1–2; Tema: L.2.4)*
12. **¿Quieres todavía un perro?** *(NDC: 1–2; Tema: L.2.4)*

Ejemplos de respuesta:

13. **Hay diferentes razas de perros.** *(NDC: 1–2; Tema: L.2.4)*
14. **¿Qué tipo de perro es tu favorito?** *(NDC: 1–2; Tema: L.2.4)*
15. **¡Los perros son las mejores mascotas!** *(NDC: 1–2; Tema: L.2.4)*

LECCIÓN 43

PÁGINA 198

1. **Se abrió el cielo y un rayo atravesó las nubes.** *(NDC: 1–2; Tema: L.1.9, L.2.4)*
2. **El año pasado tuvimos inundaciones, pero este año no fue tan malo.** *(NDC: 1–2; Tema: L.1.9, L.2.4)*
3. **La tormenta causó graves daños y varias personas resultaron heridas.** *(NDC: 1–2; Tema: L.1.9, L.2.4)*
4. **Las ventanas se hicieron añicos por el viento, así que nos metimos en el sótano.** *(NDC: 1–2; Tema: L.1.9, L.2.4)*
5. **Leíamos libros o a veces jugábamos a las cartas. *o* libros y** *(NDC: 1–2; Tema: L.1.9, L.2.4)*

Ejemplos de respuesta:

7. **La calle estaba desierta y las tiendas estaban cerradas.** *(NDC: 1–2; Tema: L.1.9, L.2.4)*
8. **El sofá se veía bien, aunque tenía unas pocas manchas.** *(NDC: 1–2; Tema: L.1.9, L.2.4)*
9. **Los soldados marchaban con valor, pero su misión fue un fracaso.** *(NDC: 1–2; Tema: L.1.9, L.2.4)*
10. **El cielo se veía amenazador, así que nos fuimos temprano de la playa.** *(NDC: 1–2; Tema: L.1.9, L.2.4)*
11. **La fruta estaba madura, así que recogimos la mayor cantidad posible.** *(NDC: 1–2; Tema: L.1.9, L.2.4)*
12. **Debo cargar pronto gasolina o me quedará el tanque vacío.** *(NDC: 1–2; Tema: L.1.9, L.2.4)*

13. **Podríamos ver esta película o podríamos ver otra.** *(NDC: 1–2; Tema: L.1.9, L.2.4)*

PÁGINA 199

Ejemplos de respuesta:

2. **Cuando manejas por la carretera Blue Ridge, puedes detenerte a apreciar la vista muchas veces.** *(NDC: 1–2; Tema: L.1.9, L.2.4)*
3. **La mayoría de las personas paran en el monte Mitchell porque es la vista más espectacular de todas.** *(NDC: 1–2; Tema: L.1.9, L.2.4)*
4. **Si bien querrás sacar fotos, es imposible plasmar la belleza de esas cordilleras sobre el papel.** *(NDC: 1–2; Tema: L.1.9, L.2.4)*
5. **Sigue por la carretera hasta que llegas a la ciudad de Asheville.** *(NDC: 1–2; Tema: L.1.9, L.2.4)*

REPASO DE LA UNIDAD 5

PÁGINAS 200–201

1. **habría** *(NDC: 1; Tema: L.2.3)*
2. **vello** *(NDC: 1; Tema: L.2.3)*
3. **vez** *(NDC: 1; Tema: L.2.3)*
4. **peses** *(NDC: 1; Tema: L.2.3)*
5. **has** *(NDC: 1; Tema: L.2.3)*
6. **también** *(NDC: 1; Tema: L.1.1)*
7. **tampoco** *(NDC: 1; Tema: L.1.1)*
8. **proviene** *(NDC: 1; Tema: L.1.1)*
9. **hierva** *(NDC: 1; Tema: L.1.1)*
10. **acceso** *(NDC: 1; Tema: L.1.1)*
11. **van** *(NDC: 1; Tema: L.1.2, L.1.7)*
12. **sabe** *(NDC: 1; Tema: L.1.2, L.1.7)*
13. **rompen** *(NDC: 1; Tema: L.1.2, L.1.7)*
14. **da** *(NDC: 1; Tema: L.1.2, L.1.7)*
15. **acaba** *(NDC: 1; Tema: L.1.2, L.1.7)*

Ejemplos de respuesta:

16. **Ellos compran un carro deportivo rojo.** *(NDC: 1–2; Tema: L.2.2)*
17. **Él les dice que lo pueden hacer.** *(NDC: 1–2; Tema: L.2.2)*
18. **Él dice que está feliz de ayudarlos.** *(NDC: 1–2; Tema: L.2.2)*
19. **Ellos llevan a su papá al mercado de productores todos los sábados.** *(NDC: 1–2; Tema: L.2.2)*
20. **Caminando a casa desde la escuela, Jake vio que un pájaro se posó en una cerca blanca.** *(NDC: 1–2; Tema: L.1.5)*
21. **Mientras yo miraba televisión, el comediante me hizo reír.** *(NDC: 1–2; Tema: L.1.5)*
22. **Mientras yo hacía la cama, un ratón pasó corriendo por la habitación.** *(NDC: 1–2; Tema: L.1.5)*
23. **Mientras yo hacía la cena, mi perro suplicaba porque quería comida.** *(NDC: 1–2; Tema: L.1.5)*
24. **Mientras Suki tomaba una ducha esta mañana, el agua comenzó a salir helada.** *(NDC: 1–2; Tema: L.1.5)*
25. **Jen pasea a su perro por la noche, a menos que llueva.** *(NDC: 1–2; Tema: L.1.6)*
26. **También es agradable hacerlo por la mañana, siempre que haya sol.** *(NDC: 1–2; Tema: L.1.6)*
27. **Como ama a los animales, trata a su perro como a una persona.** *(NDC: 1–2; Tema: L.1.6)*

MINIPRUEBA DE LA UNIDAD 5

PÁGINAS 202–203

No es fácil trasladarse por Chicago. Si decides tomar un tren, primero debes decidir qué línea de tren tienes que tomar. En segundo lugar, debes hallar una estación de esa línea. Luego, debes comprar un boleto. Cuando veas venir un tren, prepárate para subirte. Por último, baja del tren en la estación correcta. Después, puedes tomar el autobús o caminar hasta tu destino. *(NDC: 1; Tema: L.1.6)*

1. **Rob viajó a Nueva York en septiembre para visitar a su tío.** *(NDC: 1; Tema: L.2.1)* Nueva York es un estado, por lo que debe ir con mayúscula.

2. **Como era otoño, no había tanta gente en lugares como la Estatua de la Libertad.** *(NDC: 1; Tema: L.2.1)* Otoño es una estación del año, por lo que no debe ir con mayúscula. La Estatua de la Libertad es un monumento, así que debe ir en mayúscula.
3. **El Día del Trabajo, Rob caminó por Central Park y por la avenida Lexington.** *(NDC: 1; Tema: L.2.1)* La primera palabra de una oración debe ir con mayúscula. El Día del Trabajo es un día feriado y Rob es un nombre propio, así que ambos deben ir con mayúscula. Central Park es una atracción turística y debe ir con mayúscula. La avenida Lexington es una calle, por lo que solo Lexington debe ir con mayúscula.
4. **Comió comida francesa y vio un partido en el estadio de los Yankees.** *(NDC: 1; Tema: L.2.1)* La palabra estadio es un nombre común, por lo que no lleva mayúscula. Solo Yankees debe ir con mayúscula porque es un nombre propio.

Ejemplos de respuesta:

5. **El apartamento del cuarto piso está disponible.** *(NDC: 1–2; Tema: L.2.2)* Falta el verbo en el primer grupo de palabras.
6. **O** *(NDC: 1–2; Tema: L.2.2)* La oración tiene sujeto y verbo y expresa un pensamiento completo.
7. **Pensando en eso en el camino del trabajo a casa, decidió tomarlo.** *(NDC: 1–2; Tema: L.2.2)* El grupo de palabras original no expresa un pensamiento completo.
8. **Craig tiene un trabajo inusual. Es chef.** *(NDC: 1–2; Tema: L.2.2)*
9. **Antes trabajaba en una tienda. Era el cajero.** *(NDC: 1–2; Tema: L.2.2)*
10. **Luego, fue a una escuela de cocina durante dos años. Era un programa largo.** *(NDC: 1–2; Tema: L.2.2)*
11. **Tengo una pregunta: ¿Viniste a nuestra boda?** *(NDC: 1–2; Tema: L.2.4)* Las preguntas deben comenzar y terminar con signos de interrogación.
12. **Mi esposo y yo nos casamos en una iglesia católica en Chicago, Illinois.** *(NDC: 1–2; Tema: L.2.4)* Se necesita una coma entre una ciudad y un estado. Illinois es un estado y debe ir con mayúscula. Los enunciados deben terminar con un punto.
13. **¡Fue la mejor boda de todas!** *(NDC: 1–2; Tema: L.2.4)* Las oraciones exclamativas deben comenzar y terminar con un signo de exclamación.
14. **Sus hermanos Ed, Hal, John y Joe estaban a su lado.** *(NDC: 1–2; Tema: L.2.4)* Hal y Joe son nombres propios, por lo que deben ir con mayúscula. Se colocan comas entre los elementos de una lista, excepto antes de las conjunciones *y* u *o*.
15. **A mi lado, yo solo tenía a mi hermana Amy, que se paró junto a mí.** *(NDC: 1–2; Tema: L.2.4)* "A mi lado" es una expresión parentética y debe separarse con una coma del resto de la oración. Amy es un nombre propio, por lo que debe ir con mayúscula. La aposición "que se paró junto a mí" no es esencial, por lo que se separa con una coma del resto de la oración. Los enunciados deben terminar con un punto.
16. **La boda fue hermosa y todos los invitados la pasaron muy bien.** *(NDC: 1–2; Tema: L.2.4)* La primera palabra de una oración debe ir con mayúscula. Los enunciados deben terminar con un punto.
17. **¿Sabes tú adónde fuimos de luna de miel?** *(NDC: 1–2; Tema: L.2.4)* *Luna de miel* es un sustantivo común, por lo que no debe ir con mayúscula. Las preguntas deben comenzar y terminar con signos de interrogación.
18. **Fuimos a Atlantic City, las cataratas del Niágara y la ciudad de Nueva York.** *(NDC: 1–2; Tema: L.2.4)* Atlantic City, Niágara y Nueva York son nombres de lugares y deben

ir con mayúscula. Se colocan comas entre los elementos de una lista, excepto antes de las conjunciones *y* u *o*. Los enunciados deben terminar con un punto.

19. **Luego visitamos a Millie, mi tía materna, por algunos días.** *(NDC: 1–2; Tema: L.2.4)* Las aposiciones no esenciales deben separarse con comas. Los enunciados deben terminar con un punto.
20. **¡Terminé terriblemente agotada!** *(NDC: 1–2; Tema: L.2.4)* Las oraciones exclamativas deben comenzar y terminar con signos de exclamación.
21. **puesto** *(NDC: 1–2; Tema: L.2.3)* Usa el verbo auxiliar *hemos* con el participio de un verbo principal.
22. **puesta** *(NDC: 1–2; Tema: L.2.3)* La frase "así que solo nos sentamos" nos indica que la mesa ya estaba puesta cuando se sentaron. Por lo tanto, se requiere el participio.
23. **Hecha** *(NDC: 1–2; Tema: L.2.3)* La frase "los niños pudieron salir a jugar" nos indica que la tarea ya estaba hecha cuando salieron a jugar. Por lo tanto, se requiere el participio.
24. **comiendo** *(NDC: 1–2; Tema: L.2.3)* Usa el verbo auxiliar *está* con el gerundio de un verbo principal.
25. **entrenando** *(NDC: 1–2; Tema: L.2.3)* El gerundio en este caso se forma agregando la terminación *-ando* y funciona como adverbio de "preparó".

PRUEBA POSTERIOR

PÁGINA 207

1. **B.** *(NDC: 2; Tema: R.2.2)* La última oración del párrafo 6 se refiere al sentimiento de esperanza en la juventud, lo que apoya la opción B.
2. **A.** *(NDC: 2–3; Tema: R.4.3/L.4.3)* Nadie quiere matar a los niños (opción B), y la frase significa lo contrario de las opciones C y D.
3. **Ejemplo de respuesta: Le agradecería y seguiría su plan, porque responde a su llanto con amabilidad y amistad. Él no la menosprecia ni decide dejarla ni muestra frustración. Es probable que le responda con amabilidad y amistad también en otras circunstancias.** *(NDC: 2–3; Tema: R.3.2, R.2.7)*
4. **D.** *(NDC: 2–3; Tema: R.3.2, R.2.7)* Tom reserva la vela para usarla en el futuro, lo que apoya la opción D.
5. **B.** *(NDC: 1–2; Tema: R.2.6)* Los dos relatos describen las aventuras de personas jóvenes.
6. **Las respuestas variarán pero deberán estar respaldadas con detalles de la selección y conocimientos previos.** *(NDC: 1–2; Tema: R.2.7)*

PÁGINA 209

7. **D.** *(NDC: 1–2; Tema: R.3.3)* El propósito del párrafo 3 es explicar por qué la hermana de Nuttel le da cartas de presentación, lo que apoya la opción D.
8. **D.** *(NDC: 1–2; Tema: R.2.6)* Nuttel está incómodo en la escena, lo que apoya la opción D.
9. **Ejemplo de respuesta: Framton Nuttel está de visita en casa de la Sra. Sappleton porque está pasando un tiempo en el campo. Su hermana quiere que conozca a los vecinos, por lo que le da unas cartas de presentación, una de las cuales está dirigida a la Sra. Sappleton.** *(NDC: 1–2; Tema: R.3.2)*
10. **viajar** *(NDC: 1; Tema: R.4.1/L.4.1)*
11. **que no pueden salir de la situación** *(NDC: 1; Tema: R.4.1/L.4.1)*
12. **apareció repentina o rápidamente** *(NDC: 1; Tema: R.4.1/L.4.1)*
13. **la muerte de su marido y sus hermanos** *(NDC: 1–2; Tema: R.2.1)*

PÁGINA 211

14. **C.** *(NDC 2; Tema: R.3.2)* Roosevelt declara: "sé que será de muy poca importancia para ustedes si yo renuncio", lo que apoya la opción C.
15. **A.** *(NDC 2–3; Tema: R.2.3)* Según la introducción de la carta, la organización discriminaba según la raza, lo que apoya la opción A.
16. **B.** *(NDC 1–2; Tema: R.6.1)* Roosevelt está desilusionada con la organización y está decidida a desvincularse de su trabajo, lo que apoya la opción B.
17. **D.** *(NDC 2–3; Tema: R.4.3/L.4.3)* Roosevelt no quiere que la asocien con la decisión de la organización, lo que apoya la opción D.
18. **Ejemplo de respuesta: Eleanor Roosevelt quiso decir que si DAR le hubiese permitido a Marian Anderson cantar en el Salón de la Constitución, la organización habría enseñado mediante el ejemplo que la discriminación no es aceptable. Las DAR podrían haber mostrado una actitud inteligente o renovada hacia los afroamericanos que no era frecuente en esa época de la historia de los Estados Unidos.** *(NDC 2; Tema: R.2.2)*
19. **Ejemplo de respuesta: Podría haberles escrito a las DAR una carta mezquina, reprobándolas por su decisión. Podría haber ido a hablar con ellas personalmente para hacerles saber cómo se sentía con la decisión. Podría haber expresado su opinión en los medios de comunicación.** *(NDC 2–3; Tema: R.2.7)*

PÁGINA 213

20. **C.** *(NDC: 1–2; Tema: R.3.1)* La primera oración de la selección se refiere al fracaso de la colonia de Roanoke, el cual tratan de evitar con su asentamiento.
21. **A.** *(NDC: 2; Tema: R.2.2)* Un resumen da las ideas principales de una selección y las ideas principales de la selección se dan en la opción A.
22. **D.** *(NDC: 1–2; Tema: R.4.1/L.4.1)* La penúltima oración trata la necesidad de mejores viviendas, lo que apoya la opción D.
23. **B.** *(NDC: 1–3; Tema: R.2.6)* La cita ayuda a mostrar que la selección es objetiva, o informativa.
24. **A.** *(NDC: 2–3; Tema: R.4.3/L.4.3)* El aviso describía la tierra como hermosa y llena de riquezas para atraer colonos.
25. **Ejemplo de respuesta: Los hombres eran aventureros más interesados en hacer una fortuna que en formar una colonia. Tampoco tenían experiencia en agricultura o destrezas de carpintería.** *(NDC: 2; Tema: R.2.2)*

PÁGINA 215

26. **cromosoma** *(NDC: 1; Tema: R.4.1/L.4.1)*
27. **genoma** *(NDC: 1; Tema: R.4.1/L.4.1)*
28. **ADN** *(NDC: 1; Tema: R.4.1/L.4.1)*
29. **gen** *(NDC: 1; Tema: R.4.1/L.4.1)*
30. **alelo** *(NDC: 1; Tema: R.4.1/L.4.1)*
31. **A.** *(NDC: 2; Tema: R.2.2)* Los tres elementos de un nucleótido aparecen en la segunda oración del párrafo 2.
32. **Cuando los organismos se reproducen, transmiten copias de su ADN a su descendencia. Esta transmisión de materiales genéticos se llama herencia.** *(NDC: 2–3; Tema: R.2.2)*
33. **Los genes son segmentos específicos de ADN en lugares específicos en cromosomas específicos. Las características expresas de un organismo derivan de la producción de proteínas basada en la secuencia de nucleótidos específica de los genes.** *(NDC: 2–3; Tema: R.2.8)*
34. **La secuencia de nucleótidos de un gen es muy importante porque provee la información para la síntesis de proteínas específicas, lo que a su vez influye en las características expresas de un organismo. Si la secuencia de nucleótidos cambia, puede**

no producirse la proteína correcta. *(NDC: 2–3; Tema: R.2.7)*

PÁGINA 217

35. **materia, energía** *(NDC: 2; Tema: R.2.2)*
36. **conversión** *(NDC: 2; Tema: R.2.2)*
37. **teoría** *(NDC: 2; Tema: R.2.2)*
38. **crearse, destruirse** *(NDC: 2; Tema: R.2.2)*
39. **La Ley de la conservación de la energía establece que la energía no puede crearse ni destruirse durante cambios químicos y físicos normales.** *(NDC: 2; Tema: R.2.2)*
40. **A.** *(NDC: 1–2; Tema: R.2.1, R.4.1/L.4.1)* La primera oración del párrafo 4 define un sistema abierto.
41. **C.** *(NDC: 2–3; Tema: R.2.7)* Toda la selección trata acerca de la conservación de la energía, lo que apoya la opción C.

PÁGINA 218

42. **C.** *(NDC: 1–2; Tema: R.2.1)* La tercera viñeta de las pautas apoya la opción C.
43. **B.** *(NDC: 1–2; Tema: R.2.1)* La primera oración de las pautas apoya la opción B.
44. **D.** *(NDC: 2–3; Tema: R.2.7)* La segunda viñeta de las pautas apoya la opción D.
45. **Ejemplo de respuesta: Siempre me gustó "Rema, rema, rema tu bote". Si bien es una canción tonta, me gusta como suena cuando la gente la canta en rondas en las que los cantantes comienzan la canción en diferentes momentos. Sí, la guardería Tierras Felices aceptaría esta canción porque es apropiada para niños ya que nada los asustaría.** *(NDC: 2–3; Tema: R.2.7, W.2)*

PÁGINA 219

46. **A.** *(NDC: 1–3; Tema: R.2.5)* La segunda oración del párrafo introductorio puede usarse para apoyar la opción A.
47. **Déjame oírlo una vez más** *(NDC: 2; Tema: R.2.2)*
48. **Ejemplo de respuesta: Lo que más me gusta es leer cuentos de terror. Me encanta cómo me atrapan y juegan con mis emociones. Algunas partes del libro me hacen estremecer y temblar. Un cuento de terror realmente bueno puede asustarme tanto que dejo las luces encendidas cuando me voy a dormir.** *(NDC: 2–3; Tema: W.2)*

PÁGINA 220

49. **C.** *(NDC 1–2; Tema: W.1)* La carta reconoce los problemas y explica cómo se solucionarán.
50. **B.** *(NDC 1–2; Tema: W.1)* La primera oración de la carta apoya la opción B.
51. **D.** *(NDC 1–2; Tema: W.1)* La última oración del primer párrafo apoya la opción D.

PÁGINA 223

52. **Las respuestas variarán. Los estudiantes deben identificar claramente qué argumento está mejor respaldado y citar evidencia específica del texto. Consulta las Pautas de calificación de la página 140.**

PÁGINA 224

53. **D.** *(NDC 1–2; Tema: L.1.2, L.1.7)* En la segunda parte de la oración compuesta, el verbo debe concordar con el sujeto *opciones*.
54. **A.** *(NDC 1–2; Tema: L.1.2, L.1.7)* Esta oración no está relacionada con el tema general y debe quitarse.
55. **C.** *(NDC 1–2; Tema: L.2.4)* La oración original es un fragmento. La corrección proporciona un sujeto (el *ustedes* implícito) y un verbo conjugado.
56. **D.** *(NDC 1–2; Tema: L.2.4)* La oración 7 tiene la puntuación correcta.
57. **B.** *(NDC 1–2; Tema: L.2.4)* Se coloca una coma después de cada elemento de una serie, excepto antes de las conjunciones *y* u *o*.

PÁGINA 225

58. **D.** *(NDC 1–2; Tema: L.2.4)* El párrafo en general está en el tiempo verbal presente, por lo que el verbo en esta oración también debería estarlo.

59. A. *(NDC 1–2; Tema: L.2.4)* *Sin embargo* no es la palabra conectora adecuada para usar aquí. *Cuando* hace más claro el sentido de la oración.

60. B. *(NDC 1–2; Tema: L.2.1)* Como aquí no se usa el nombre específico de la empresa, la palabra *empresa* no debe ir con mayúscula.

61. A. *(NDC 1–2; Tema: L.1.1)* El verbo *Se encuentra* debe concordar con el adjetivo *saludables*, por lo que debería estar en plural.

62. C. *(NDC 1–2; Tema: L.2.4)* A partir de la oración 9, hay un cambio de idea principal, por lo que es necesario un nuevo párrafo.

PÁGINA 226

63. B. *(NDC 1–2; Tema: L.2.2)* Estas dos cláusulas independientes deberían separarse con una conjunción coordinante. Como la conjunción es *y*, no lleva coma delante.

64. D. *(NDC 1–2; Tema: L.2.2)* La oración 6 continúa claramente la misma idea que la oración 5, por lo que no debería haber un salto de párrafo entre ellas.

65. A. *(NDC 1–2; Tema: L.2.4)* Se necesita una coma después de la cláusula dependiente introductoria.

66. D. *(NDC 1–2; Tema: L.2.2)* La lista de acciones debe ser paralela en cuanto a su estructura: *aprendes, solucionas* y *trabajas.*

PÁGINA 227

67. C. *(NDC 1–2; Tema: L.2.2)* Los nombres de los meses se escriben con minúsculas.

68. A. *(NDC 1–2; Tema: L.2.2)* El párrafo B necesita una oración principal. La opción A es lo suficientemente amplia como para introducir todo el párrafo.

69. C. *(NDC 1–2; Tema: L.1.8)* La oración contiene dos cláusulas independientes. La conjunción más adecuada para unir estas cláusulas es *por lo cual*, que además requiere una coma. La conjunción *y* no es necesaria.

70. D. *(NDC 1–2; Tema: L.1.3)* No está bien claro a qué se refiere el pronombre *los* en esta oración. En el contexto del pasaje, *mantener a los votantes* es la opción que tiene más sentido.

PÁGINA 228

71. B. *(NDC 1–2; Tema: L.1.5)* La frase *Dentro de un área grande* está un tanto lejos de la palabra a la que modifica, *distancias*.

72. D. *(NDC 1–2; Tema: L.2.2)* Este párrafo está escrito en el tiempo verbal presente, al igual que la primera parte de la oración. Describe la situación actual de la seguridad en los edificios.

73. B. *(NDC 1–2; Tema: L.2.4)* La opción B muestra una relación lógica entre las ideas. Las otras, no.

74. C. *(NDC 1–2; Tema: L.1.3)* Lee la oración sin *usted y* para probar qué pronombre es correcto.

PÁGINA 229

75. C. *(NDC 1–2; Tema: L.1.1)* *Tú*, con tilde, es el pronombre personal y se usa con verbos conjugados, como en *tú tienes. Tu*, sin tilde, es el adjetivo posesivo y se usa con sustantivos, como en *tu carro*.

76. A. *(NDC 1–2; Tema: L.1.3)* *El*, sin tilde, es el artículo definido y se usa con sustantivos, como en *el árbol. Él*, con tilde, es el pronombre personal y se usa con verbos conjugados, como en *él sabe mucho*.

77. B. *(NDC 1–2; Tema: L.1.3)* El verbo debe concordar con el sujeto *personas*, por lo que va en tercera persona del plural.

78. B. *(NDC 1–2; Tema: L.1.3)* La frase *es demasiado tarde* tiene el verbo en singular porque es una oración impersonal.

adjetivo palabra que modifica, o ayuda a describir, un sustantivo o un pronombre

adverbio palabra que modifica un verbo, un adjetivo u otro adverbio

adverbio conjuntivo adverbio que conecta ideas

antecedente el sustantivo al que se refiere un pronombre

aplicación tomar información de una situación y usarla en otra situación

aposición palabra o grupo de palabras que renombra o brinda más información acerca de un sustantivo o pronombre. Las **aposiciones especificativas** son necesarias para el significado de la oración. Las **aposiciones explicativas** no son necesarias para el significado de una oración.

argumento la serie de sucesos que crean la acción de una historia

atmósfera el ambiente que crea el autor en un escrito

aventura historia en la que los personajes asumen riesgos

aviso publicitario aviso público diseñado para llamar la atención o atraer clientes

biografía la verdadera historia de vida de una persona real escrita por otra persona

causa persona, cosa o suceso que ocasiona un resultado

causa judicial causa o disputa legal llevada ante un tribunal para su resolución

causa y efecto manera de organizar detalles en la que se muestra cómo una cosa (la causa) hace que pase otra cosa (el efecto)

clásico relato que ha alcanzado un alto grado de excelencia, sigue siendo valioso y sigue vigente después de muchos años

cláusula grupo de palabras con su propio sujeto y predicado. Una **cláusula independiente** puede funcionar por sí sola como una oración; es un pensamiento completo. Una **cláusula dependiente** no puede funcionar por sí sola como una oración porque no es un pensamiento completo.

claves de contexto las palabras y oraciones que rodean una palabra o frase. El contexto de una palabra ayuda a mostrar qué significa la palabra.

clichés palabras o expresiones trilladas o usadas en exceso

coma signo de puntuación (,) usado para indicar una pausa o separación

comparar hallar las maneras en que se asemejan las cosas

comparar y contrastar manera de organizar detalles en la que se muestra en qué se asemejan y en qué se diferencian

conclusión juicio u opinión basado en hechos y detalles; el último párrafo de un ensayo, que marca el final y destaca los puntos que debería recordar el lector

concordancia del sujeto y el verbo cuando un sujeto y un verbo concuerdan en número

conflicto lucha o problema entre personajes o fuerzas

conjunción coordinante palabra conectora que puede usarse con una coma para unir dos cláusulas independientes, o pensamientos completos, en una oración compuesta

conjunción subordinante una palabra conectora usada delante de una cláusula dependiente para conectarla a una cláusula independiente

contrastar hallar las maneras en que se diferencian las cosas

corregir cambiar la escritura para mejorarla o pulirla

cuento de suspenso una historia que trata acerca de resolver un enigma. El personaje principal de un cuento de suspenso suele ser un detective que debe descifrar quién cometió un delito.

cuerpo los párrafos del medio de un ensayo, que desarrollan y respaldan la idea principal; los contenidos o la parte principal de una carta

dar un vistazo echar una rápida mirada al texto para hallar información específica, como una fecha, una palabra clave o un nombre

despedida la frase de saludo final en una carta

detalle dato acerca de una persona, lugar, cosa, suceso o momento

diagrama el dibujo de un objeto, concepto o proceso

diálogo conversación entre personajes

documento texto escrito diseñado para comunicar información oficial o legal

documentos jurídicos documentos que detallan acuerdos entre partes u otorgan un derecho

editar revisar el contenido, el estilo y la gramática de un escrito

efecto el resultado de una causa

ensayo breve escrito de no ficción que refleja los pensamientos u opiniones del autor acerca de algo

entorno el tiempo y lugar en que ocurren los sucesos de una historia

escritura informativa escrito de no ficción que informa al lector acerca de un tema o idea o explica algo

esquema una manera de organizar ideas colocándolas en listas numeradas y ordenadas por letras

estructura paralela palabras o frases que tienen la misma forma

evidencia hechos, palabras, diálogo o detalles de apoyo que respaldan el propósito de un autor

fantasía relato que presenta lugares, sucesos o criaturas irreales o increíbles

ficción escritos acerca de personas, lugares y sucesos inventados por el autor

folleto panfleto que contiene material publicitario informativo

formulario documento impreso con espacios en blanco para completar con información específica

fotografía una imagen de personas, lugares, cosas o sucesos que fue capturada por una cámara e impresa

fragmentos de oraciones grupos de palabras que no expresan un pensamiento completo

gerundio forma verbal que puede usarse con o sin un verbo auxiliar y que puede funcionar como adverbio cuando modifica al verbo

guía un conciso libro de consulta que abarca un tema en particular

hacer una lluvia de ideas generar ideas acerca de un tema enumerando todo lo que se te ocurre acerca de él

hecho enunciado que puede comprobarse como verdadero

homófono una palabra que se pronuncia de la misma manera que otra palabra pero cuya ortografía y significado son diferentes

idea principal el punto más importante en un párrafo o pasaje

implicación decir algo de manera indirecta

inferencia una idea que deduce el lector basándose en las claves que presenta un autor y en lo que el lector ya conoce

manual libro de consulta que se usa para dar instrucciones acerca de cómo hacer u operar algo

mapa ilustración o tabla que muestra regiones geográficas. Los mapas también pueden mostrar límites políticos, cambios históricos en cuanto a población o ideas, información sobre el clima, rutas recorridas por gente, o la distribución de recursos.

mapa de ideas una manera de organizar ideas ubicándolas en grupos relacionados

método científico serie de pasos lógicos que se pueden usar para resolver problemas. Los pasos suelen incluir hacer preguntas, hacer observaciones, probar ideas y formular conclusiones.

modificador una palabra o frase descriptiva. Un **modificador mal colocado** es aquel que se encuentra en el lugar incorrecto de una oración. Un **modificador ambiguo** es aquel que no modifica una palabra de la oración.

narrador el personaje que cuenta la historia

no ficción escritos acerca de personas, lugares y sucesos reales

objeto de una preposición el sustantivo o pronombre que le sigue a una preposición como *en* o *desde* en una oración

ojear leer algo rápidamente, en busca de ideas principales

opinión una creencia o juicio que no siempre puede ser probado

oración un grupo de palabras que expresa un pensamiento completo

oración compleja oración con una cláusula independiente y una cláusula dependiente

oración compuesta oración con dos o más cláusulas independientes, o pensamientos completos

oración principal enunciado de la idea principal que será desarrollada en un párrafo

oraciones seguidas dos o más cláusulas independientes, o pensamientos completos, que no están correctamente separados por la puntuación

orden cronológico manera de organizar sucesos en el orden en que suceden; secuencia

palabra de transición palabra conectora que indica el modo en que están relacionadas las ideas

parónimo una palabra que se pronuncia de manera similar a otra pero cuya ortografía y significado son diferentes

participio forma verbal que puede usarse con o sin un verbo auxiliar y que funciona como adjetivo cuando acompaña al sustantivo

personaje persona en un relato u obra de teatro

plural forma de una palabra que indica más de uno

posesivo un pronombre o adjetivo que indica pertenencia

predecir adivinar lo que pasará en el futuro

predicado la parte de una oración que indica qué hace o qué es el sujeto, o qué se le hace al sujeto

preparación para la escritura planificar antes de comenzar a escribir. Incluye definir tu tema, generar ideas sobre él y organizar tales ideas.

primera versión el primer borrador de un escrito

proceso de escritura proceso de cinco pasos que ayuda a los escritores a expresar sus ideas de manera cohesiva y organizada. Los pasos incluyen preparación para la escritura, escribir un primer borrador, corregir y editar, escribir una versión final y publicar.

pronombre una palabra que puede ocupar el lugar de un sustantivo en una oración

pronombre de complemento directo el sustantivo o pronombre que recibe la acción del verbo en una oración

pronombre de complemento indirecto el sustantivo o pronombre que indica a quién o para quién se ejecuta una acción en una oración

propósito razón por la que tú o un autor escriben; por ejemplo: contar una historia, describir, explicar o persuadir

publicar compartir tu versión final con tu público

público la persona o las personas para las que estás escribiendo

punto un signo de puntuación (.) que se usa para terminar un enunciado u orden

punto de vista el modo en que ve la acción el narrador o autor de un escrito

puntuación el conjunto de símbolos usados en la escritura para guiar al lector

reformular volver a decir algo con diferentes palabras

resumir formular brevemente las ideas más importantes de un escrito más extenso

secuencia el orden en el que ocurren los sucesos; orden de tiempo

signos de interrogación signos de puntuación (¿ ?) usados para comenzar y finalizar una pregunta

sintetizar agrupar varios elementos para formar una idea completa

subtítulo un encabezado o parte (como en un esquema); una leyenda, título o encabezado de menor importancia que el título principal

sujeto la persona o cosa de la que trata una oración

sustantivo una palabra que nombra una persona, lugar o cosa. Un **sustantivo común** nombra una persona, lugar o cosa. Un **sustantivo propio** nombra una persona, lugar o cosa específica.

técnicas persuasivas usar el lenguaje para conseguir que el lector piense o actúe de manera determinada

tema una verdad general acerca de la vida o de la naturaleza humana que se sugiere en una obra literaria

tema de escritura conjunto de instrucciones para una tarea de escritura

tiempo verbal la forma de un verbo que indica el tiempo o el momento en que sucede una acción

título encabezamiento; una leyenda principal importante

tono la actitud o el sentimiento del autor acerca de un tema

verbo una palabra que muestra acción o estado

versión final la versión final de un escrito, como resultado de la corrección y la revisión

visualizar formar una imagen en tu mente